马克思主义基本原理

导学与实践教程

主编◎申左元　方　圆　许化宁

配套
精品教学课件
+考试平台
+教案

中共中央党校出版社

图书在版编目（CIP）数据

马克思主义基本原理导学与实践教程 / 申左元，方圆，许化宁主编 . -- 北京：中共中央党校出版社，2021.8

ISBN 978-7-5035-7088-9

Ⅰ.①马… Ⅱ.①申…②方…③许… Ⅲ.①马克思主义理论－教材 Ⅳ.①A81

中国版本图书馆 CIP 数据核字（2021）第 084424 号

马克思主义基本原理导学与实践教程

责任编辑 李 云 李江燕
责任校对 马 晶
责任印制 陈梦楠

出版发行 中共中央党校出版社
（北京市海淀区长春桥路 6 号）
邮政编码 100089
网 址 www.dxcbs.net
电 话 （010）62808912（发行） 68929788（总编室）
经 销 全国各地新华书店
印 刷 天津市蓟县宏图印务有限公司
字 数 314 千字
版 次 2021 年 8 月第 1 版 2021 年 8 月第 1 次印刷
开 本 787 毫米 × 1092 毫米 1/16
印 张 16
定 价 46.00 元

编　写　组

主　　编：申左元　方　圆　许化宁

副主编：杨小军　黄　播　江峻任　谢爱莲

编　　委：陈光宇　黄　璐　丁俊娜　杜　云

　　　　　朱光亚　郭翠翠　于芙蓉　王梦莹

　　　　　金　莉　陈婉萍　陈志平　杨静娴

　　　　　刘　江

前　言

青年是祖国的未来、民族的希望。新时代中国大学生的素质尤其是思想政治素质如何，关系到实现社会主义现代化和建成社会主义现代化强国的宏伟目标，关系到中华民族的伟大复兴和社会主义事业的光明前景。

党的十八大以来，以习近平同志为核心的党中央高度重视思想政治理论课建设，思想政治理论课实践教学工作的受重视程度不断提高。"马克思主义基本原理"课是高校思想政治理论课的重要组成部分，马克思主义对于当代青年的成长成才具有重要的指引和启迪作用，学习马克思主义理论有助于青年们树立科学的世界观、人生观和价值观，提高分析和解决问题的能力。

课程改革是一项系统工程，加强教材建设是其关键环节。适应改革形势，编写融理论教学与实践教学于一体的教材，对于进一步完善教学保障、提高教学质量、推动思想政治理论课教学创新发展具有十分重要的意义，为此，我们编写了本书。

本书以教育部相关文件为指导，将理论知识与实践活动相结合，突出学习重点，阐述疑点难点，深入浅出，并贯彻实践育人方针，培养大学生实践能力，力求体现高等教育思想政治理论课学习目标的素质性、学习内容的延展性、学习方向的领航性、实施方案的可行性、活动开展的自主性、思维活动的体验性和思想教育的自觉性。

本书每章分为"知识网络""学习指南""要点归纳""案例精选""习题演练""实践课堂""趣文短篇"七个模块。"知识网络"总结本章知识点，以结构图的形式呈现，帮助学生更清晰地了解本章知识大纲；"学习指南"分析本章的学习目标、要点、难点，让学生有侧重性、方向性、目的性地对本章展开学习；"要点归纳"对本章知识要点、难点进行具体讲解，让学生更深入地学习马克思主义基本原理；"案例精选"精心挑选了与教学内容相关的案例，帮助学生更加全面而深刻地理解本章知识；"习题演练"设计了多种题型，以巩固学生的理论知识，提升思想政治水平；"实践课堂"突出理论与实践相结合的原则，让学生从实践中更好地理解本章知识；"趣文短篇"用一篇与本章内容相关的趣味文章结束主题教学。

在本书编写过程中，我们参考了大量学者、专家编写的相关文献资料，查阅了大量期刊和报纸的有关内容，也征求了专家学者和一线教师的意见，在此一并表示诚挚的感谢。尽管我们力求完美，但因水平所限，书中难免有疏漏或不妥之处，敬请广大读者朋友提出宝贵意见，以便我们在今后的编写工作中不断完善与提高！

编 者

2021 年 8 月

目录

导　论

马克思主义是我们立党立国的根本指导思想，也是我国大学最鲜亮的底色……要抓好马克思主义理论教育，深化学生对马克思主义历史必然性和科学真理性、理论意义和现实意义的认识，教育他们学会运用马克思主义立场观点方法观察世界、分析世界，真正搞懂面临的时代课题，深刻把握世界发展走向，认清中国和世界发展大势，让学生深刻感悟马克思主义真理力量，为学生成长成才打下科学思想基础。

——习近平

 ## 知识网络

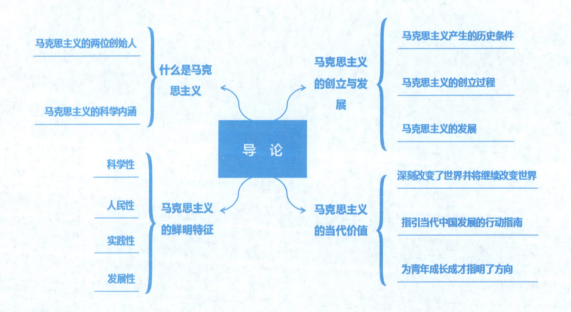

导论

- 什么是马克思主义
  - 马克思主义的两位创始人
  - 马克思主义的科学内涵
- 马克思主义的创立与发展
  - 马克思主义产生的历史条件
  - 马克思主义的创立过程
  - 马克思主义的发展
- 马克思主义的鲜明特征
  - 科学性
  - 人民性
  - 实践性
  - 发展性
- 马克思主义的当代价值
  - 深刻改变了世界并将继续改变世界
  - 指引当代中国发展的行动指南
  - 为青年成长成才指明了方向

 ## 学习指南

⊙ 学习目标

从总体上理解和把握什么是马克思主义，了解马克思主义产生的历史过程和发展阶段，掌握马克思主义的鲜明特征，深刻认识马克思主义的当代价值，增强学习和运用马克思主义的自觉性。

⊙ **学习要点**

马克思主义的内涵，马克思主义的创立与发展，马克思主义的鲜明特征，马克思主义的当代价值，自觉学习和运用马克思主义。

⊙ **学习难点**

马克思主义的内涵，马克思主义的鲜明特征，马克思主义的当代价值。

要点归纳

要点一：什么是马克思主义

（一）马克思主义的内涵

马克思主义是由马克思和恩格斯创立并为后继者所不断发展的科学理论体系，是关于自然、社会和人类思维发展一般规律的学说，是关于社会主义必然代替资本主义、最终实现共产主义的学说，是关于无产阶级解放、全人类解放和每个人自由而全面发展的学说，是无产阶级政党和社会主义国家的指导思想，是指引人民创造美好生活的行动指南。

（二）马克思主义的组成

马克思主义是一个完备严整的科学理论体系，包括马克思主义哲学、马克思主义政治经济学和科学社会主义三个基本组成部分以及其他诸多知识领域，它们是有机统一、不可分割、相辅相成的。

（三）马克思主义基本原理

马克思主义基本原理是对马克思主义立场、观点、方法的集中概括，是马克思主义在其形成、发展和运用过程中经过实践反复检验而确立起来的具有普遍真理性的理论。

基本立场： 马克思主义观察、分析和解决问题的根本立足点和出发点。马克思主义以无产阶级的解放和全人类的解放为己任，以人的自由全面发展为美好目标，以人民为中心，坚持一切为了人民，一切依靠人民，全心全意为人民谋幸福。

基本观点：关于自然、社会和人类思维发展一般规律的科学认识，是对人类思想成果和社会实践经验的科学总结。

基本方法：建立在辩证唯物主义和历史唯物主义世界观和方法论基础上，指导我们正确认识世界和改造世界的思想方法和工作方法，主要包括实事求是的方法、辩证分析的方法、社会基本矛盾和主要矛盾分析的方法、历史分析的方法、阶级分析的方法、群众路线的方法等。

要点二：马克思主义的创立与发展

（一）马克思主义产生的历史条件

社会根源：19世纪40年代，工业革命和科技进步带来了社会化大生产的迅猛发展，导致了资本主义固有的内在基本矛盾的激化。

阶级基础：无产阶级在反抗资产阶级剥削和压迫的斗争中，逐步走向自觉，并迫切渴望科学的理论指导。

理论来源：19世纪的三大科学发现，即细胞学说、能量守恒与转化定律、生物进化论，为马克思主义的产生提供了自然科学的前提。从更广泛意义上讲，马克思主义的思想理论来源不止这些，还有古希腊罗马哲学、文艺复兴运动的思想成果、法国复辟时期历史学家的进步思想等。

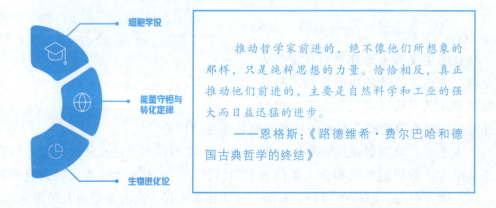

推动哲学家前进的，绝不像他们所想象的那样，只是纯粹思想的力量。恰恰相反，真正推动他们前进的，主要是自然科学和工业的强大而日益迅猛的进步。
——恩格斯：《路德维希·费尔巴哈和德国古典哲学的终结》

组成部分	直接理论来源	代表人物	吸收思想	创立理论
马克思主义哲学	德国古典哲学	黑格尔和费尔巴哈	黑格尔的辩证法和费尔巴哈的唯物主义	辩证唯物主义和历史唯物主义
马克思主义政治经济学	英国古典政治经济学	亚当·斯密和大卫·李嘉图	亚当·斯密、大卫·李嘉图的劳动价值论	剩余价值学说
科学社会主义	英法两国的空想社会主义学说	圣西门、傅立叶和欧文	圣西门、傅立叶、欧文的空想社会主义学说	科学社会主义理论

 相关链接：

马克思主义诞生

 真题精讲

马克思主义的产生具有深刻的社会根源、阶级基础和思想渊源。其创始人马克思 1818 年 5 月 5 日出生在德国特里尔城的一个律师家庭，恩格斯 1820 年 11 月 28 日出生在德国巴门城的一个工厂主家庭，他们放弃了舒适安逸的生活，毅然选择了充满荆棘坎坷的革命道路，创立了科学社会主义。马克思、恩格斯之所以能够创立科学社会主义，主要是因为（   ）。

A. 他们对时代有着超越常人的认知能力

B. 他们拥有优良的家庭背景和教育经历

C. 社会历史条件和个人努力的相互作用

D. 德国是当时最为发达的资本主义国家

【答案】C

【解析】马克思主义的产生是主客观因素共同作用的结果，故选项 C 正确。马克思、恩格斯并不是先知先觉的圣人，他们从小面对的也是一个充满矛盾的世界，故选项 A 错误。选项 B 所指的情况属实，但并不是马克思、恩格斯成为马克思主义创始人的原因，故选项 B 不符合题意。选项 D 的表述与当时的实际情况不符，而且马克思、恩格斯思想实践活动的空间范围不仅或主要并不是当时的德国，故选项 D 错误。

（二）马克思主义的创立过程

马克思和恩格斯创立了马克思主义。这里的"创立"是一个大概念，既包括马克思和恩格斯对马克思主义的初创，也包括他们后来对自己理论的发展和完善。

马克思和恩格斯创立马克思主义的过程，大体可分为三个阶段：

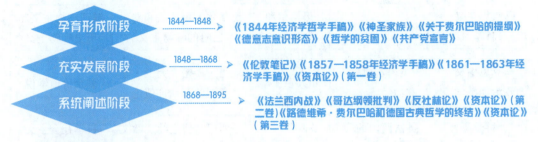

	1844—1848	《1844年经济学哲学手稿》《神圣家族》《关于费尔巴哈的提纲》《德意志意识形态》《哲学的贫困》《共产党宣言》
孕育形成阶段		
充实发展阶段	1848—1868	《伦敦笔记》《1857—1858年经济学手稿》《1861—1863年经济学手稿》《资本论》（第一卷）
系统阐述阶段	1868—1895	《法兰西内战》《哥达纲领批判》《反杜林论》《资本论》（第二卷）《路德维希·费尔巴哈和德国古典哲学的终结》《资本论》（第三卷）

相关链接：
《领风者》

（三）马克思主义的发展

马克思主义是不断发展的，列宁把马克思主义推进到一个新的历史阶段，创立了列宁主义。中国共产党人把马克思主义基本原理与中国实际相结合，形成了毛泽东思想、邓小平理论、"三个代表"重要思想、科学发展观、习近平新时代中国特色社会主义思想，丰富和发展了马克思列宁主义。

党的十九大将习近平新时代中国特色社会主义思想确定为党的行动指南。习近平新时代中国特色社会主义思想开拓了马克思主义的新境界，是马克思主义中国化的最新成果，是党和人民实践经验和集体智慧的结晶，是中国特色社会主义理论体系的重要组成部分，是全党全国人民为实现中华民族伟大复兴而奋斗的行动指南。这一思想是当代中国的马克思主义、21世纪的马克思主义，为马克思主义的发展作出了时代性、原创性贡献。

要点三：马克思主义的鲜明特征

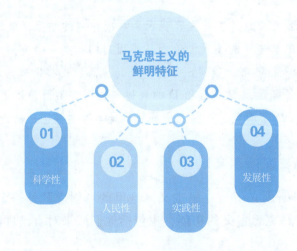

　　马克思主义具有鲜明的科学性、人民性、实践性和发展性，这些特征体现了马克思主义的本质和使命，也展现出马克思主义的理论形象。

　　科学性：马克思主义是对自然、社会和人类思维发展本质和规律的正确反映。马克思主义具有科学的世界观和方法论基础，这是马克思主义的一个突出特征和理论优势，也是马克思主义科学性的重要体现。

　　人民性：人民至上是马克思主义的政治立场。马克思主义政党把人民放在心中最高位置，一切奋斗都致力于实现最广大人民的根本利益。

　　实践性：马克思主义是从实践中来，到实践中去，在实践中接受检验，并随实践而不断发展的学说。实践观点是马克思主义首要的基本观点。

　　发展性：马克思主义是不断发展的学说，具有与时俱进的理论品质。马克思主义是时代的产物，并随着时代、实践和科学的发展而不断发展。

　　马克思主义的鲜明特征就是科学性与革命性的统一。马克思主义科学理论在指导无产阶级和人民群众进行伟大社会革命的过程中，其人民性、实践性和发展性集中体现为革命性。革命性是马克思主义的内在品质，是马克思主义的人民性、实践性和发展性的应有之义和必然要求。

真题精讲

　　1894年1月3日，意大利人卡内帕给恩格斯写信，请求他为即将在日内瓦出版的《新纪元》周刊的创刊号题词，而且要求尽量用简短的字句来表述未来的社会主义纪元的基本思想，以区别于伟大诗人但丁对旧纪元所作的"一些人统治，另一些人受苦难"的界定。恩格斯回答说，除了从《共产党宣言》中摘出下面一段话外，再也找不出合适的了，这就是："代替那存在着阶级和阶级对立的资产阶级旧社会的，将是这样一个联合体，在那里，每个人的自由发展是一切人的自由发展的条件。"这段话表明，马克思主义追求的根本价值目标是（　　）。

　　A. 实现人的自由而全面的发展

　　B. 实现人类永恒不变的普适价值

　　C. 建立一个四海之内皆兄弟的大同世界

　　D. 建立一个自由、平等、博爱的理性王国

　　【答案】A

　　【解析】本题考查"马克思主义的社会理想"。马克思主义的社会理想是实现共产主义，它包括三个基本特征：物质财富极大丰富、人们精神境界极大提高、每个人自由而全面的发展。本题题干中恩格斯的回答所提到的"每个人"和"自由发展"，直指"每个人自由而全面的发展"。选项B，"实现人类永恒不变的普适价值"是以西方"抽象人性论"为基础的一种社会理想。选项C，"建立一个四海

之内皆兄弟的大同世界"最早是由孔子提出的。近代中国,康有为在《大同书》中也倡导"人理至公,太平世大同之道也",力图建立个世间一切都公正、公平、合理的大同世界。选项 D,"建立一个自由、平等、博爱的理性王国"是法国资产阶级革命时期资产阶级启蒙思想家提出的口号,其目的是建立资产阶级在政治上的统治,进而为资本主义经济的发展创造条件。

要点四:马克思主义的当代价值

(一)马克思主义深刻改变了世界并将继续改变世界

马克思主义给予我们观察当代世界的宏大视野。我们要立足中国、放眼世界,用更加宏大开阔的视野来观察社会。马克思主义给予我们透视时代风云的锐利目光。马克思主义掌握了人类社会发展的规律,具有唯物辩证的科学方法,能够从复杂的现象中把握住问题的实质。马克思主义给予我们展望未来世界的长远目光和战略定力。

(二)马克思主义是指引当代中国发展的行动指南

马克思主义是指引当代中国发展的精神旗帜。不论前进道路上遇到怎样的困难和挑战,只要我们高举马克思主义的旗帜,就不会迷失方向,就不会失去信仰。马克思主义是推动当代中国发展的精神动力。人民有信仰,民族有希望,国家有力量!马克思主义是引领当代中国实践的行动指南。没有马克思主义的思想武器,没有马克思主义中国化的理论创新,就不会有我国改革开放和现代化建设的成功。

(三)马克思主义为青年成长成才指明了方向

青年作为民族的未来、国家的希望,肩上担负着中华民族伟大复兴的历史重任。随着信息化程度的不断提高,西方实用主义、虚无主义、民粹主义等思潮涌入我国,对我国的意识形态领域造成了巨大挑战。因此在新时代推进马克思主义中国化的过程中,青年在思想上一定要坚定马克思主义理想信念,解决好世界观、人生观、价值观这个"总开关"问题,做一个有坚定信仰的马克思主义者。

大学生在学习马克思主义理论的过程中,要有正确的态度和科学的方法。第一,努力学习和掌握马克思主义的基本立场、观点、方法。第二,努力学习和掌握马克思主义中国化的理论成果。第三,坚持理论联系实际的马克思主义学风。第四,自觉将马克思主义内化于心、外化于行。

案例精选

◎ 案例一　走进马克思与恩格斯

马克思的生平介绍

卡尔·马克思，1818 年 5 月 5 日生于德国莱茵省特里尔城（时属普鲁士王国）。父亲亨利希·马克思是一位才能出众的律师，对马克思少年时代的思想成长起过良好的影响。母亲罕丽达·普勒斯堡是个贤惠的妇女，主要操持家务。

马克思从小勤奋好学，善于独立思考。1830 年 10 月，马克思进入特里尔中学，1835 年 9 月毕业。中学时代，他受到法国启蒙思想的影响，已有为人类谋幸福的崇高理想。中学毕业时他写的《青年在选择职业时的考虑》一文中说，一个人只有立志为人类劳动，才能成为真正的伟人。

1835 年 10 月，马克思进入波恩大学攻读法学，一年后转入柏林大学法律系。在大学，他除研究法学外，还研究历史、哲学和艺术理论。从 1837 年起，马克思开始认真钻研黑格尔哲学。1841 年，他结束大学生活，获哲学博士学位。

1842 年年初，他写了第一篇政论文章——《评普鲁士的书报检查令》，通过对书报检查制度的批判，揭露整个普鲁士国家制度的反动本质。同年 4 月，他开始为自由主义反对派创办的《莱茵报》撰稿，10 月，担任该报主编。在马克思的影响下，这份报纸越来越鲜明地倾向于革命民主主义。1843 年 4 月 1 日，《莱茵报》被反动当局查封。

1843 年 10 月底，马克思偕同燕妮迁居巴黎，与卢格创办《德法年鉴》。

1845 年 1 月，马克思被法国政府驱逐出境，2 月到了布鲁塞尔。他开始批判费尔巴哈唯物主义的局限性，写了《关于费尔巴哈的提纲》，这个提纲被恩格斯称作"包含着新世界观的天才萌芽的第一个文件"。接着，他又同恩格斯合写了《德意志意识形态》。这部著作第一次系统地阐明了唯物主义历史观。

1846 年年初，马克思和恩格斯一起建立了布鲁塞尔共产主义通讯委员会，在工人中传播科学社会主义理论。1847 年年初，马克思和恩格斯应邀参加了德国工人的秘密组织——正义者同盟，并积极参加了同盟的改组工作。在 6 月召开的同盟第一次代表大会上，正义者同盟改名为共产主义者同盟。马克思担任同盟布鲁塞尔区部和支部的领导人。为了更广泛地团结和教育群众，马克思和恩格斯倡议成立了德意志工人协会。1847 年 11 月，马克思亲自出席了共产主义者同盟第二次代表大会，并受大会委托与恩格斯共同起草同盟的纲领。这就是 1848 年 2 月正式发表的科学社会主义的第一个纲领性文件——《共产党宣言》。

马克思参加了欧洲 1848 年革命，革命失败后定居伦敦，继续开展革命活动，建立和领导了"第一国际"，并以巨大的精力从事《资本论》的写作。1867 年 9

月 1 日他发表了《资本论》第一卷。第二卷、第三卷在他逝世后由恩格斯整理，分别在 1885 年和 1894 年出版。《资本论》这部不朽著作具有划时代意义，是政治经济学中的一次革命。1883 年 3 月 14 日，马克思的心脏停止了跳动，他被安葬在伦敦的海格特公墓，和他的夫人燕妮葬在一起。

恩格斯的生平介绍

弗里德里希·恩格斯，1820 年 11 月 28 日出生于德国莱茵省巴门城（时属普鲁士王国）一个工厂主家庭。

1837 年，恩格斯中学还没有毕业，父亲就强迫他到贸易公司学习经商。在这里他接近了激进的"青年德意志"文学团体，并在其刊物上发表文章，反对君主等级制度和贵族特权。

1841 年，恩格斯在柏林炮兵服兵役，经常到柏林大学听课，并加入了青年黑格尔派。

1842 年，恩格斯前往英国曼彻斯特他父亲经营的工厂里任职，这使他有更多的机会接触穷苦的工人群众，经常深入工人中调查，1844 年 9 月到 1845 年写作了《英国工人阶级状况》一书，揭露了资本家对工人群众的残酷剥削。

1844 年 2 月，他在《德法年鉴》上发表了《国民经济学批判大纲》，从社会主义观点出发对资本主义经济制度进行了批判。

1844 年 8 月底，马克思和恩格斯在巴黎会见，他们交换看法，观点一致。从此，两人为全世界无产阶级解放事业并肩战斗终身。同年 9 月，与马克思合写《神圣家族》一书，批判黑格尔哲学中的唯心主义，阐述辩证唯物主义和历史唯物主义的一些重要原理。1845—1846 年，两人合著《德意志意识形态》一书，这部著作是对历史唯物主义第一次系统的阐述。他和马克思一道，参加建立共产主义通讯委员会，改组正义者同盟，写作《共产党宣言》，参加 1848 年革命，创办了"第一国际"。

1876—1878 年，恩格斯写了《反杜林论》，深刻批判杜林唯心主义先验论的哲学、庸俗的政治经济学和假社会主义，第一次系统地论证了马克思主义的哲学、政治经济学和科学社会主义原理。1880 年，他把《反杜林论》一书理论部分中最重要的内容改编成《社会主义从空想到科学的发展》小册子，在法国和其他国家的工人中广为传播，马克思称之为"科学社会主义的入门"。

马克思逝世后，恩格斯继续领导国际工人运动。他在创建和领导"第二国际"的同时，整理出版了《资本论》第二卷、第三卷，并写了大量著作，1884 年 10 月，《家庭、私有制和国家的起源》一书出版，在马克思主义史上第一次系统探讨了人类社会的史前史，揭示了私有制、阶级和国家的起源、发展及其消亡的规律和家庭的变迁史；1886 年 4 月至 5 月，发表了《路德维希·费尔巴哈和德国古典哲学的终结》，论述了马克思主义哲学的诞生及其在哲学发展史上引起的划时代的意义，对唯物主义哲学及唯物史观作了深刻的发挥，保卫和发展了马克思主义。

1895 年 8 月 5 日，恩格斯逝世，遵照他的遗嘱，他的骨灰被撒入大海。

学者马克思

马克思一生著作之丰，充分表现了他的勤奋精神和渊博学识。他同恩格斯合著的《马克思恩格斯全集》中文第一版共 50 卷，中文第二版 60 多卷，而该全集国际版约 160 卷。面对如此巨大的思想理论财富，怎不令人肃然起敬！勤奋使马克思获取渊博的知识，而渊博的知识又是马克思治学的基础。

马克思积累了非常渊博的知识，他的知识领域包括哲学、经济学、法学、宗教学、逻辑学、美学、政治学、文学、史学、语言学、翻译、工商业实践，甚至还触及数学、自然科学等。他能阅读欧洲许多国家（据说是十几种到二十种）的文字，能用德、法、英三种文字写作。

马克思的口号是学习、学习、再学习。为了写作《资本论》，他把别人不看的、当枪靶用的资料都一一审查一遍。为了创立新的科学理论，马克思付出了巨大的劳动。

马克思在语言上有特殊才能，还在青年时代，马克思就已经掌握了拉丁语、古希腊语和法语。定居伦敦后，他又学会了英语。德、英、法三种文字就成了他表达思想的主要文字。李卜克内西说，马克思用英文和法文写作就像真正的英国人和法国人一样：给《纽约每日论坛报》写了许多文章，用的是规范的英文，《哲学的贫困》用的是规范的法文。此外，马克思还能用意大利语、西班牙语、罗马尼亚语等多种语言熟练地阅读；在 51 岁（1869 年）那一年，他居然开始学习俄语，并很快就能津津有味地读俄文书了。马克思对普希金、果戈理等文学家十分喜爱，读了俄国革命民主主义作家车尔尼雪夫斯基的作品后，对他也非常敬重。

马克思大量地阅读，大量地写摘要、札记。

他研究最多的是经济学。他深入透彻地研究了政治经济学史，从古希腊的色诺芬一直到自己同时代的经济学家；他研究了各个时期的经济史，特别是资本主义的经济史；他还研究农艺学，他对工艺学在资本主义生产中的运用，对科学技术的发现和发明都有精深的了解。在他的笔记中，他对几个世纪以来数学、物理学和其他科学在生产中的应用，都做了详细的摘录。他对于货币和价格理论、流动资本的周转、资本主义企业中的账簿计算等问题，都下了很深的功夫。他还读了卷帙浩繁的官方报告，其中包括大量的工厂调查员报告"蓝皮书"——这些资料是被国会议员们当作废纸卖掉，而马克思又以低价从旧书商那里买来的。

不只是经济学，马克思对古往今来的哲学、文学也都有精深的研究。他曾经有过写哲学史的设想。他对伟大的文学家充满了热爱，从荷马、埃斯库罗斯到但丁、莎士比亚、塞万提斯、歌德、巴尔扎克的作品，都非常熟悉；他把莎士比亚看作人类的伟大戏剧天才，对他的戏剧可以成段成段地背诵。他还喜好演算数学，把这当作一种休息。他对数学有特别的偏爱，认为一种科学只有在成功地运用数学时，才算达到了真正完善的地步。

马克思对各国的历史、政治、外交、国际关系都做过扎实的研究，并一直给予极大的关心。他对历史始终有浓厚兴趣，读过古往今来的大批历史著作、游记、回忆录、传记等。他的涉足范围从欧洲到美洲和亚洲，甚至直到远在东方的中国。他直到晚年还写下了大量的历史学笔记。他一生写出了众多论述国际问题的文章和小册子，只要阅读一下它们，就不能不对作者的丰富知识和真知灼见表示惊叹。

恩格斯说："马克思在他所研究的每一个领域（甚至在数学领域）都有自己的独到见解，这样的领域是很多的，而且其中任何一个领域他都不是肤浅地研究的。"

同时代人，著名青年黑格尔分子、哲学博士赫斯，是这样评价马克思的："请你设想一下，如果把卢梭、伏尔泰、霍尔巴赫、莱辛、海涅和黑格尔结合成一个人——我说的是结合，不是凑合，那这个人就是马克思博士。"

（资料来源：《马克思主义基本原理概论实践教程》，北京师范大学出版社2017年版）

案例评析

马克思主义的产生是历史的产物，但同两位革命导师的主观努力和理论创造是分不开的。让我们走近伟人，感受他们的人格魅力，在真理魅力和人格魅力的结合中学习和掌握马克思主义。

第一，马克思主义的产生和发展是时代的产物，资本主义经济的发展为马克思主义的产生提供了经济、社会历史条件；无产阶级反对资产阶级的斗争日趋激化，对科学理论的指导提出强烈的需求。

第二，仅有这些客观条件是不够的，这些条件只是为马克思主义产生提供了可能性，只有通过马克思、恩格斯的革命实践和对人类文明成果的继承和创新才能变为现实。

第三，马克思、恩格斯优秀的个人品质和高尚的人格魅力以及脚踏实地的革命实践、孜孜不倦的科学研究是马克思主义得以产生的主观条件。

◎案例二　在纪念马克思诞辰200周年大会上的讲话（节选）

今天，我们怀着十分崇敬的心情，在这里隆重集会，纪念马克思诞辰200周年，缅怀马克思的伟大人格和历史功绩，重温马克思的崇高精神和光辉思想。

马克思是全世界无产阶级和劳动人民的革命导师，是马克思主义的主要创始人，是马克思主义政党的缔造者和国际共产主义的开创者，是近代以来最伟大的思想家。两个世纪过去了，人类社会发生了巨大而深刻的变化，但马克思的名字依然在世界各地受到人们的尊敬，马克思的学说依然闪烁着耀眼的真理光芒！

1818 年 5 月 5 日，马克思诞生在德国特里尔城的一个律师家庭。早在中学时代，他就树立了为人类幸福而工作的志向。大学时代，马克思广泛钻研哲学、历史学、法学等知识，探寻人类社会发展的奥秘。在《莱茵报》工作期间，马克思犀利抨击普鲁士政府的专制统治，维护人民权利。1843 年移居巴黎后，马克思积极参与工人运动，在革命实践和理论探索的结合中完成了从唯心主义到唯物主义、从革命民主主义到共产主义的转变。1845 年，马克思、恩格斯合作撰写了《德意志意识形态》，第一次比较系统地阐述了历史唯物主义基本原理。1848 年，马克思、恩格斯合作撰写了《共产党宣言》，一经问世就震动了世界。恩格斯说，《共产党宣言》是"全部社会主义文献中传播最广和最具有国际性的著作，是从西伯利亚到加利福尼亚的千百万工人公认的共同纲领"。

1848 年，席卷欧洲的资产阶级民主革命爆发，马克思积极投入并指导这场革命斗争。革命失败后，马克思深刻总结革命教训，力求通过系统研究政治经济学，揭示资本主义的本质和规律。1867 年问世的《资本论》是马克思主义最厚重、最丰富的著作，被誉为"工人阶级的圣经"。晚年，马克思依然密切关注世界发展新趋势和工人运动新情况，努力从更宏大的视野思考人类社会发展问题。

——马克思的一生，是胸怀崇高理想、为人类解放不懈奋斗的一生。1835 年，17 岁的马克思在他的高中毕业作文《青年在选择职业时的考虑》中这样写道："如果我们选择了最能为人类而工作的职业，那么，重担就不能把我们压倒，因为这是为大家作出的牺牲；那时我们所享受的就不是可怜的、有限的、自私的乐趣，我们的幸福将属于千百万人，我们的事业将悄然无声地存在下去，但是它会永远发挥作用，而面对我们的骨灰，高尚的人们将洒下热泪。"马克思一生饱尝颠沛流离的艰辛、贫病交加的煎熬，但他初心不改、矢志不渝，为人类解放的崇高理想而不懈奋斗，成就了伟大人生。

——马克思的一生，是不畏艰难险阻、为追求真理而勇攀思想高峰的一生。马克思曾经写道："在科学上没有平坦的大道，只有不畏劳苦沿着陡峭山路攀登的人，才有希望达到光辉的顶点。"马克思为创立科学理论体系，付出了常人难以想象的艰辛，最终达到了光辉的顶点。他博览群书、广泛涉猎，不仅深入了解和研究哲学社会科学各个学科知识，而且深入了解和研究各种自然科学知识，努力从人类创造的一切文明成果中汲取养料。马克思毕生忘我工作，经常每天工作 16 个小时。马克思在给友人的信中谈到，为了《资本论》的写作，"我一直在坟墓的边缘徘徊。因此，我不得不利用我还能工作的每时每刻来完成我的著作"。即使在多病的晚年，马克思仍然不断迈向新的科学领域和目标，写下了数量庞大的历史学、人类学、数学等学科笔记。正如恩格斯所说："马克思在他所研究的每一个领域，甚至在数学领域，都有独到的发现，这样的领域是很多的，而且其中任何一个领域他都不是浅尝辄止。"

——马克思的一生，是为推翻旧世界、建立新世界而不息战斗的一生。恩格斯说，"马克思首先是一个革命家"，"斗争是他的生命要素。很少有人像他那样满腔热情、坚韧不拔和卓有成效地进行斗争"。马克思毕生的使命就是为人民解放而奋斗。为了改变人民受剥削、受压迫的命运，马克思义无反顾投身轰轰烈烈的工人运动，始终站在革命斗争最前沿。他领导创建了世界上第一个无产阶级政党——共产主义者同盟，领导了世界上第一个国际工人组织——国际工人协会，热情支持世界上第一次工人阶级夺取政权的革命——巴黎公社革命，满腔热情、百折不挠推动各国工人运动发展。

马克思是顶天立地的伟人，也是有血有肉的常人。他热爱生活，真诚朴实，重情重义。马克思、恩格斯的革命友谊长达40年。正如列宁所说："古老传说中有各种非常动人的友谊故事"，但马克思、恩格斯的友谊"超过了古人关于人类友谊的一切最动人的传说"。马克思无私资助革命事业，即使在自己生活极度困难的情况下仍然尽最大努力帮助革命战友。马克思和妻子燕妮患难与共，谱写了理想和爱情的命运交响曲。

（资料来源：新华网，2018年5月4日）

案例评析

通过案例我们可以了解到，马克思的一生都献给了为人类工作的伟大事业。一个人的理想信念和价值观应该在小时候就开始培养，这对我们青年大学生正确价值观的形成非常重要。

 习题演练

一、单项选择题

1. 全部马克思主义学说的核心和理论结论是（　　　）。

A. 科学社会主义

B. 辩证唯物主义

C. 历史唯物主义

D. 剩余价值学说

2. 作为中国共产党和社会主义事业指导思想的马克思主义，是指（　　　）。

A. 马克思、恩格斯所创立的学说体系

B. 列宁所创立的基本理论和学说体系

C. 既包括马克思、恩格斯创立和列宁发展了的马克思主义，也包括中国共产党人将其与中国具体实际相结合，不断推进马克思主义中国化的理论成果

D. 中国化的马克思主义

3. 马克思一生最重要的理论发现是（　　　）。

A. 无产阶级革命和无产阶级专政学说

B. 社会主义和共产主义学说

C. 唯物史观和剩余价值学说

D. 关于无产阶级政党和无产阶级领袖的学说

4. 马克思主义的直接理论来源是（　　　）。

A. 法国唯物主义、英国经验主义、德国理性主义

B. 细胞学说、能量守恒定律、生物进化论

C. 德国古典哲学、英国古典政治经济学、英法空想社会主义

D. 法国历史哲学、英国科学主义、欧洲人文主义

5. 马克思主义哲学创立后，开始出现了（　　　）。

A. 唯物论与唯心论的对立

B. 可知论与不可知论的对立

C. 辩证法与形而上学的对立

D. 唯物史观与唯心史观的对立

6. 马克思指出："哲学家们只是用不同的方式解释世界，而问题在于改变世界。"从马克思主义的内容来看，马克思主义首要的和基本的观点是（　　　）。

A. 物质第一性的观点

B. 物质决定意识的观点

C. 人民至上的观点

D. 实践的观点

7. 马克思主义的政治立场是（　　　）。

A. 实现共产主义

B. 消灭剥削，消灭阶级

C. 人民至上

D. 实现人的自由而全面的发展

8. 马克思主义最崇高的社会理想是（　　　）。

A. 实现大同社会

B. 实现共产主义

C. 实现人人平等

D. 消灭阶级

9. 马克思主义是科学，从根本上说在于它（　　　）。

A. 以世界的一般规律为研究对象

B. 始终严格地以客观事实为根据

C. 提供了普遍适用的客观真理

D. 形成了完整的理论体系

10. 马克思主义的一个突出特征和理论优势是（　　　）。

A. 马克思主义是对自然、社会和人类思维发展本质和规律的正确反映

B. 马克思主义具有辩证唯物主义和历史唯物主义的科学的世界观和方法论基础

C. 马克思主义理论是一个逻辑严密的有机整体

D. 马克思主义的发展具有科学探索性，是一个不断探索和掌握客观规律的过程

二、多项选择题

1. 马克思主义是在实践中产生的，并在实践中得到发展和完善。这种发展包括（　　　）。

A. 马克思、恩格斯根据实践的发展对自己创立的理论的不断充实和完善

B. 列宁在领导俄国革命中形成的相关理论

C. 毛泽东思想的形成和发展

D. 中国特色社会主义理论体系的形成和发展

2. 是否始终站在最广大人民的立场上，是（　　　）。

A. 唯物史观与唯心史观的分水岭

B. 无产阶级和资产阶级的根本区别

C. 判断马克思主义政党的试金石

D. 马克思主义的根本特性

3. 马克思主义是科学性与革命性的统一，其具体表现为（　　　）。

A. 辩证唯物主义与历史唯物主义是科学的世界观和方法论

B. 致力于实现以劳动人民为主体的最广大人民的根本利益是马克思主义最鲜明的政治立场

C. 坚持一切从实际出发，理论联系实际，实事求是，在实践中检验真理和发展真理是马克思主义最重要的理论品质

D. 实现共产主义是马克思主义最崇高的社会理想

4. 大学生在学习马克思主义的过程中，要有的正确态度和科学方法是（　　　）。

A. 努力学习和掌握马克思主义的基本立场、观点、方法

B. 坚持理论联系实际的马克思主义学风

C. 自觉将马克思主义内化于心、外化于行

D. 努力学习和掌握马克思主义中国化的理论成果

5. 马克思主义具有鲜明的（　　　），这些鲜明特征体现了马克思主义的本质和使命，也展现出马克思主义的理论形象。

A. 科学性　　　　　B. 人民性　　　　　C. 实践性　　　　　D. 发展性

6. 马克思主义的当代价值在于（　　　）。

A. 探索宇宙的公理　　　　　　　　B. 观察当代世界变化的认识工具

C. 指引当代中国发展的行动指南　　D. 引领人类社会进步的科学真理

7. 马克思主义同中国实际相结合产生的成果是（　　　）。

A. 毛泽东思想

B. 科学社会主义理论体系

C. 邓小平理论

D. 习近平新时代中国特色社会主义思想

8. 马克思主义的直接理论来源是（　　　）。

A. 德国古典哲学　　　　　　　　　B. 英法空想社会主义

C. 英国唯物主义　　　　　　　　　D. 资产阶级古典政治经济学

9. 习近平新时代中国特色社会主义思想是（　　　）。

A. 马克思主义中国化最新理论成果

B. 党和人民实践经验和集体智慧的结晶

C. 中国特色社会主义理论体系的重要组成部分

D. 全党全国人民为实现中华民族伟大复兴而奋斗的行动指南

10. 下列说法错误的是（　　　）。

A. 马克思主义只是经验科学方法

B. 马克思主义只是政治战略策略原则

C. 马克思主义是一种世界观

D. 马克思主义是一种意识形态

三、判断题

1. 在理论联系实际的过程中，要逐步学会运用马克思主义的立场、观点和方法去分析和解决问题的本领。（　　　）

2. 在思想上要自觉地坚持以马克思主义为指导，确立马克思主义的坚定信念，树立和坚定共产主义远大理想。（　　　）

3. 在总结帝国主义和无产阶级革命时代的新的历史条件下，在总结新的历史经验和概括自然科学最新成就的基础上，产生了列宁主义，把马克思主义推向了新的历史阶段——列宁主义阶段。（　　　）

四、简答题

1.什么是马克思主义？

2.如何理解马克思主义的当代价值？

3.马克思主义是如何创立的？

4.谈谈该如何学习和运用马克思主义。

五、材料分析题

马克思晚年给女儿劳拉讲了一则寓言：一船夫渡哲学家过河，哲学家问船夫懂不懂历史，船夫说不懂，哲学家说你失去了一半生命；又问船夫懂不懂数学，船夫说不懂，哲学家说你又失去了另一半的生命。一阵大风把小船吹翻，两人都落了水。船夫问哲学家会不会游泳，他回答不会。船夫说，那你失去了整个生命！

思考：这则寓言说明了什么问题？

 实践课堂

项目 一 视频赏析——《青年马克思》

实践目的

通过观看视频《青年马克思》，使学生更具体地了解马克思、恩格斯的各自经历与相互友谊的建立，了解当时工人的悲惨处境；通过了解马克思的青年生活从而提高学生对马克思主义基本原理的学习兴趣和学习热情。

实践方案

1.任课教师宣布实践活动主题，明确实践要求。

2.任课教师组织学生在多媒体教室观看《青年马克思》。

3.任课教师采用学生自主或指定的方式让学生发言，谈谈观后感。

4.任课教师对学生发言进行评价和总结，进一步引导学生正确认识马克思主义的科学性及其当代价值。

5.课后学生自选角度撰写观后感。

 相关链接：

《青年马克思》

资料一：

马克思主义基本原理实践课
观后感

院　　部：＿＿＿＿＿＿＿＿＿＿＿＿＿＿＿＿＿

专业班级：＿＿＿＿＿＿＿＿＿＿＿＿＿＿＿＿＿

姓　　名：＿＿＿＿＿＿＿＿＿＿＿＿＿＿＿＿＿

学　　号：＿＿＿＿＿＿＿＿＿＿＿＿＿＿＿＿＿

学　　期：＿＿＿＿＿＿＿＿＿＿＿＿＿＿＿＿＿

观后感考核	
考核评价（符合标准的在对应的"□"里打"√"） 　感情真切、体悟深刻　　　　优□　良□　中□　差□ 　层次明确、清晰　　　　　　优□　良□　中□　差□ 　文字凝练、叙述简洁　　　　优□　良□　中□　差□ 　其他　　　　　　　　　　　优□　良□　中□　差□	考核成绩（满分100分）：
	教师签名： 　　　　　　　　年　月　日

题目：
正文：

续表

教师点评	

资料二：

如何写观后感

许多写作者都害怕写电影（视频）观后感，看时激动不已，写时无从下笔，要么通篇复述影片（视频）内容，要么不着边际地空发议论。那么如何写出真情流露的观后感呢？

一、常见的观后感

常见的观后感一般包括：内容简介、发表评论、抒写感受三部分。

第一，内容简介。用简单几句话概括影片（视频）内容，就像我们平时读了一篇课文归纳主要内容一样，做到既完整又简练。

第二，发表评论。写这部分时，写作者可向自己提这样几个问题：你对影片（视频）中的哪件事印象最深刻，为什么？哪个人物你最喜欢，为什么？哪个场面最使你感动，为什么？只要选择其中一个问题深入思考并写下来，就构成了自己对影片（视频）中某人、某事或某个镜头的个性评价。

第三，抒写感受。这是观后感的主体部分，初写者往往言不由衷、空喊口号。最有效的方法是作比较：或将片中人物与自己比较，寻差距、找不足；或与身边熟悉的人相联系，阐发自己的观点；或将电影（视频）中的先进事迹与生活中、社会上的现象比较，从正反两方面谈感受。在写作时，写作者可简单列举一些亲身经历、耳闻目睹的事（或人）使自己的感受丰富起来，有血有肉，叙议结合。简而言之，只有联系自己、联系生活和实际，才能写出真情实感。

二、撰写观后感时要注意的问题

第一，找准写作的切入口。一部电影或一段视频中往往人物众多、内容纷繁，情节纵横交错，写作时不能面面俱到，必须找到一个切入口展开全篇，就像用一条线将"简介—评论—感受"三部分内容串联起来。可以选用以下几种方法：一是选择一个人物。一部电影或者一段视频看完，有的人对主角赞不绝口，有的人对某一配角记忆深刻。不管怎样，只需挑选一个人物，透过其言行举止走入他的内心，由此而发表评论，抒写感受。二是截取一个片段，即选择影片（视频）中的一个小故事或一个独立的情节展开，联系实际谈感受。三是描写一个镜头，即采用特写或素描的方法，生动描述影片（视频）中感人至深的一个镜头，引发自己的情感共鸣，进而谈体会说感受。

第二，循序渐进写出特色。初写者可按照常见的"简介—评论—感受"三段式顺序谋篇布局，这样容易上手。有时，"评论"和"感想"可合二为一，边点评边写感受。有了一定基础后可突破固定结构，采用边叙边议边抒情等方式，围绕一条中心线索，写出真正属于自己的独特感受。

三、观后感的格式

观后感的格式大体上分为四个部分。

第一部分，由"观"而引出"感"，这样的开头就像一条醒目的标语或引子，先交代清楚看了什么影片（视频），有什么感想。

第二部分，具体谈感受是什么。写法上，可采用夹叙夹议的形式，"叙"就是把感人的故事情节或人物形象或词句叙述出来，"议"就是抒发自己的感受，要有层次地把自己的感情一步步地推向高潮，得到升华。叙述是简述，抓住要点，不能太长，否则会影响文章的结构。

第三部分，联系生活中的事例来谈感受，因为"感"的目的就是指导我们的实际行动，否则就毫无意义。具体来说，就是把自己在现实生活中的所作所为和电影（视频）中感动自己的人或事作比较，找出差距、找出不足，树立学习的榜样。

第四部分，文章的结尾要对全文内容作收尾总结，可以进一步抒发理想或希望与祝愿，把全文的情感升华到顶点。

项目 二　报告撰写——各国对马克思主义的研究

实践目的

对国外马克思主义的引进、介绍与研究，在我国已有 30 多年的历史了。在这 30 多年里，这一领域的进展是如此之快，以至于国外马克思主义的各种主要思想观点、理论学说，以及最有影响力的思潮和学派，都在一定程度上被涉及并对之展开研究。当这样的研究被积极地推进到一定阶段时，更为切近地了解、追踪和把握当代国外马克思主义的理论前沿和最新进展就变得十分必要了。

实践方案

1. 任课教师宣布讨论主题并提出活动要求。

2. 将学生分为若干小组（每组 4～6 人），并选定一人为小组组长，负责小组各项工作。

3. 各小组围绕讨论主题搜集和整理资料。主要围绕以下几个国家和地区展开：俄罗斯、中东欧、德国、意大利、西班牙。

4. 以小组为单位在课堂上围绕主题展开讨论。组内讨论后，推选一位组员作为代表在课堂上发表心得感悟。组内讨论时，组长指派一位组员作为记录员记录组员发言摘要和小组讨论情况。

5. 任课教师对学生发言进行点评，引导学生更深层次地理解本次讨论主题。

6. 以小组为单位，结合课堂讨论中他人的发言，撰写并提交一篇关于这次"各国对马克思主义的研究报告"的课堂讨论报告。

 参考资料

纪念十月革命 100 周年

2017 年，恰逢十月革命 100 周年，世界许多国家，例如，俄罗斯、中东欧国家、德国、意大利、西班牙等都进行了纪念和反思。

（一）俄罗斯

俄罗斯关于十月革命的讨论主要围绕以下两个问题展开。

1. 后苏联时代马克思主义者关于十月革命的内部论争

当今俄罗斯马克思主义者内部对十月革命的看法是存在分歧的，相当一部分马克思主义者开始转向社会民主主义立场，一方面承认十月革命及其理想、目标；另一方面拒绝承认现实社会主义的存在。舍甫琴科梳理了近年来俄罗斯学界关于十月革命的相关立场、观点：第一，认为十月革命不能简化为"资本主义与社会主义"的两难选择，当时社会主义革命的前提并未建成，最终导致旧体系的复辟；第二，认为十月革命是同时展开的两次革命，即早期的社会主义革命和后来的资本主义革命；第三，认为新经济政策是向不切实际道路的撤退，最终导致苏共走向灭亡；第四，认为十月革命具有必然性，但是缺乏向社会主义转化的客观条件。问题在于：国家如何通过反封建的资产阶级革命实现以发达资本主义国家为模板的文明形态，即"为什么俄罗斯仍然处于虚构而非'真实'的文明阶段"。有学者进一步发展了第四点，分析俄罗斯的特殊性以及极权主义形成的原因。汇集了众

多知名学者的俄罗斯社会主义学会（PYCO）20世纪90年代由于其捍卫十月革命、承认社会主义苏联的立场，而与欧洲马克思主义者的立场形成鲜明对比。今天该学会仍积极维护和发展马克思列宁主义学说，关注社会主义在21世纪的发展，认为十月革命的历史意义只会随着时间的推移不断增加。总的来说，涉及俄罗斯问题，要特别关注其历史与文明的特征、十月革命的民族性和文化特殊性。

2.关于十月革命的经验教训与革命性质问题

在十月革命的经验教训方面，俄罗斯学者一方面通过分析当时俄国的状况，指出1917年两次革命发生的历史必然性，认为十月革命激发了人们对未来的想象与创造能力，其精神核心是人道主义和人民民主，这些内容至今仍影响着俄罗斯；另一方面指出苏联模式社会主义失去革命性的重要原因在于，走向集权主义并压制了民众的自治原则，而后者恰恰是十月革命获得胜利的主要力量来源。在十月革命性质的当代评价方面，俄罗斯学者主张在历史阶段中来定位十月革命，同时也对十月革命的性质进行了激烈的争论。例如，梅茹耶夫要求以俄罗斯现代性转型的长时段历史周期来定位十月革命，认为十月革命以更为激进的方式承接了二月革命，但一个以农民为主的国家无法实现从专制政体到民主政体的过渡，布尔什维克执政恰恰是俄罗斯传统非民主性质的后果，所以容易走向极权主义。沃耶伊科夫则明确反对将二月革命定性为资产阶级革命、十月革命定性为社会主义革命的普遍性观点。按照马克思理论，只有当必要的物质条件成熟时，才会出现新的社会制度，社会主义革命理论上只能发生在经济和文化上高度发达的资本主义国家。当时的俄国显然没有达到这个条件，因此十月革命自身的任务是模糊、矛盾的。司徒卢威耶也认为十月革命具有资产阶级革命的性质，原因在于：第一，当时俄国无产阶级的数量是微不足道的；第二，社会主义革命缺乏足够的物质和历史先决条件；第三，二月革命到十月革命的短暂时期不可能走上资本主义发展道路；第四，革命只导致了封建社会的瓦解；第五，布尔什维克领导人对于革命本质的解释模糊；第六，革命后期实际上是资产阶级生产关系在统治。布兹加林则提出三个关键问题：十月革命是社会主义革命吗？是反资产阶级革命吗？可以通过和平方式过渡吗？他还试图从大众社会创造力的觉醒证明十月革命的社会主义性质。

（二）中东欧

在中东欧，十月革命并不是一个被广为纪念的事件，对十月革命最流行的解释是"政变或暴动"，权力精英和资产阶级甚至害怕纪念十月革命。不过，苏联史专家托马斯·克劳斯则对十月革命进行了相对客观的评价：首先，通过对俄国历史的考察，认为十月革命的发生有其历史基础；其次，十月革命是列宁对马克思思想的继承和发展，列宁以马克思为基础，预见俄国革命将成为整个欧洲革命的爆发点；再次，十月革命不是暴动，而是经济的、社会的和政治的行动，它致力于消除贫困和剥削，使得大多数人能够参与公共生活和政治生活；最后，十月革命的遗产，尤其是其社会主义（人道主义文化）方面，至今仍然有重要意义。这个方面对国际左翼来说尤其重要，因为这些构成了左翼批判苏联官僚极权主义的基础。从全球来看，俄国革命使下层人民的欲望从乌托邦变为了现实：消灭文盲、失业和极端社会不平等，引进免费教育和医疗；将妇女从压迫中解放出来等。这些基本的革命的人道主义价值仍然捕获着人们的想象。

（三）德国

柏林的德国历史博物馆举办了为期一整年的展览。展览的主题是"1917：革命"，重构了革命的前史，并试图传递革命的理性乌托邦与革命现实的残酷性之间的张力关系。德国"另类社会主义"政党则认为十月革命不是僵死的遗迹，对于当今试图改变世界的人们，它仍然能够提供诸多启迪与指导。为此，另类社会主义党还专门建立了纪念网站。柏林的德国历史博物馆和苏黎世的瑞士国家博物馆，还共同以"为什么要研究俄国革命"为主题，出版了两卷本的纪念文集。其基本观点是：俄国革命事件导致了整个世界体系的变迁，塑造了整个20世纪的走向，并且至今仍然产生着影响，因此我们应该要铭记这场革命。其中，值得一提的是，大卫·诺思在法兰克福大学作了题为《战争与革命年代的哲学与政治》的报告。在报告中，他主要解释了反马克思主义理论的消极影响如何造成了当今革命政治思想的危机。另外，学者们也回顾、搜集了俄国知识分子中革命见证者的观点。有趣的是，俄国知识分子与欧洲部分知识分子的态度形成了对比，俄国的诗人们大量描写革命带来的饥饿和暴力，抱怨革命是"暴民的统治"；而欧洲（特别是德国）部分知识分子，却赞同列宁的革命，认为布尔什维克指明了一条道路，使得摆脱战胜国建立的国际秩序成为可能。此外还有学者将十月革命的胜利与失败视作20世纪的出发点和终点。

（四）意大利

意大利"21世纪马克思"网站刊载了系列纪念十月革命以及探讨其意义的文章。其中，法国学者萨米尔·阿明在《1917年10月：昨天与今天》的引言中对包括十月革命在内的革命进行了高度评价，认为伟大的革命创造了历史，纪念这些革命，意味着对它们的抱负进行重新评估——今天的乌托邦，就是明天的现实，同时还要理解它们暂时的落后。意大利历史学家洛苏尔多则看重十月革命对性别歧视、财富歧视、种族歧视的超越，以此来区分苏联政权和希特勒政权。当然，也有学者指出，十月革命最为深远的影响，是推动被压迫的民族和人民重新站了起来。

（五）西班牙

2017 年，西班牙学界也纷纷"纪念十月革命 100 周年"，并出版了相关著作。他们主要关注两个主题：一是对俄国革命期间的欧洲工人运动进行了讨论，揭示了俄国革命对 1914—1918 年间欧洲反帝国主义社会运动的重大历史影响；二是十月革命中性别平等的问题，认为苏联的《婚姻、家庭和监护法典》及其后颁布的相关法律，是人类历史上首次以国家法律的形式保障妇女权利。

（资料来源：《国外马克思主义研究报告 2018》，人民出版社 2019 年版）

 趣文短篇

思想密码

鳞次栉比的高楼，1 和 0 组成信息，机器在流水线上替代了工人，外太空也不再遥远，越来越多人踏上沉睡的南极大陆，地质学家甚至判断，地球已经进入"人类纪"——过去或许从没有人想过，人类会走到这样一个今天。

然而，伴随时代前进的脚步，世界来到了又一个"十字路口"。从叙利亚紧张的局势，到美国挑起的贸易争端；从英国脱欧等"黑天鹅"事件，到频发的枪击案、暴恐袭击，前所未有的治理赤字，让西方世界"进入新的不确定、不稳定时期"。联合国秘书长古特雷斯甚至在 2018 年的新年贺词中，罕见地向世界发出"红色警报"。

与"世界之乱"形成鲜明对比的，是"中国之治"。过去 40 年，这个人口占世界近 1/5 的国家不仅人均 GDP 提高了 150 多倍，还以新型国际关系、人类命运共同体等先进理念，以"一带一路""金砖+"等务实举措，成为不确定的世界洋流中稳定的灯塔。

读解中国奇迹的人不难发现，这个东方古国、发展中大国，这个社会主义国家今天的一切，莫不源于背后的思想密码。指导着中国实践的马克思主义，是现代世界思想乐章最重要的主题，被誉为人类历史"一种决定性的存在"。而中国的实践丰富并发展了这一理论，雄辩地证明了马克思主义"并没有结束真理，而是开辟了通向真理的道路"。

1818 年 5 月 5 日，马克思诞生于德国小城特里尔。一个多世纪以来，以他的名字命名的思想，照亮了在黑暗中徘徊的世界历史，奏响了人类为自身解放而斗争的不朽乐章。摩泽尔河畔思想的种子如同原子裂变般释放出巨大能量，穿越历史的迷雾，激起神州大地的红色狂飙，在通往真理的道路上书写下新时代的壮丽史诗。今天，中国号巨轮的掌舵者，如此向这位思想家致敬，"无论时代如何变迁、科学如何进步，马克思主义依然显示出科学思想的伟力，依然占据着真理和道义的制高点"。

"我们所做的一切都是为人民谋幸福，为民族谋复兴，为世界谋大同。"习近平总书记的话语，昭示了中国共产党人为信仰不懈奋斗的伟大历程。让我们回到马克思，回到共产党人理想启航的原点，来理解一个国家的崛起与奋进、一个政党的光荣与梦想。

......

（资料来源：《人民日报》2018 年 5 月 2 日，略改动）

第一章

世界的物质性及发展规律

世界的真正统一性在于它的物质性，而这种物质性不是由魔术师的三两句话所证明的，而是由哲学和自然科学的长期的和持续的发展所证明的。

——恩格斯

 知识网络

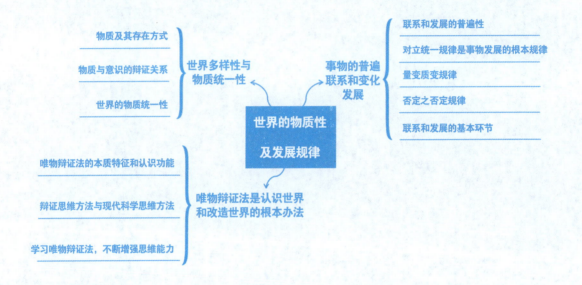

- 物质及其存在方式
- 物质与意识的辩证关系
- 世界的物质统一性

世界多样性与物质统一性

- 联系和发展的普遍性
- 对立统一规律是事物发展的根本规律
- 量变质变规律
- 否定之否定规律
- 联系和发展的基本环节

事物的普遍联系和变化发展

世界的物质性及发展规律

- 唯物辩证法的本质特征和认识功能
- 辩证思维方法与现代科学思维方法
- 学习唯物辩证法，不断增强思维能力

唯物辩证法是认识世界和改造世界的根本办法

 学习指南

⊙ 学习目标

学习和掌握辩证唯物主义基本原理，着重把握物质与意识的辩证关系，世界的物质统一性，事物联系和发展的基本规律、基本环节，坚持科学的世界观和方法论，运用唯物辩证法分析和解决问题，不断增强思维能力。

⊙ 学习要点

世界的物质统一性，物质与意识的辩证关系，主观能动性与客观规律性的辩证统一，联系和发展的基本规律，联系和发展的基本环节，矛盾的同一性和斗争性，矛盾的普遍性和特殊性，量变质变规律，否定之否定规律，唯物辩证法是科学的认识方法，在实践中不断增强思维能力。

⊙ 学习难点

物质与意识的辩证关系，事物的联系和发展，矛盾的同一性和斗争性，矛盾的普遍性和特殊性，量变质变规律，否定之否定规律，唯物辩证法。

 要点归纳

要点一：物质及其存在方式

（一）哲学的基本问题

哲学基本问题	物质和意识何者是第一性、何者是第二性	唯物主义：物质第一性	古代朴素唯物主义
			近代形而上学唯物主义
			现代辩证唯物主义
		唯心主义：意识第一性	主观唯心主义：世界是主观精神（感觉、经验、思想等）的产物（个人）
			客观唯心主义：世界是客观精神（理念、绝对精神、天理等）的产物（外力）
	物质和意识是否具有同一性		可知论：有同一性（即意识可以认识物质）
			不可知论：没有同一性（即意识不能或不能完全认识物质）

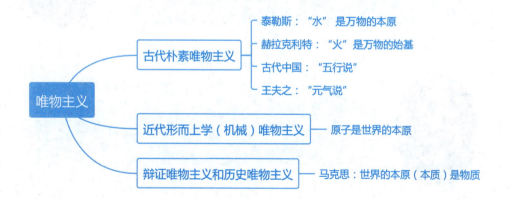

唯心主义
- 主观唯心主义
  - 王守仁："心外无物""天地万物皆在吾心中"
  - 陆九渊："宇宙便是吾心，吾心即是宇宙"
- 客观唯心主义
  - 朱熹："理在事先"，"理"是"天地万物之根"
  - 黑格尔："绝对精神"是世界的本原

 真题精讲

有一种观点认为："自由不在于幻想中摆脱自然规律而独立，而在于认识这些规律，从而能够有计划地使自然规律为一定的目的服务。"还有一种观点认为："'自由'倒过来就是'由自'，因此'自由'等于'由自'，'由自'即随心所欲。"这两种关于自由的观点（　　）。

A. 前者是唯物辩证法的观点，后者是唯意志论的观点

B. 前者是机械唯物主义的观点，后者是唯心主义的观点

C. 前者是主观唯心主义的观点，后者是唯物辩证法的观点

D. 前者是历史唯心主义的观点，后者是历史唯物主义的观点

【答案】A

【解析】题干中前一种观点认为自由不是凭空想象的，而是在对自然规律正确认识和掌握的基础上，运用规律服务于人类，这是唯物辩证法的观点。后一种观点认为自由即随心所欲，这种观点片面夸大了意志的作用，将意志看成万物的基础，是唯意志论的观点。

物质是标志客观实在的哲学范畴，这种客观实在是人通过感觉感知的，它不依赖于我们的感觉而存在，为我们的感觉所复写、摄影、反映。

——列宁

物、物质无非是各种物的总和，而这个概念就是从这一总和中抽象出来的。

——恩格斯

（二）物质及其存在方式

物质是不依赖人类的意识，并能为人类的意识所反映的客观存在。

第一，坚持了唯物主义一元论，同唯心主义一元论和二元论划清了界限。

第二，坚持了能动的反映论和可知论，批判了不可知论。

第三，体现了唯物论和辩证法的统一，克服了形而上学唯物主义的缺陷。

第四，体现了唯物主义自然观与唯物主义历史观的统一，为彻底的唯物主义奠定了理论基础。

要正确地认识物质世界，还需要进一步把握物质的根本属性或存在方式，以及运动着的物质的基本存在形式。

1. 物质和运动

运动是标志一切事物和现象的变化及其过程的哲学范畴。运动是物质的存在方式和根本属性。

物质与运动不可分割，运动是物质的运动，物质是运动着的物质。

2. 运动和静止

物质世界的运动是绝对的，而物质在运动过程中又有某种相对的静止。相对静止是物质运动在一定条件下的稳定状态，包括空间的相对位置和事物的根本性质暂时不变这样两种运动的特殊状态。

运动的绝对性体现了物质运动的变动性、无条件性；静止的相对性体现了物质运动的稳定性、有条件性。运动和静止相互依赖、相互渗透、相互包含，"动中有静，静中有动"。无条件的绝对运动和有条件的相对静止构成了对立统一的关系。

 真题精讲

有一副对联，上联是"橘子洲，洲旁舟，舟行洲不行"；下联是"天心阁，阁中鸽，鸽飞阁不飞"。这形象地说明了运动和静止是相互依存的，静止是（　　　）。

A. 运动的衡量尺度

B. 运动的内在原因

C. 运动的普遍状态

D. 运动的存在方式

【答案】A

【解析】唯物辩证法认为，运动和静止是辩证统一的。其一，运动是物质的根本属性和存在方式，运动是绝对的。运动的绝对性体现了物质运动的变动性、无条件性。其二，静止是物质运动在一定条件下的稳定状态，包括空间位置和根本性质暂时未变这样两种运动的特殊状态。静止是相对的，承认相对静止的存在有着重要意义：只有承认相对静止，才能区分事物，才能理解物质的多样性；静止是运动的量度和环节，不承认静止，运动无法衡量，也无法理解运动。由此可知，B、C两项表述均错误。时间和空间是物质运动的存在形式，故选项D错误。根据题干中的"舟行洲不行"和"鸽飞阁不飞"可以知道，"舟的行"是参照了"不行的洲"，"鸽的飞"是参照了"不飞的阁"，既然是"参照"，就是一种衡量手段，也就是静止是运动的衡量尺度。对于观察者（静态）而言，"舟行"正是因为"洲不行"，"鸽飞"正是因为"阁不飞"，故选项A符合题意。

3. 物质运动的存在形式

时间和空间是物质运动的存在形式。时间是指物质运动的持续性、顺序性，特点是一维性，即时间的流逝一去不复返；空间是指物质运动的广延性、伸张性，特点是三维性，即空间具有长宽高三方面的规定性。

物质运动总是在一定的时间和空间中进行的，没有离开物质运动的"纯粹"时间和空间，也没有离开时间和空间的物质运动。物质运动与时间和空间的不可分割，证明了时间和空间的客观性。具体物质形态的时空是有限的，而整个物质世界的时空是无限的。

真题精讲

长江的年龄到底有多大？这里说的长江的"年龄"，是指从青藏高原奔流而下注入东海的"贯通东流"水系的形成年代。如果说上游的沉积物从青藏高原、四川盆地顺延而下能到达下游，这就表明长江贯通了，这就是物源示踪。我国科学家采用这种方法，研究长江中下游盆地沉积物的来源，从而判别长江上游的物质何时到达下游，间接指示了长江贯通东流的时限。他们经过10多年的研究，提出长江贯通东流的时间距今约2300多万年。这一研究成果从一个侧面显示出（　　　）。

A.时间和空间是有限的，物质运动是永恒的

B.时间和空间是通过物质运动的变化表现出来的

C.时间和空间是标示物质运动的观念形式

D.时间和空间是物质运动的存在形式

【答案】BD

【解析】本题考查"物质运动与时空"。时间和空间是物质运动的存在形式。时间和空间具有客观性，时间的特点是一维性，空间的特点是三维性。具体物质形态的时空是有限的，而整个物质世界的时空是无限的。题干中长江"贯通东流"的沉积物，说明时空要通过物质运动的变化表现出来，因此，正确选项为B、D。

选项 A，时间和空间既是有限的，又是无限的。如果只强调其有限的一面，过于片面，故排除。选项 C，"时间和空间是标示物质运动的观念形式"表述错误，时空是客观存在的，不是一种观念形式。

（三）物质与意识的辩证关系

1. 物质决定意识

从意识的起源来看，意识是自然界长期发展的产物，意识作为一种反映形式，它的形成和发展经历了三个阶段：

一切物质具有的反应特性 → 低等生物的刺激感应性 → 高等动物的感觉与心理

观念的东西不外是移入人头脑并在人的头脑中改造过的物质的东西而已。

——马克思

真题精讲

从 20 世纪 70 年代至今，商务印书馆先后出版了多个版本的《新华字典》，删除了一些旧的词条，增加了一些新的词条，并对若干词条的词义作了修改。例如 1971 年版对"科举"这个词的解释是："从隋唐到清代的封建王朝为维护其反动统治而设的分科考选文武官吏后备人员的制度"，1992 年版删去"反动"二字，1998 年版又删去"为维护其统治而设"。再如 1971 年版在解释了"雉"就是"野鸡"之后，紧跟着说"肉可以吃，羽毛可以做装饰品"。1992 年版、1998 年版也一样，直到 2008 年版删去了这句话。一本小字典，记载着语词的发展变化，也记录着时代前进的印记。字典词条释义的变化表明人们的意识（　　　）。

A. 是客观世界的能动反映

B. 取决于语词含义的改变

C. 随着社会生活的变化而变化

D. 需要借助语言这一物质外壳表达出来

【答案】ACD

【解析】本题考查"意识的本质"。题干中所说的"词语",是人类意识的一种表现形式,字典中词语的含义是人类意识在书面上的体现,是对客观存在的反映。题干中字典词条释义随着社会的不断发展和进步而发生变化,说明人类的意识具有历史性,会随着人们实践和认识的不断深化而改变。而意识的社会性,表现在劳动为意识的产生和发展提供了客观的需要和可能,也表现在意识必须借助语言这一物质外壳固定下来、表达出去,以在人们之间进行思想交流,所以选项D正确。选项B,意识"取决于词语含义的改变"是错误的表述,能够决定意识的是物质,而词语的含义显然不属于物质范畴,因此不能决定意识,故排除。

2.意识对物质的反作用

> 个人怎样表现自己的生命,他们自己就是怎样的。因此,他们是什么样的,这同他们的生产是一致的——既和他们生产什么一致,又和他们怎样生产一致。
>
> ——马克思、恩格斯:《德意志意识形态》

主要表现:第一,意识活动具有目的性和计划性。人在认识客观世界、尊重客观规律的同时,还总是根据一定的目的、要求去确定反映什么、不反映什么、怎样反映表现出主体的选择性。

第二,意识活动具有创造性。人的意识不仅采取感觉、知觉、表象等形式,反映事物的外部现象,而且能够运用概念、判断、推理等形式对感性材料进行加工制作、选择构建,在思维中构造一个现实中所没有的观念世界。

第三,意识具有指导实践改造客观世界的作用。意识的能动作用不限于从实践中形成一定的思想,形成活动的目的、计划、方法等观念的东西,更重要的在于以这些观念的东西为指导,通过实践把"观念的存在着"的模型、蓝图实现出来,变为客观现实。

第四,意识具有指导、控制人的行为和生理活动的作用。意识和心理活动对人体生理和病理活动有调节作用,对人的健康状况有重要影响。

 真题精讲

有人认为，既然人的意识是对客观外部世界的反映，那么人脑里的鬼神意识就是对外在世界上鬼、神真实存在的反映。这种观念的错误在于（　　）。

A.夸大了意识的能动作用

B.把意识看成物质的产物

C.认为意识是对存在的直观反映

D.混淆了人类意识自然演化的阶段

【答案】C

【解析】鬼、神在客观世界中原本就是不存在的，人的头脑中之所以会有鬼、神的观念，是因为对外部世界产生了歪曲的反映。本题题干中"鬼神意识就是对外在世界上鬼、神真实存在的反映"，是一种直观反映论的观点，即认为头脑中的观念只能对外部世界进行简单机械地直观反映，而不能进行加工改造，忽略了意识的能动作用，故选项C正确，选项A错误。选项B是正确的观点，但与题意不符，故排除。人类意识的自然演化过程是：一切物质都具有的反应特性—低等生物的刺激感应性—高等动物的感觉和心理—人类的意识。选项D与题意无关，故排除。

3.主观能动性和客观规律性的辩证统一

正确认识和把握物质的决定作用和意识的反作用，必须处理好主观能动性和客观规律性的关系。

一方面，尊重客观规律是正确发挥主观能动性的前提。规律是事物变化发展过程中本身所固有的内在的、本质的、必然的联系。人们只有在认识和掌握客观规律的基础上，才能正确地认识世界，有效地改造世界。人创造历史，不是随心所欲地创造，只有遵循历史的规律和进程，把握时代的脉搏和契机，人才能真正成为历史的主人。

另一方面，只有充分发挥主观能动性，才能正确认识和利用客观规律。承认规律的客观性，并不是说人在规律面前无能为力、无所作为。人能够通过自觉活动去认识规律，并按照客观规律去改造世界，以满足自身的需要。因此，尊重事物发展的客观规律性与发挥人的主观能动性是辩证统一的，实践是客观规律性与主观能动性统一的基础。

正确发挥人的主观能动性，有以下三个方面的前提和条件：第一，从实际出发是正确发挥人的主观能动性的前提。只有从实际出发、充分反映客观规律的认识，才是正确的认识；只有以正确的认识为指导，才能形成正确的行动。第二，

实践是正确发挥人的主观能动性的根本途径。正确的认识要变为现实的物质力量，只能通过物质的活动——实践才能达到。第三，正确发挥人的主观能动性，还要依赖于一定的物质条件和物质手段。"巧妇难为无米之炊"，没有现实的原材料，人的意识再"巧"也创造不出任何物质的东西来。

 真题精讲

　　某地区进入供暖季后常常出现雾霾，而一旦出现大风天气或等到春暖花开后，雾霾就会散去或减少。从该地区较长时间的数据变化看，经过人们努力治霾，污染物排放总量在持续走低；但在某些时段，环境空气质量污染指数会迅速攀升，甚至"爆表"。这种看似"矛盾"的现象凸显了大气污染防治的一个特点：天帮忙很重要，但人努力才是根本。"人努力"与"天帮忙"之间的关系对我们正确处理主观能动性和客观规律性之间辩证关系的启示是（　　　　）。

　　A. 尊重事物的客观规律是正确发挥主观能动性的前提

　　B. 人类有意识的思想活动是掌握客观规律的根本前提

　　C. 认识活动是客观规律性与主观能动性相统一的基础

　　D. 尚未认识的外在自然规律对人的实践活动起着至关重要的作用

　　【答案】A

　　【解析】主观能动性和客观规律性的关系是：尊重客观规律是正确发挥主观能动性的前提；只有充分发挥主观能动性，才能正确认识和利用客观规律；实践是客观规律性与主观能动性统一的基础，故选项 A 正确，选项 C 错误。B、D 两项说法本身就是错误的，故排除。

　　4. 意识与人工智能

　　所谓人工智能，就是把人的部分智能活动机器化，让机器具有完成某种复杂目标的能力，它实质上是对人脑组织结构与思维运行机制的模仿，是人类智能的物化。

　　人工智能是人的意识能动性的一种特殊表现，是人的本质力量的对象化、现实化。人工智能的出现表明，人类意识已经发展到能够把意识活动部分地从人脑中分离出来，物化为机器的物理运动从而延伸意识器官功能的新阶段。

　　第一，人类意识是知情意的统一体，而人工智能只是对人类的理性智能的模拟和扩展，不具备情感、信念、意志等人类意识形式。第二，社会性是人的意识所固有的本质属性，而人工智能不可能真正具备人类的社会属性。第三，人类的自然语言是思维的物质外壳和意识的现实形式，而人工智能难以完全具备理解自然语言真实意义的能力。

真题精讲

虚拟现实技术是一种运用计算机仿真系统创建多源信息融合的交互式三维动态实景以及动作仿真的技术，可以给使用者提供沉浸性、多感知性、交互性的互动体验。虚拟现实技术所构造的虚拟环境说明（　　）。

A. 物质世界不再具有客观实在性

B. 人们可以通过实践创造出自然界原本不存在的现实状态

C. 信息是独立于物质和意识的第三种存在状态

D. 物质世界的存在形式具有多样性

【答案】BD

【解析】实践是改造世界的客观物质性活动，具有直接现实性，能够引起客观世界的某种变化。虚拟现实技术所构造的虚拟环境说明人们可以通过实践创造出自然界原本不存在的现实状态，故选项 B 正确。马克思主义认为，物质世界的统一性是多样性的统一，而不是单一的无差别的统一。虚拟现实技术所构造的虚拟环境就说明了物质世界的存在形式具有多样性，故选项 D 正确。物质世界具有客观实在性，虚拟现实技术所构造的虚拟环境同样具有客观实在性，故选项 A 错误。马克思主义认为，物质是世界的本原，世界统一于物质。世界的物质统一性原理说明，世界上的一切事物和现象，包括意识现象，归根到底都是物质的表现形态或物质的属性和存在形式。信息归根到底也是物质的表现形态，它并不是独立于物质和意识的第三种存在状态，故选项 C 错误。

要点二：世界的物质统一性

世界的统一性问题，是回答世界上的万事万物有没有统一性，即有没有共同的本质或本原的问题。马克思主义认为，世界的统一性在于它的物质性，世界统一于物质。

第一，自然界是物质的。第二，人类社会本质上也是物质的。第三，人的意识统一于物质。

世界的物质统一性是多样性的统一。世界的物质统一性原理是辩证唯物主义最基本、最核心的观点，是马克思主义的基石，有助于我们树立唯物主义科学世界观，为我们进一步确立正确的人生观和价值观奠定坚实的基础；同时，也有助于我们确立正确的思想路线和思想方法，在认识世界和改造世界的过程中，摒弃一切无视客观世界及其规律性的思想观念，遵循一切从实际出发、实事求是的原则。

要点三：联系和发展的普遍性

联系的观点和发展的观点是唯物辩证法的总观点，体现了唯物辩证法的总特征。

（一）事物的普遍联系

联系是指事物内部各要素之间和事物之间相互影响、相互制约、相互作用的关系。世界上的万事万物既作为个体事物存在，又作为联系中的事物存在。

马克思主义关于事物普遍联系的原理，要求人们善于分析事物的具体联系，确立整体性、开放性观念，从动态中考察事物的普遍联系。

1. 联系具有客观性

事物的联系是事物本身所固有的，不是主观臆想的。

2. 联系具有普遍性

任何事物内部的不同部分和要素都是相互联系的，也就是说，任何事物都具有内在的结构性。

任何事物都不能孤立存在，都同其他事物处于一定的相互联系之中。

整个世界是相互联系的统一整体。

随着 5G 网络、大数据、智能感知等前沿信息技术的迅猛发展，万物互联时代悄然而至，一幅由种种联系交织起来的世界图景将变得更加清晰可见。

3. 联系具有多样性

世界上的事物是多样的，事物之间的联系也是多样的。不同的联系构成事物内部和事物之间的存在状态和发展趋势。

4. 联系具有条件性

条件对事物发展和人的活动具有支持或制约作用。

条件是可以改变的。人经过努力，可以化不利条件为有利条件，推动事物的发展。

改变和创造条件不是任意的，必须尊重事物发展的客观规律。

耐人寻味的"蝴蝶效应"

1963 年，美国麻省理工学院气象学家洛伦兹在一次演讲中提出：南美洲亚马孙河流域热带雨林中一只蝴蝶偶尔扇动了几次翅膀，所引起的微弱气流对地球大气的影响可能随时间增强而不是减弱，甚至可能两周后在美国德克萨斯州引起一场龙卷风。原因在于：蝴蝶翅膀的运动，导致其身边的空气系统发生变化，并引起微弱气流的产生，而微弱气流的产生又会引起它四周空气或其他系统产生相对应变化，由此引起连锁反应，最终导致其他系统的极大变化。"蝴蝶效应"由此不胫而走。

 真题精讲

2017 年 6 月，我国科学家利用"墨子号"量子科学实验卫星在国际上率先成功实现了千公里级的星地双向量子纠缠分发。"量子纠缠"就是两个（或多个）粒子共同组成的量子状态，无论粒子之间相隔多远，测量其中一个粒子必然会影响其他粒子。"量子纠缠"现象虽然未被完全认知，但它仍然能够说明（　　　）。

A. 物质世界联系的客观性和普遍性

B. 事物联系的主观性和偶然性

C. 事物联系的复杂性和多样性

D. 世界的真正统一性在于它的物质性

【答案】ACD

【解析】"量子纠缠"现象体现了事物的普遍联系，联系具有普遍性、客观性、多样性、条件性，故 A、C 选项正确。"量子纠缠"是物质世界的客观现象，不以人的意志为转移，体现了"世界统一于物质"的原理，故选项 B 错误，D 选项正确。

（二）事物的变化发展

事物的相互联系包含事物的相互作用，而相互作用必然导致事物的运动、变化和发展。

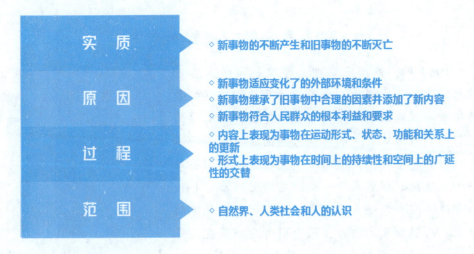

 真题精讲

"沉舟侧畔千帆过，病树前头万木春。"辩证法认为发展的实质是新事物的产生和旧事物的灭亡。新生事物必然取代旧事物，从根本上说，是因为（   ）。

A. 新生事物产生于旧事物之后，是新出现的事物

B. 新生事物具有新的结构和功能，能适应已经变化了的环境和条件

C. 新生事物是对旧事物的扬弃，并添加了旧事物所不能容纳的新内容

D. 在社会历史领域内，新生事物符合广大人民群众的根本利益和要求

【答案】BCD

【解析】该诗句运用比喻，借用自然景物的变化暗示社会的发展，蕴含哲理，现多指新生事物必然战胜旧事物。发展的实质是新事物的产生和旧事物的灭亡。新事物之所以能战胜旧事物，是因为新事物具有新的要素、结构和功能，适应已经变化了的环境和条件；新事物是对旧事物的"扬弃"，它既否定了旧事物中消极腐朽的东西，又保留了旧事物中合理的、仍然适应新的条件的因素，并添加了旧事物所不能容纳的新内容；新事物从根本上符合人民群众的利益和要求，故正确选项为 B、C、D。辩证法关于新、旧事物的区分并不是以时间先后为标准的，产生的时间晚未必就是新事物，故选项 A 错误。

要点四：矛盾的同一性和斗争性

矛盾是反映事物内部和事物之间对立统一关系的哲学范畴。

（一）矛盾的两种基本属性

矛盾的同一性：指矛盾着的对立面相互依存、相互贯通的性质和趋势。它有

两个方面的含义：一是矛盾着的对立面相互依存，互为存在的前提，并共处于一个统一体中；二是矛盾着的对立面相互贯通，在一定条件下相互转化。

矛盾的斗争性：指矛盾着的对立面相互排斥、相互分离的性质和趋势。由于矛盾的性质不同，矛盾的斗争形式也不同，可以分为对抗性矛盾和非对抗性矛盾两种基本形式。

（二）矛盾的同一性和斗争性的辩证关系

矛盾的同一性和斗争性相互联结、相辅相成。没有斗争性就没有同一性，没有同一性也没有斗争性，斗争性寓于同一性之中，同一性通过斗争性来体现。矛盾的同一性是有条件的、相对的，矛盾的斗争性是无条件的、绝对的。矛盾的同一性和斗争性相结合，构成了事物的矛盾运动，推动着事物的变化发展。

（三）矛盾的同一性和斗争性在事物发展中的作用

同一性：第一，同一性是事物存在和发展的前提，在矛盾双方中，一方的发展以另一方的发展为条件，发展是在矛盾统一体中的发展。第二，同一性使矛盾双方相互吸取有利于自身的因素，在相互作用中各自得到发展。第三，同一性规定着事物转化的可能和发展的趋势。

斗争性：第一，矛盾双方的斗争促进矛盾双方力量的变化，造成双方力量发展的不平衡，为对立面的转化、事物的质变创造条件。第二，矛盾双方的斗争是一种矛盾统一体向另一种矛盾统一体过渡的决定力量。矛盾双方的相互排斥和否定促使旧的矛盾统一体破裂，新的矛盾统一体产生。

（四）方法论意义

运用矛盾的同一性和斗争性原理指导实践，还要正确把握和谐对事物发展的作用。和谐是矛盾的一种特殊表现形式，体现着矛盾双方的相互依存、相互促进、共同发展。和谐并不意味着矛盾的绝对同一，和谐是相对的、有条件的，只有在矛盾双方处于平衡、协调、合作的情况下，事物才展现出和谐状态。社会的和谐、人与自然的和谐，都是在不断解决矛盾的过程中实现的。构建社会主义和谐社会就是在发展的基础上正确处理各种矛盾的历史过程和社会结果。

要点五：矛盾的普遍性和特殊性

（一）矛盾的普遍性和特殊性及其相互关系

矛盾的普遍性：矛盾存在于一切事物中，存在于一切事物发展过程的始终，旧的矛盾解决了，新的矛盾又产生，事物始终在矛盾中运动。

矛盾的特殊性：各个具体事物的矛盾、每一个矛盾的各个方面在发展的不同阶段上各有其特点。

辩证关系：矛盾的普遍性和特殊性是辩证统一的关系。矛盾的普遍性即矛盾的共性，矛盾的特殊性即矛盾的个性。矛盾的共性是无条件的、绝对的，矛盾的个性是有条件的、相对的。任何现实存在的事物的矛盾都是共性和个性的有机统一，共性寓于个性之中，没有离开个性的共性，也没有离开共性的个性。

（二）主要矛盾和次要矛盾、矛盾的主要方面和次要方面

主要矛盾：矛盾体系中处于支配地位、对事物的发展起决定作用的矛盾。

次要矛盾：矛盾体系中处于从属地位、对事物的发展起次要作用的矛盾。

矛盾的主要方面和次要方面：在每一对矛盾中，有一方处于支配地位，起着主导作用，这是矛盾的主要方面，处于被支配一方的则是矛盾的次要方面。事物的性质是由主要矛盾的主要方面所决定的。

方法论：把主要矛盾和次要矛盾、矛盾的主要方面和次要方面的辩证关系运用到实际工作中，就是要坚持"两点论"和"重点论"的统一。

两点论：在分析事物的矛盾时，不仅要看到矛盾双方的对立，而且要看到矛盾双方的统一；不仅要看到矛盾体系中存在着主要矛盾、矛盾的主要方面，而且要看到次要矛盾、矛盾的次要方面。

重点论：要着重把握主要矛盾、矛盾的主要方面，并以此作为解决问题的出发点。

真题精讲

"马者所以命形也，白者所以命色也。命色者非命形也，故曰白马非马。"从唯物辩证法的观点看，"白马非马"这一命题的错误在于（　　　）。

A.割裂了事物共性和个性之间的联系

B.模糊了事物本质和现象之间的联系

C.混淆了事物内容和形式之间的区别

D.颠倒了事物形态和功能之间的关系

【答案】A

【解析】矛盾的普遍性即矛盾的共性，是无条件的、绝对的；矛盾的特殊性即矛盾的个性，是有条件的、相对的。公孙龙的"白马非马"论将"马"说成马的形态，"白马"说成是马的颜色，形态与颜色不等同，因而白马不是马。但"马"的外延比"白马"广，"马"是对所有马的共性的抽象概括，各种具体的马则是"马"的一种，"马"包含了"白马"在内的所有的马。"白马"与"马"体现了个

别与一般、个性与共性的关系。题干中的"白马非马"论，只看到了"白马"的个性，没有看到背后隐藏的"马"的共性，故选项 A 符合题意。B、C、D 三项在题干中并未体现。

要点六：量变质变规律

量变和质变的辩证关系是：第一，量变是质变的必要准备。任何事物的变化都有一个量变的积累过程，没有量变的积累，质变就不会发生。第二，质变是量变的必然结果，并为新的量变开辟道路。单纯的量变不会永远持续下去，量变达到一定程度必然引起质变。第三，量变和质变是相互渗透的。一方面，在总的量变过程中有阶段性和局部性的部分质变；另一方面，在质变过程中也有旧质在量上的收缩和新质在量上的扩张。量变和质变是相互依存、相互贯通的，量变引起质变，在新质的基础上，事物又开始新的量变，如此交替循环，构成了事物的发展过程。量变质变规律体现了事物发展的渐进性和飞跃性的统一。

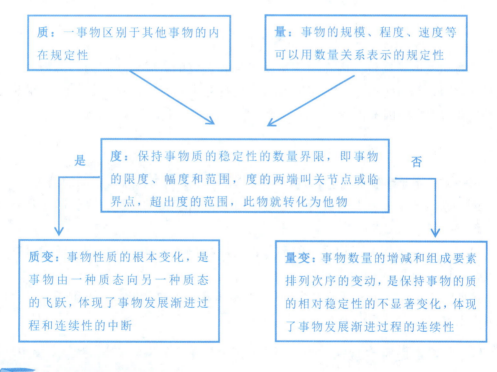

真题精讲

《百喻经》中有一则寓言：有一个愚人到别人家去做客，他嫌菜没有味道，主人就给他加了点盐。菜里加盐以后，味道好极了。愚人就想："菜之所以鲜美，是因为有了盐，加一点就如此鲜美，如果加更多的盐，岂不更加好吃？"回家之后，他把一把盐放进嘴里，结果又苦又咸。这则寓言给我们的启示是（　　　）。

A. 持续的量变会引起事物发生质的变化

B. 在认识和处理问题时要掌握适度的原则

C. 不可能通过一些现象而去认识某个事物的本质

D. 在事物的发展过程中要时时注意事物的自我否定

【答案】B

【解析】度是事物保持自己质的数量界限，即事物的范围、幅度和限度。认识度才能确切地把握事物的质，才能为实践活动提供适度原则，防止"过"或"不及"。题干中愚人的做法正是没有掌握好事物的度，加一点盐可以使菜的味道变得鲜美，但盐加多了就过了，味道就变得又苦又咸。故 B 选项最符合题意。区分量变和质变的根本标志是事物的变化是否超出度，持续的量变若没有超出度，则不会发生质变，故 A 选项表述不严谨。C、D 两项均与题干无关，故排除。

要点七：否定之否定规律

（一）事物发展过程中的肯定因素和否定因素

事物的发展是通过其内在矛盾运动以自我否定的方式而实现的。事物内部存在着肯定因素和否定因素。肯定因素是维持现存事物存在的因素，否定因素是促使现存事物灭亡的因素。

（二）辩证否定观

第一，否定是事物的自我否定、自我发展，是事物内部矛盾运动的结果。

第二，否定是事物发展的环节，是旧事物向新事物的转变，是从旧质到新质的飞跃。

第三，否定是新旧事物联系的环节，新事物孕育产生于旧事物，新旧事物是通过否定环节联系起来的。

第四，辩证否定的实质是"扬弃"，即新事物对旧事物既批判又继承，既克服其消极因素又保留其积极因素。

（三）否定之否定规律

事物的辩证否定不是一次完成的，而是要经历事物自我发展的两次否定、三个阶段即"肯定—否定—否定之否定"的有规律过程。第一次否定使矛盾得到初步解决，而处于否定阶段的事物仍然具有片面性，还要经过再次否定，即否定之否定，实现对立面的统一，使矛盾得到根本解决。事物的辩证发展就是经过两次否定、三个阶段，形成一个周期。其中，否定之否定阶段仿佛是向原来出发点的"回复"，但这是在更高阶段的"回复"。事物的发展呈现出周期性，不同周期的交替使事物的发展呈现出波浪式前进或螺旋式上升的总趋势。

（四）方法论意义

否定之否定规律揭示了事物发展的前进性与曲折性的统一。否定之否定规律的原理对于人们的认识和实践活动具有重要的指导意义。按照否定之否定规律办事，就要求我们树立辩证的否定观，反对形而上学地肯定一切或否定一切，要对事物采取科学分析的态度，使实践活动符合事物自我否定的辩证本性。同时，又要求我们正确看待事物发展的过程，既要看到道路的曲折，更要看到前途的光明。

 真题精讲

母质、气候、生物、地形、时间是土壤形成的五大关键因素。母质是土壤形成的物质基础和初始无机养分的最初来源。气候导致矿物的风化和合成，有机质的形成和积累，土壤中物质的迁移、分解和合成。生物包括植物、动物和微生物等，是促进土壤发生发展最活跃的因素。地形可以使物质在地表进行再分配，使土壤及母质在接受光、热、水等条件方面发生差异。时间是阐明土壤形成发展的历史动态过程，母质、气候、生物和地形等对成土过程的作用随着时间延续而加强。土壤的生成过程说明（　　　）。

A．事物总是作为过程而存在

B．时间是物质运动的存在形式

C．事物的发展总是呈现出线性上升的态势

D．事物的产生是多种因素相互作用的结果

【答案】ABD

【解析】事物总是作为过程而存在，这是过程论的观点，故选项A正确；时间和空间是物质运动的存在形式，这是唯物论的时空观，故选项B正确；事物的产生是多种因素相互作用的结果，符合马克思主义的基本观点，故选项D正确。事物的发展是螺旋式上升或波浪式前进的过程，并不是线性上升，故选项C错误。

要点八：联系和发展的基本环节

（一）内容与形式

含义：内容与形式是从构成要素和表现方式上反映事物的一对基本范畴。内容指构成事物的一切要素的总和，形式指把诸要素统一起来的结构或表现内容的

方式。

关系：任何事物都是内容与形式的统一。一方面，内容是事物存在的基础，对形式具有决定作用；另一方面，形式对内容具有反作用。形式的反作用表明形式具有相对独立性，同一内容可以通过多种形式来体现。

方法论意义：在我们的认识和实践中，要根据内容决定形式的原理，注重事物的内容，反对忽视内容、夸大形式作用的形式主义；又要积极利用合适的形式去促进内容的发展，不能忽视形式对内容的能动促进作用。

（二）本质与现象

含义：本质与现象是揭示事物内在联系和外在表现的一对范畴。本质是事物的根本性质，是构成事物的诸要素之间的内在联系。现象是事物的外部联系和表面特征，是事物本质的外在表现。

关系：本质与现象是相互区别的。本质是一般的、普遍的，现象是个别的、具体的；本质是相对稳定的，现象是多变易逝的；本质深藏于事物的内部，只有通过理性思维才能把握，而现象则是表面、外显的，可以直接为人的感官所感知。

本质与现象又是相互依存的。本质决定现象，本质总是通过一定的现象表现自己的存在；现象表现本质，现象的存在和变化归根到底依赖于本质。本质与现象的相互依存表明：不表现为现象的本质和不表现本质的现象都是不存在的。

方法论意义：科学研究的任务就是通过现象去认识本质。我们只有通过对大量现象的研究，才能发现事物的本质，达到科学的认识。在实践中要注意把现象作为我们的向导，通过现象去认识事物的本质。

（三）原因与结果

含义：原因与结果是揭示事物引起和被引起关系的一对范畴。在事物的普遍联系中，引起某种现象的现象就是原因，被某种现象所引起的现象就是结果。

关系：原因与结果是相互区别的。在一个具体的因果联系中，原因就是原因，结果就是结果，原因在前，结果在后，二者不能混淆和颠倒。如果"倒因为果"或者"倒果为因"，就会歪曲事实，得出荒谬的结论。

原因与结果是相互依存和相互转化的。在事物因果联系的长链中，任何原因都必然引起一定的结果，没有"无果之因"；任何结果都是由一定的原因引起的，没有"无因之果"；一种现象在一种联系中是原因，在另一种联系中则是结果，反之亦然。

方法论意义：我们只有正确把握事物的因果关系，才能通过自觉的努力，消除不利的原因，使因果关系运动朝着有利于人的发展的方向运行，从而达到我们所需要的结果。

（四）必然与偶然

含义：必然与偶然是揭示事物产生、发展和衰亡过程中的不同趋势的一对范畴。必然是指事物联系与发展中确定不移的趋势，在一定条件下具有不可避免性。偶然是指事物联系与发展中不确定的趋势。

关系：必然与偶然相互依存。一方面，没有脱离偶然的必然。现实事物的发展，不通过偶然而只表现为纯粹必然的情况是不存在的。必然总是伴随着偶然，必然要通过偶然表现出来，并为自己开辟道路。另一方面，没有脱离必然的偶然。在似乎是偶然起支配作用的地方，实际上是必然起着决定性作用，并制约着偶然的作用形式及其变化。

必然与偶然相互转化。相对于某一过程来说是必然的东西，对另一过程就可能成为偶然的东西，反之亦然。在事物的产生、发展和衰亡的过程中，包含有必然性因素和偶然性因素的相互转化。

方法论意义：在我们的认识和实践中，必须重视事物发展的必然规律和发展趋势，并以此为依据制定我们的目标和计划，同时也要充分估计到各种偶然因素的作用，善于敏锐地识别和把握机遇，在实践中达到预期的目标。

（五）现实与可能

含义：现实与可能是反映事物的过去、现在和将来关系的一对范畴。现实是指相互联系着的实际存在的事物的综合。可能是指包含在事物中、预示事物发展前途的种种趋势，是潜在的尚未实现的东西。

关系：现实与可能相互区别。现实是当下的客观存在，标志着事物的当前状况；可能是事物潜在的趋势，标志着事物的发展方向。

现实与可能相互转化。一方面，现实蕴藏着未来的发展方向，会不断产生出新的可能；另一方面，可能包含着发展成为现实的因素和根据，一旦主客观条件成熟，可能就会转化为现实。发展就是现实与可能相互转化的过程。

方法论意义：在实践中正确把握现实与可能的辩证关系，既涉及对现实的评价，也涉及对未来的认识。这就要求我们一方面立足现实，对可能性作出全面的分析和预判；另一方面着眼长远，防止坏的可能变为现实，同时善于创造条件，促使好的可能获得实现。

真题精讲

一位机械工程专家讲过这样一件事："文革"中，他在农场劳动，有一天领导要他去割羊草。他没养过羊，怎么认得羊草呢？但脑子一转办法就来了。他把羊赶出去，看羊吃什么就割什么。不到半天就割回了羊草。这位专家之所以这样做是因为他意识到，"羊吃草"与"割羊草"两者之间存在着（　　　）。

A. 主观联系

B. 必然联系

C. 因果联系

D. 本质联系

【答案】C

【解析】客观世界到处都存在着引起与被引起的普遍联系，辩证法把这种引起与被引起的关系称为因果关系。其中，引起某种现象的现象叫原因，而被某种现象所引起的现象叫结果。羊吃这种草，所以才割这种草，两者之间明显存在着引起与被引起的关系，所以，"羊吃草"和"割羊草"之间的联系属于因果联系，正确答案为选项C。

选项A，唯物辩证法认为事物之间的联系是客观存在的，因此，"主观联系"表述错误。选项B，必然联系是指事物联系和发展过程中一定要发生、确定不移的联系。事件1和事件2要构成必然联系，那就是"事件1发生了，事件2必须发生，毫无例外地一定会发生"，即必然联系。而题干中"羊吃草"和"割羊草"明显不是这种关系，羊吃过的草，专家可以不割，题干中的两种现象之间显然不存在必然联系。选项D，本质联系是指事物之间存在着内部的规律性的联系。"羊吃草"和"割羊草"是两种现象，它们是现象之间的联系，而不是本质联系。

要点九：唯物辩证法是科学的认识方法

（一）唯物辩证法本质上是批判和革命的

马克思深刻揭示了唯物辩证法的本质，马克思、恩格斯对资本主义的批判以及由此作出的革命性结论，体现了唯物辩证法的批判性和革命性。他们反对把资本主义看作永恒范畴，而主张从历史发展中看待资本主义生产方式和社会形态，并通过对商品、货币、资本、剩余价值等的深入研究，揭示了资本主义产生、发展的过程和最终走向灭亡的历史趋势。

在社会主义条件下，在推进中国特色社会主义事业的进程中，要坚持和发扬这种批判的、革命的精神。

（二）唯物辩证法是客观辩证法与主观辩证法的统一

客观辩证法：客观事物或客观存在的辩证法，即客观事物以相互作用、相互联系的形式呈现出的各种物质形态的辩证运动和发展规律。

主观辩证法：人类认识和思维运动的辩证法，即以概念作为思维细胞的辩证思维运动和发展规律。

唯物辩证法：既包括客观辩证法，也包括主观辩证法，体现了唯物主义、辩证法、认识论的统一。

客观辩证法与主观辩证法的关系：主观辩证法是客观辩证法在人的思维中的反映，客观辩证法与主观辩证法在本质上是统一的，但在表现形式上却是不同的。客观辩证法采取外部必然性形式，不以人的意志为转移，是物质世界本身的联系和发展。主观辩证法则采取观念的、逻辑的形式，是同人类思维的自觉活动相联系的，是以概念为基础的辩证思维规律，是辩证法的科学体系。

（三）唯物辩证法是科学的认识方法

唯物辩证法的一系列规律和范畴，揭示了世界普遍联系和永恒发展的普遍规律，既是科学的世界观，同时也是我们认识世界和改造世界的基本方法论。

人的认识活动本身既要符合客观辩证法，又有其固有的辩证运动的规律。作为唯物辩证法实质和核心的对立统一规律，同时为人们的认识活动提供了方法上的遵循。

矛盾分析方法是对立统一规律在方法论上的体现，在唯物辩证法的方法论体系中居于核心地位，是我们认识事物的根本方法。运用唯物辩证法的矛盾分析方法研究问题和解决问题，就要求我们不断强化问题意识，坚持具体问题具体分析，善于认识和化解矛盾，尤其是要把优先解决主要矛盾作为打开局面的突破口，以此带动其他矛盾的解决。

要点十：辩证思维方法与现代科学思维方法

（一）辩证思维方法

辩证思维方法是人们正确进行理性思维的方法。主要有归纳与演绎、分析与综合、抽象与具体、逻辑与历史相统一等。

归纳与演绎：人类思维从个别到一般，又由一般到个别的最常见的推理形式。

分析与综合：比归纳和演绎更深刻的思维方法。分析与综合的实质，就是建立在调查研究基础上的矛盾分析方法，是客观事物的辩证联系和发展过程在思维中的再现。

抽象与具体：辩证思维的高级形式。这一思维方法是通过具体到抽象，又从抽象到具体的过程，达到对事物的真理性认识。

逻辑与历史：抽象与具体的方法同逻辑与历史相统一的方法有内在关联。从抽象上升到具体的过程同时就是以逻辑必然性再现对象的历史发展的过程，逻辑与历史相统一是从抽象上升到具体的内在要求。

（二）现代科学思维方法

现代科学思维方法：一个巨大的方法群，包括控制方法、信息方法、系统方法、结构—功能方法、模型化方法和理想化方法等。

（三）辩证思维方法和现代科学思维方法的关系

现代科学思维方法与辩证思维方法有着方法论上的共同性，二者是相互联系、相互补充的。一方面，辩证思维是现代科学思维的方法论前提，辩证思维方法的基本精神和原则贯穿于现代科学思维方法之中。现代科学思维方法要自觉地以辩证思维方法为指导，以创新自己的方法系统。另一方面，现代科学思维方法又丰富了辩证思维方法。

（四）以唯物辩证法为指导，不断增强思维能力

学习和掌握唯物辩证法的科学思维方法，要求我们在实践中不断增强思维能力，特别是不断增强辩证思维能力、历史思维能力、系统思维能力、战略思维能力、底线思维能力和创新思维能力。

辩证思维能力：唯物辩证法在思维中的运用，是科学思维能力的根本要求和集中体现，增强思维能力首先要提高辩证思维能力。

历史思维能力：以史为鉴、知古鉴今，善于运用历史眼光认识发展规律、把握前进方向、指导现实工作的能力。

系统思维能力：从事物相互联系的各个方面及其结构和功能进行系统思考的能力，就是全面系统地分析和处理问题的能力。

战略思维能力：强调思维的整体性、全局性、长期性，是高瞻远瞩、统揽全局、善于把握事物发展总体趋势和方向的能力。

底线思维能力：底线思维是我们在认识世界和改造世界的过程中，根据我们的需要和客观的条件，划清并坚守底线，尽力化解风险，避免最坏结果，同时争取实现最大期望值的一种积极的思维。底线思维能力体现了我们对事物量变引起质变的"度"的深刻认识和自觉把握，也体现了对矛盾分析方法的自觉运用。

创新思维能力：对常规思维的突破，就是破除迷信，超越陈规，善于因时制宜、知难而进、开拓创新的能力。

 案例精选

◎ 案例一　从物质与意识的辩证关系谈"南泥湾精神"

1940年5月，朱德从太行抗日前线回到延安，协助毛泽东指挥抗日战争和

领导边区的经济建设。1941年春，朱德率领中央直属财政处处长邓洁、八路军三五九旅七一八团政委左齐等人，来到南泥湾实地勘察，对开垦南泥湾进行了深入的调查研究。随后，向中共中央和毛泽东提出在不影响部队作战和训练的前提下，实行"屯田军垦"的建议。这个建议立即得到了中共中央、毛泽东的肯定和支持。当年3月，在朱德的直接指挥下，八路军第一二〇师三五九旅一万余名将士，由旅长兼政委王震率领，以"一把镢头一支枪，生产自给保卫中共中央"的豪迈气概，从绥德浩浩荡荡地开进南泥湾，开创了人民军队"屯田军垦"的辉煌历史。

南泥湾，地处延安东南90里，是延安的南大门。百余年前这里曾是人口稠密、经济繁荣的地方。但是，由于封建统治者挑拨回、汉民族的关系，民族纠纷不断升级，加上疾病肆虐，盗匪横行，特别是清朝同治年间，政府派兵在此镇压回民起义后，使这方圆百余里的富庶之乡逐渐变成了人烟稀少、鸟兽出没、荆棘丛生、杂草遍地的荒凉世界。三五九旅的到来，唤醒了南泥湾沉睡的大地。但是，迎接将士们的却是一个又一个的困难和考验。没有房子住，他们就用树枝、杂草搭建窝棚，在山坡上挖凿窑洞，甚至野外露宿；粮食不够吃，他们就挖野菜、采野果、打野味来充饥，甚至到几百里之外的延安去背粮食；开荒种地缺少工具，他们就千方百计收集废铜烂铁，自己打造工具；夏天缺衣服穿，他们就光着膀子干；冬天被褥单薄，他们砍柴烧木炭御寒取暖；学习时没有纸张，他们就用桦树皮代替；洗衣服没有肥皂，他们就用皂角和草木灰凑合……总之，一切困难在这些战无不胜的将士们面前都不得不低下头来。

三五九旅全体将士经过艰苦奋斗、顽强拼搏，1941年开荒1.12万亩，生产粮食1200石，蔬菜实现自给。1942年开荒2.68万亩，生产粮食3050石，经费自给率达90.2%。1943年开荒10多万亩，收获细粮1.2万石，土豆、南瓜等折合粮食（3斤折粮1斤）3000石；收获蔬菜590多万斤。全旅养猪4200多头，羊7800只，牛820余头。1944年，三五九旅掀起更大规模的生产高潮。全旅开荒种地26万亩，生产粮食3.7万石，收获棉花5000斤，完全实现了年初制定的"一人一只羊，二人一头猪，十人一头牛"的生产目标。战士们的生活也大为改善，每人每月可吃2斤肉，每天可吃5钱油、5钱盐、1.5斤菜，以前稀有的大米、白面、鸡鸭也能经常吃到。战士们住上了宽敞整洁的窑洞，穿上了整齐暖和的冬装，盖上了厚实松软的棉被。全旅将士不但吃穿用完全自给，"不要政府一粒米、一寸布、一文钱"，而且还达到耕一余一，向政府交纳公粮1万石，创造了自古以来军队建设史上的奇迹。

1943年10月下旬，毛泽东同任弼时、彭德怀来到南泥湾视察三五九旅的屯垦和生产情况。当时正是硕果累累的金秋收获时节，南泥湾呈现出一派农业生产大丰收的喜人景象。毛泽东所到之处，不仅亲眼看到三五九旅的劳动成果：瓜果蔬菜堆如山，牛羊成群猪满圈，鸭鹅满塘鸡满院，窑洞整齐布满山，厂房林立路通达，市场繁荣军民欢；而且更切身地体会到中国共产党人和人民军队在困难面前所迸发出来的无比强大的精神力量。他深有感慨地指出："困难并不是不可征服的怪物。大家动手征服它，它就低头了。大家自力更生，吃的、穿的、用的都有了。"

（资料来源：黄宏《延安精神》，人民出版社 2005 年版）

案例评析

马克思辩证唯物主义认为，物质决定意识，意识对物质具有反作用。物质对意识的决定作用表现在意识的起源、本质和作用上。从意识的作用来看，意识依赖于物质并反作用于物质。马克思主义的辩证唯物主义坚持物质决定意识、意识依赖于物质，坚持规律的客观性，同时承认意识对物质有能动作用，反对决定论和宿命论。可以说，意识的能动作用是人的意识所特有的积极反映世界与改造世界的能力和活动。

南泥湾三五九旅的革命事迹充分体现了物质与意识辩证关系的原理。毛泽东曾说，"没有调查就没有发言权"，正是共产党人看到了物质决定意识、意识依赖于物质的辩证唯物主义基本原理，才首先到南泥湾实地勘察，对开垦南泥湾进行了深入的调查研究，从而对南泥湾有了正确的认识：南泥湾不是不可以改造的，因为这里在历史上就曾经是人口稠密、水草肥美的地方，只是后来因为连年征战，才变成了人烟稀少、杂草丛生的不毛之地，进而提出了"屯田军垦"的建议。

最终，南泥湾经过三五九旅一万多名将士的战天斗地、顽强拼搏，成了陕北的好江南，创造了丰厚的物质财富，不但"不要政府一粒米、一寸布、一文钱"，而且还向政府交纳公粮 1 万石，创造了自古以来军队建设史上的奇迹，充分体现了共产党人不怕困难、艰苦奋斗的坚定信念。这种强大的精神力量，就是人的意识所特有的积极反映世界与改造世界的能力，这种能力和活动体现了人的意识所具有的目的性、计划性、创造性。但意识这种能动作用的发挥必要通过人的实践活动，即三五九旅所掀起的大规模的生产热潮。

◎ 案例二　人为什么不能两次踏进同一条河流

"人不能两次踏进同一条河流"是古希腊哲学家赫拉克利特说的。阐述"变"的哲学在米利都学派和毕达戈拉斯学派之后，爱菲斯的赫拉克利特创立了一种变的哲学。他的哲学充满了辩证法思想，对后来辩证法的发展产生过重大影响。

他形象地表达了关于变的思想，他说："太阳每天都是新的。"他把存在的东西比作一条河，声称人不能两次踏进同一条河。因为当人第二次进入这条河时，是新的水流而不是原来的水流在流淌。赫拉克利特用非常简洁的语言概括了他关于运动变化的思想："一切皆流，无物常住。"在他看来。宇宙万物没有什么是绝对静止的和不变化的，一切都在运动和变化。

赫拉克利特的学生克拉底鲁说："人一次也不能踏进同一条河流。"

赫拉克利特强调运动变化，并没有否定静止。在他的思想中，运动是绝对的，静止是相对的。可是，他的学生克拉底鲁进一步发展了他的辩证的哲学。老师说，人不能两次踏进同一条河流；学生进一步说，连一次也不能。这样，克拉底鲁就完全否定了静止的存在。

如果没有相对静止，世界上就不会有确定性质的事物了，整个世界将成为混沌一团。我们既不能认识事物，也不能解说一个事物是什么了。因为，当我们还没有说完"这是一张桌子"时，桌子已经变成其他东西了。克拉底鲁把老师的正确辩证法思想变成极其错误的相对主义的诡辩论。

案例评析

运动是物质的固有属性和存在方式，运动是绝对的、无条件的、永恒的。河流作为一种物质其本身是在不停地运动，不停地改变。赫拉克利特把存在的东西比作一条河，人不能两次踏进同一条河，因为当人第二次进入这条河时，是新的水流而不是原来的水流在流淌。在他看来，宇宙万物没有什么是绝对静止的和不变化的，一切都在运动和变化。

 ## 习题演练

一、单项选择题

1. 辩证唯物主义认为，实践是指（　　　）。
A. 人们社会生活中的一切自觉性活动
B. 人们能动地改造世界的对象性活动
C. 人们能动地认识世界的精神性活动
D. 人们适应外界环境的本能活动

2. 人们常说："机不可失，时不再来。""一寸光阴一寸金。"这说明了（　　　）。
A. 时间的客观性　　　　　　　　　B. 时间的绝对性
C. 时间的一维性　　　　　　　　　D. 时间的无限性

3. 毛泽东"坐地日行八万里，巡天遥看一千河"的诗句包含的哲学道理是（　　）。

A. 物质运动的客观性和时间空间的主观性的统一

B. 物质运动的绝对性和静止的相对性的统一

C. 物质运动的无限性和时间空间的有限性的统一

D. 物质运动的多样性和静止的单一性的统一

4. 汉代思想家董仲舒说："夫古之天下，亦今之天下；今之天下，亦古之天下。"这种观点是（　　）。

A. 形而上学观点

B. 唯心论观点

C. 辩证法观点

D. 唯物论观点

5. "善游者溺，善骑者堕，各以其所好，反自为祸。"古人这句话给我们的哲学启示是（　　）。

A. 事物在一定条件下是可以转化的

B. 要透过现象认识事物的本质

C. 人可以得于长处，也可以失于长处

D. 矛盾的主要方面决定事物的性质

6. "钉子缺，蹄铁卸；蹄铁卸，战马蹶；战马蹶，骑士绝；骑士绝，战事折；战事折，国家灭。"这首歌谣揭示的哲理是（　　）。

A. 事物是普遍联系的

B. 事物是偶然性的堆积

C. 事物由量变引起质变

D. 事物的本质通过现象表现出来

7. 人们由于利益的驱动，疯狂挖掘草原上的植物"发菜"，严重地破坏了草原植被，造成局部土地沙漠化。这个案例说明（　　）。

A. 过分强调人的主观能动性，忽视了客观规律

B. 过分强调事物的绝对运动，否认事物的相对静止

C. 只追求人的活动与经济利益的直接联系，没有看到眼前活动与生态平衡的长远的间接联系

D. 只看到物与物之间的联系，没有看到人与人之间的联系

8. "芳林新叶催陈叶，流水前波让后波"，"沉舟侧畔千帆过，病树前头万木春"。这两句诗包含的哲学道理是（　　）。

A. 矛盾是事物发展的源泉和动力

B. 事物的发展是由量变到质变的过程

C. 新事物代替旧事物是事物发展的必然趋势

D. 事物是本质和现象的统一

9. 小说《装在套子里的人》中的别里科夫每天出门总要穿着雨衣、带上雨伞、穿着雨鞋，认为"说不定要下雨呢"，他把下雨这个客观事物看作（　　　）。

A. 必然性

B. 偶然性

C. 可能性

D. 现实性

10. 经济发展，民生改善，使社会进一步稳定；社会进一步稳定，有利于推动经济发展，使民生改善。从因果联系来看，这说明（　　　）。

A. 原因和结果相互区别

B. 原因和结果是无法区分的

C. 原因和结果关系复杂多样

D. 原因和结果相互作用

二、多项选择题

1. 事物联系的主要方式有（　　　）。

A. 必然联系与偶然联系

B. 直接联系与间接联系

C. 内部联系与外部联系

D. 本质联系与非本质联系

2. 某山乡小镇自 20 世纪 70 年代发现钒矿以来，办了三个钒矿厂，取得了一定的经济效益。由于没有严格的环保措施，每天排出大量钒烟，村民中大多数人患有呼吸道疾病。这一做法从哲学上看违背了（　　　）。

A. 事物普遍联系的原理

B. 事物联系复杂多样性原理

C. 全面地看问题的观点

D. 矛盾的普遍性和特殊性关系的原理

3. 意识能动性的主要表现是（　　　）。

A. 意识活动的目的性和计划性

B. 意识活动的创造性

C. 意识对人体生理机能的控制

D. 意识对改造世界的指导作用

4. 下列选项中，（　　　）表明了时间的一维性。

A. "盛年不重来，一日难再晨"

B. "少年易老学难成，一寸光阴不可轻"

C. "百事宜早不宜迟"

D. "失落黄金有分量，错过光阴无处寻"

5. "耕田欲雨刈欲晴，去得顺风来者怨"说明（   ）。

A. 一切事物都以时间地点条件为转移

B. 事物与现象都是没有客观标准的

C. 客观事物是不以人的意志为转移的

D. 人可以随意改变客观事物的规律

6. 下列命题中包含辩证法思想的有（   ）。

A. "穷则变，变则通，通则久"

B. "祸兮福之所倚，福兮祸之所伏"

C. "道之大原出于天，天不变，道亦不变"

D. "天下之势，循则极，极则反"

7. 下列观点中，属于唯物辩证法的总观点的有（   ）。

A. 普遍联系的观点

B. 永恒发展的观点

C. 对立统一的观点

D. 量变和质变的观点

8. "如果资本主义的死亡是由科学保证了的，为什么还要费那么大的气力去为它安排葬礼呢？"这种观点的错误在于（   ）。

A. 抹杀社会规律实现的特点

B. 否认革命在社会质变中的作用

C. 否认历史观上的决定论

D. 否认历史主体的能动作用

9. 某地乡村公路边有很多柿子园。金秋时节农民采柿子时，最后总要在树上留一些熟透的柿子。果农们说，这是留给喜鹊的食物。每到冬天，喜鹊都在果树上筑巢过冬，到春天也不飞走，整天忙着捕捉果树上的虫子，从而保证了来年柿子的丰收。从这个事例中，我们受到的启示是（   ）。

A. 事物之间有其固有的客观联系

B. 人们可以发现并利用规律来实现自己的目的

C. 人与自然的关系是相互利用的关系

D. 保持生态系统的平衡是人类生存发展的必要条件

10. "如果事物的表现形式和事物的本质会直接合而为一，一切科学都成为多余的了。"这句话揭示了科学研究的任务——透过现象发现本质。以下正确表述现象和本质概念的有（   ）。

A. 现象是事物的外部联系和表面特征，本质则是事物的内在联系

B. 现象是个别的、具体的，而本质是一般的、共同的

C. 现象是多变的，本质则是相对稳定的；现象是丰富的，本质是比较深刻、单纯的

D. 任何本质都是通过现象表现出来的，即使假象也是本质的表现

三、判断题

1. 错误的思想是客观存在的反映。（　　　）

2. 矛盾是事物发展的动力，所以，人为制造矛盾可以推动事物的发展。（　　　）

3. 所谓偶然性，只是因为我们不知道它的原因，只要知道了它的原因，它就是必然的。（　　　）

四、简答题

1. 为什么说思维和存在的关系问题是哲学的基本问题？

2. 怎样理解物质和运动的辩证关系？

3. 为什么说对立统一规律是唯物辩证法的实质和核心？

4. 什么是矛盾？矛盾的基本属性是什么？

五、论述题

1. 试述辩证否定观的内容，并用以说明应怎样正确对待我国的文化遗产和外国文化。

2. 试用矛盾的普遍性和特殊性关系的原理，说明走建设中国特色社会主义道路的重要意义。

 实践课堂

项目 一　课堂讨论——"人类命运共同体"的本质

实践目的

通过课堂讨论"人类命运共同体"的本质，深入理解意识的能动作用，寻求人类共同利益和共同价值的新内涵。

实践方案

1. 任课教师宣布讨论主题并提出活动要求。

2.将学生分为若干小组（每组 4 ~ 6 人），并选定一人为小组组长，负责小组各项工作。

3.各小组围绕讨论主题搜索和整理资料。

4.以小组为单位在课堂上围绕讨论主题展开讨论。组内讨论过后，推选一位组员作为代表在课堂上进行发言，组内讨论时，组长指派一位组员作为记录员记录组员发言摘要和小组讨论情况。

5.任课教师对学生发言进行点评，引导学生更深层次地理解本次讨论主题。

6.任课教师组织全班学生对讨论过程中产生的焦点问题进行进一步讨论，最后对讨论活动做总结。

 参考资料

资料一：

马克思主义基本原理实践课
课堂讨论

院　　部：＿＿＿＿＿＿＿＿＿＿＿＿＿＿＿＿

专业班级：＿＿＿＿＿＿＿＿＿＿＿＿＿＿＿＿

姓　　名：＿＿＿＿＿＿＿＿＿＿＿＿＿＿＿＿

学　　号：＿＿＿＿＿＿＿＿＿＿＿＿＿＿＿＿

学　　期：＿＿＿＿＿＿＿＿＿＿＿＿＿＿＿＿

课堂讨论考核	
考核评价（符合标准的在对应的"□"里打"√"） 　　讨论主题明确、态度积极　　优□　良□　中□　差□ 　　观点正确鲜明、说服力强　　优□　良□　中□　差□ 　　角度新颖、同学认可度高　　优□　良□　中□　差□ 　　报告字数与格式符合规范　　优□　良□　中□　差□ 　　其他　　　　　　　　　　优□　良□　中□　差□	考核成绩（满分100分）：
	教师签名： 　　　　　　年　月　日

小组成员					
组长姓名		学号	电话		成绩
主要观点					
小组成员	姓名	学号		主要观点	成绩

课堂讨论报告
题目：
正文：
教师点评

资料二：

课堂讨论

一、课堂讨论的基本步骤

（一）拟订讨论主题

教师根据教材内容和教学目标事先拟订讨论的题目并提前告知学生，如拟在下周开展的课堂讨论，可在本周课堂上告知学生。教师应说明讨论该主题的目的、意义以及有关注意事项。适合作为讨论主题的内容包括：需要学生学习和理解掌握的重要理论内容；学生有兴趣讨论的内容，因为讨论的成功与否取决于学生的参与程度，后者又受学生参与欲望的制约；与国际国内重要时事问题紧密相关的热点问题；学生有困惑、迫切希望得到解答的相关理论和现实问题等。讨论主题的指向应是确切而没有歧义的，以防将讨论变成无谓的争论。

（二）学生查找资料、撰写发言提纲

教师在上讨论课之前，就要给学生安排任务，要求每一个学生或小组搜集资料，并根据资料分析整理出一份讨论发言提纲。教师要指导学生搜集资料的方法和方向，资料包括文字资料、图片资料、语音资料和视频资料等，要充分利用图书馆、网络、社会调查、访谈等多种形式，尽可能多地占有第一手资料。搜集的资料应该遵循客观、真实、全面、有针对性的原则。为了给予学生充足的时间查找资料，可以提前 1～2 周给学生布置任务。接下来，对资料进行综合分析，从中提炼出自己的观点，再围绕论点形成发言提纲。

（三）分组讨论、推荐代表发言

课堂讨论可以全班讨论，也可以分组讨论，但以分组讨论为佳。分组一般有自愿分组和教师指定分组两种。一般而言，由学习能力、交流技能、学习成绩等方面不同（即异质）的学生组成的讨论小组，比同质学生组成的讨论小组更能使每个成员都有参与讨论的平等机会。因此，若由教师指定分组就要考虑各个小组成员的搭配问题，这样更有利于提高讨论的实效。分组时，每组人数不宜太多。据研究，小组规模和成员与其参与度密切相关，3～6 人的小组，每个人都发言；7～10 人的小组，几乎所有人都发言，安静一些的人发言少些，有一两个人可能一句话都不说；11～30 人的小组只有少数人会发言；而 30 人以上的小组则几乎没有人发言。因此，小组过大会减少学生参与讨论的机会和增加组织讨论的难度，并导致讨论效果下降。同时，采取适于讨论的座位模式也是非常重要的，像平时上课那样"秧田式"的座位模式就不适于讨论。一般来说，如果小组成员彼此能够看见对方并能听到对方说话，那么他们就愿意与对方进行交流。进行课堂讨论的座位模式最好是圆圈式的，至少也应该是面对面的。这样，便于所有成员参与讨论。讨论过程中，教师应巡视和检查每个小组的讨论情况，以确保讨论集中于讨论目标，并了解讨论进度，也可适当参与其中，适时引导。自由讨论时间结束，每个小组推荐一名代表作全班发言。

（四）总结点评，学生提交心得体会作为作业

课堂讨论的最后环节是总结点评、提交作业。总结可以由教师总结，也可以让学生自己总结，当然也可以在学生总结之后教师再总结。如果让学生做总结性发言，可以先给学生一点引导性的提示，如想想在讨论前的想法和感受，再比

较讨论后的想法和感受的变化，有哪些收获；也可让学生先写下自己的想法和感受，再让其在全班畅谈自己的总结，与别的同学分享。这样的总结，使学生感到有趣，能激发学生的参与积极性，特别有助于锻炼大学生的语言表达能力、归纳概括能力和组织协调能力，实现实践教学的目的。如果由教师来作总结点评，涉及的重要方面应该包括：第一，归纳或小结经课堂讨论已经解决的问题、得出的主要结论、形成的基本认识等。第二，总结课堂讨论的得失或经验教训，如本次课堂讨论的成功之处、主要经验、失败教训。在进行这种总结时，教师应该尽可能以肯定方式，即以提醒、告诫而非指责的方式，让学生在后续课堂讨论中改进行为。第三，通过归纳或小结使学生对讨论内容进行梳理，复习主要内容，产生整体印象，使知识系统化。在教师归纳或小结的同时，要逐步培养学生进行自我归纳或小结的能力。第四，建立此次讨论与随后课堂学习或讨论的联系或过渡，为以后的学习奠定基础。第五，将讨论内容或主要结论与学习目标和实际应用结合起来，彰显讨论对达成目标、对学生学习已经发生的作用，使学生产生成就感，强化学生继续参与课堂讨论的愿望。总结完成后，教师应对参加讨论课的学生作出成绩评定和记载。必要时让学生写一份心得体会，再次梳理本次讨论的得失。

二、开展课堂讨论的注意事项

（一）要做好充足的前期准备

第一，要选好合适的讨论主题，好的讨论主题是激发学生思想火花的前提。但不是所有问题都有讨论价值，像有些知识性问题，对学生而言就是简单的知道和不知道，没有讨论价值。还有的问题学生稍微思考一下就能得出结论，而且结论单一而具体，不能起到锻炼学生思维能力的作用，也没有讨论价值。太难的问题也不宜作为讨论主题，超出学生知识范围的高深问题只会打击学生的自信，讨论也容易陷入冷场，收不到实效。与学生思想政治理论学习不相关的内容也不能作为讨论主题。还应注意，作为思想政治理论课课堂讨论的话题不宜涉及敏感性政治问题。第二，教师应对讨论中可能出现的种种情况作出预判，并有所准备。比如，可能出现多种结论或主张、冷场或跑题等，都需要在讨论前就做好应对准备。

（二）讨论进行过程中，教师要用积极的反应来鼓励学生

第一，要学会倾听。倾听是指教师在学生说话时认真听，努力去理解，适时作出反应。不要不理睬，或者轻易打断学生的话语。第二，学会对学生在讨论中的贡献作出反应，表示欣赏、支持。可采取非提问性的方法，如肯定、停顿、给予信号等。这会使学生发言更积极，思想更活跃，表现更突出。第三，

教师要适时引导课堂讨论，确保讨论的方向性，使讨论紧紧围绕教学内容进行。不要让学生的讨论偏离讨论主题。当学生的讨论有迹象偏离讨论主题或已经开始偏离讨论主题时，要及时加以指导或引导，使讨论回归主题。第四，要及时处理讨论过程中的突发事件。如随着讨论进展出现的意想不到的新问题、学生讨论中出现的情绪化语言或表现等，都需要教师及时加以处理，以减少这些突发事件对讨论顺利进行的消极影响，确保讨论达到预期效果。第五，提供新的必要的知识信息。如果发现讨论陷于僵局或学生长时间保持沉默，教师要提供新的必要的知识信息，或给予点拨和引导，再次激活讨论，保证讨论的顺畅进行。第六，适时做简短的阶段性小结或归纳。阶段性小结或归纳可以明确讨论已解决的问题、形成的共识，也可以明确当前面临的任务，使讨论在当前基础上向前推进，不做无用功；还可以在小结或归纳时告诉学生要注意的方面，并给予学生特殊指导。

项目 二 校园调查——大学生的环保意识和环保行动

实践目的

通过开展本次实践调查活动，使学生了解当前本校大学生的环保意识及环保现状，挖掘大学生环保行动与环保意识相分离的深层次原因：是外部的还是自身的？是主观的还是客观的？并通过对这些原因的进一步分析找到解决方案或者提出建设性意见，从而促使大学生将环保意识落实到实际行动中去。同时，提升学生运用马克思主义基本原理的相关理论知识解决实际问题的能力。

实践方案

1.任课教师宣布实践活动主题，明确实践要求。

2.将学生分为若干调查小组（每组6～8人），并指定一人为小组组长，负责小组组内工作。

3.以小组为单位，对校园中多个场合（教室、宿舍、食堂、操场……）的学生进行观察，观察内容以学生的环保/不环保行为为主，在适当的地方可选择以照片、视频等形式记录。

4.各小组对观察到的行为和现象进行记录，并对所作记录进行分析和整理。

5.根据对观察到的行为和现象的分析和整理，设计"大学生环保意识和环保行动"调查问卷。调查问卷设计完成后征询任课教师的建议，并针对建议进行修改和调整。

6.选择调查对象，发放调查问卷，然后回收调查问卷并对调查问卷进行分析和整理。

7.对大学生在环保方面存在的问题进行分析并提出可行性建议，设计制定解决问题的方案。

8.根据设计制定的解决对策展开实际行动，可用照片和视频的形式对对策实施前后的实际情况进行记录。

9.以小组为单位撰写调查报告并提交任课教师。

10.各小组就各自的实践活动开展情况在课堂上进行讨论和交流。

11.各小组推选一名代表在课堂上进行汇报。

12.任课教师对学生本次实践活动进行综合点评，引导学生运用教材上的相关理论知识分析和解决问题，同时，对本次实践活动中集中存在的问题进行分析和纠正，对本次实践活动中表现好的方面给予肯定和鼓励

参考资料

马克思主义基本原理实践课
校园调查

院　　部：＿＿＿＿＿＿＿＿＿＿＿＿＿＿＿＿

专业班级：＿＿＿＿＿＿＿＿＿＿＿＿＿＿＿＿

姓　　名：＿＿＿＿＿＿＿＿＿＿＿＿＿＿＿＿

学　　号：＿＿＿＿＿＿＿＿＿＿＿＿＿＿＿＿

学　　期：＿＿＿＿＿＿＿＿＿＿＿＿＿＿＿＿

校园调查考核	
考核评价（符合标准的在对应的"□"里打"√"） 　观察材料丰富、细致　　　优□　良□　中□　差□ 　调查问卷设计科学、合理　优□　良□　中□　差□ 　报告角度全面、逻辑清晰　优□　良□　中□　差□ 　对策实际实施效果　　　　优□　良□　中□　差□ 　其他　　　　　　　　　　优□　良□　中□　差□	考核成绩（满分100分）：
	教师签名： 　　　　　　年　月　日

小组成员			
姓名	学号	组内分工	心得体会

校园调查报告
题目：
正文：
教师点评

项目 三 微视频制作——寻找生活中的哲学

实践目的

通过组织学生在寻找资料的同时观察生活中与马克思主义哲学有关的内容。

实践方案

1.任课教师宣布实践活动主题，并明确实践活动要求。

2.将学生分为若干小组（每组 4～6 人），并选定一人为小组组长，负责小组各项工作。

3. 资料收集准备。确定视频方向，明确每位组员分工。可以用相机或手机拍摄记录自身或他人日常生活中能体现哲学道理的生活事例，或者从网络中选取一段视频，视频的内容可以是社会关注的热点问题、重大社会及历史事件、影视及动漫等，要求分析视频中体现的哲学原理。

4. 视频制作。对视频进行筛选和整理，然后制作成完整的视频，可以加入趣味性的音频和片头。但注意整个视频控制在 15 分钟左右。

5. 视频展示。学生展示事先准备好的视频，视频结尾要体现所有成员的分工。视频展示根据实际情况安排时间进行。

6. 评判打分。第一，由所有学生组成评判团，对除本组外的视频进行投票，再抽取几位学生点评自己认为好的视频。第二，由任课教师结合课堂表现和视频内容进行打分。

7. 活动总结。任课教师对学生的发言进行评价和引导，最终形成学生对哲学的正确认识。

 趣文短篇

由王阳明看花说开去

晚上，同学甲问她的上铺乙："王阳明和朋友一起去看花时，对朋友说：'君未看花时，花与君同寂；君来看花日，花色一时明。'是什么意思？"

乙说："转成白话大概就是，你未来看花时，此花与你同寂；你来看花，花与你同时明白起来，可见此花不在你心外。这句话表明王阳明是位主观唯心主义者。"

甲说："他们去看花，说明花是在他们去看之前就已经存在了，怎么能说此花不在你心外呢？"

丙说："是啊，任何一个正常的普通人都知道这样一个基本事实：先有地球，后有人类及其意识；先有事物的存在，后有关于事物的观念。为什么有些哲学家却认为心外无物呢？"

乙说："要解释这个问题，就得分析唯心主义产生的认识论根源。"

丁接着说："那我们就得先了解两个概念，一是时间先在性，二是逻辑先在性。时间先在性易于理解，它表述的是经验对象之间在时间序列中的先后顺序。具体地说，一事物先于他事物而存在，这一事物较之他事物就具有时间上的'先在性'。逻辑先在性较难理解，它与时间顺序无关，只是讲事物之间在逻辑上的'优先地位'。它可以分为'自在'意义的逻辑先在性和'自为'意义的逻辑先在性。'自在'意义的逻辑先在性是指事物的本质对事物的现象在逻辑上具有优先地位，即事物的本质决定事物的现象。事物的本质决定事物自身的产生、演化和灭亡，如种瓜得瓜、种豆得豆。这是人们在自己的认识活动中以'逻辑'关系去把握事物的本质与现象的产物。就事物自身而言，本质、现象两者之间并不存在孰先孰后的问题。'自为'意义的逻辑先在性是指在人的实践认识活动中，主体对客体具有逻辑上的优先地位，即客体之所以作为主体认识和改造的对象，是以主体的存在、需要、实践水平和认识水平为前提的，主体在何种程度上把握到客体，客体在何种程度上成为主体的对象，也是以主体的状况为前提的。如一个没有相应的医学知识的人，X光片对他来说只不过是一张黑白相间的图片，而不具有任何诊断价值。"

乙说："人们一旦把这种认识的逻辑外化给事物本身，并把这种认识中的'本质'看成独立于现象之外且决定事物存在的本原的东西，就会产生唯心主义的观点。另外，主体对客体的'优先地位'，只能是一种逻辑上的先在性，决不是主体的情感、意志、思维等在时间上先于客体而存在。近代以来的唯心主义哲学，夸大了主体对客体的逻辑先在性，把主体的精神视为本原性的存在，把客观世界看作派生性的存在。"

丙说："我有点理解唯心主义了。"

（资料来源：李永《马克思主义基本原理概论实践教程》，河海大学出版社2020年版）

第二章

实践与认识及其发展规律

自由是对必然的认识和对客观世界的改造。

——毛泽东

知识网络

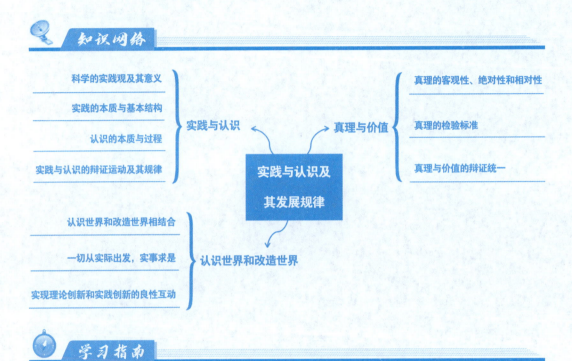

- 科学的实践观及其意义
- 实践的本质与基本结构
- 认识的本质与过程
- 实践与认识的辩证运动及其规律

实践与认识 → 真理与价值
- 真理的客观性、绝对性和相对性
- 真理的检验标准
- 真理与价值的辩证统一

实践与认识及其发展规律

- 认识世界和改造世界相结合
- 一切从实际出发，实事求是
- 实现理论创新和实践创新的良性互动

认识世界和改造世界

学习指南

⊙ 学习目标

学习马克思主义实践观、认识论和价值论的基本观点，掌握实践、认识、真理、价值的本质及其相互关系，树立实践第一的观点，确立正确的价值观，在改造客观世界的同时改造主观世界，努力实现理论创新与实践创新的良性互动。

⊙ 学习要点

科学实践观及其意义，实践的本质与基本结构，认识的本质和发展规律，真理的客观性、绝对性和相对性，真理与价值的辩证统一，认识论与思想路线，实现理论创新和实践创新良性互动。

⊙ 学习难点

认识运动的基本规律，真理与价值的辩证统一，认识世界和改造世界及其辩证关系。

 **要点归纳**

要点一：科学实践观及其意义

（一）科学实践观的创立与发展

马克思科学阐明了人类实践的本质和作用，创立了科学的实践观。强调全部社会生活在本质上是实践的，凡是把理论引向神秘主义的神秘东西，都能在人的实践中以及对这个实践的理解中得到合理的解决。

科学的实践观是不断丰富发展的。科学实践观从主观和客观、主体和客体的统一中把握实践，揭示了实践的本质，指明了实践是人类能动地改造世界的社会性的物质活动，科学阐明了人类实践活动的特点、结构、形式和实践标准等问题，深刻揭示出实践与认识的发展规律，形成了完整科学的理论体系。

（二）科学实践观的意义

科学实践观的创立和发展具有十分重要的意义，主要表现在以下几个方面：第一，克服了旧唯物主义的根本缺陷，为辩证唯物主义奠定了科学的理论基础。第二，建立了科学的、能动的、革命的反映论，实现了人类认识史上的变革。第三，在人类思想史上第一次揭示了社会生活的实践本质，为创建科学的历史观奠定了理论基础。第四，为人们能动地认识世界和改造世界提供了基本的思想方法和工作方法。

要点二：实践的本质与基本结构

（一）实践的本质

实践具有直接现实性。实践是改造世界的客观物质活动，它不是纯粹的精神活动，而是以感性事物为对象的现实的物质活动，因此，实践所具有的直接现实性也就是实践活动的客观实在性。

实践具有自觉能动性。与动物本能的、被动的适应性活动不同，人的实践活动是一种有意识、有目的的活动。

实践具有社会历史性。实践是社会性的、历史性的活动。实践的内容、性质、范围、水平以及方式都受一定社会历史条件的制约，随着一定社会历史条件的变化而变化，因此，实践又是历史地发展着的实践。

（二）实践的基本结构

人们的实践活动，是以改造客观世界为目的、主体与客体之间通过一定的中介发生相互作用的客观过程。实践的主体、客体和中介是实践活动的三项基本要素，三者的有机统一构成实践的基本结构。

实践主体：具有一定的主体能力、从事现实社会实践活动的人，是实践活动中自主性和能动性的因素，担负着设定实践目的、操作实践中介、改造实践客体的任务。实践主体的能力包括自然能力和精神能力，精神能力又包括知识性因素和非知识性因素。其中知识性因素是首要的能力，既包括对理论知识的掌握，也包括对经验知识的掌握；非知识性因素主要指情感和意志因素。实践主体有个体主体、群体主体和人类主体三种基本形态。

实践客体：实践活动所指向的对象。实践客体与客观存在的事物不完全等同，客观事物只有在被纳入主体实践活动的范围之内，为主体实践活动所指向并与主体相互作用时才成为现实的实践客体。实践客体也有不同的类型：从是否为实践所创造的角度看，可划分为天然客体和人工客体；从自然界与人类社会两个领域相区分的角度看，可划分为自然客体和社会客体；从物质性和精神性相区分的角度看，可划分为物质性客体和精神性客体等。

实践中介：各种形式的工具、手段以及运用、操作这些工具、手段的程序和方法。实践的中介系统可分为两个子系统，一是作为人的肢体延长、感官延伸、体能放大的物质性工具系统，二是作为人的大脑延伸、智力放大的语言符号工具系统。正是依靠这些中介系统，实践的主体和客体才能够相互作用。

（三）实践主体与客体的关系

实践的主体、客体和中介是不断变化发展的，因而实践的基本结构也是历史的变化发展的，这种变化主要表现为主体客体化与客体主体化的双向运动。

主体客体化：人通过实践使自己的本质力量作用于客体，使其按照主体的需要发生结构和功能上的变化，形成了世界上本来不存在的对象物。它是人的体力和智力的物化体现，是主体的本质力量通过实践活动积淀、凝聚和物化在客体中。实际上，人类一切实践活动的结果都是主体客体化的结果。

客体主体化：客体从客观对象的存在形式转化为主体生命结构的因素或主体本质力量的因素，客体失去客体性的形式，变成主体的一部分。

（四）实践形式的多样性

实践的三种基本类型：一是物质生产实践（人类最基本的实践活动）；二是社会政治实践；三是科学文化实践。

虚拟实践：其实质是主体和客体之间通过数字化中介系统在虚拟空间进行的双向对象化的活动，主要活跃于网络世界，具有交互性、开放性、间接性等特点。虚拟实践是实践活动的派生形式，同时又对现实的实践活动产生重大影响。

生物学史，可以说是显微镜的发展史。17世纪中叶，英国科学家使用诞生不久的显微镜观察软木塞，发现了植物细胞，开启了近现代生物学的大门。此后，显微镜的放大能力和成像质量不断提升，人类对细胞的认知也随之深刻和全面。20世纪中叶，科学家们利用X射线晶体学发现了DNA（脱氧核糖核酸）双螺旋结构，人类的观察极限从亚细胞结构推向了分子结构。我国科学家的重要科研成果"剪接体的高分辨率三维结构"的背后，也站着一个默默无闻的英雄——冷冻电子显微镜。显微镜在生物科学发现中的作用表明（　　　）。

A. 探索未知世界的科学实验是人类最基本的实践活动

B. 实践的主体和客体正是依靠中介系统才能够相互作用

C. 人类认识水平的提高与实践条件的进步有着直接的关系

D. 实践主体、客体和中介三者的有机统一构成实践的基本结构

【答案】BCD

【解析】人们的实践活动是以改造客观世界为目的、主体与客体之间通过一定的中介发生相互作用的过程。题干表达的意思是科学家（主体）用显微镜（中介）观察事物（客体），故B、D两项均正确。实践为认识发展提供了必要的条件，提供日益完备的物质手段和越来越丰富的经验材料，不断强化主体的认识能力。题干阐述了显微镜的发展史，这就从一个侧面说明了人类认识水平的提高与实践条件的进步有着直接的关系，故选项C正确。人类最基本的实践活动是物质生产实践，故选项A错误。

（五）实践在认识活动中的决定作用

辩证唯物主义认为，在实践和认识之间，实践是认识的基础，实践在认识活动中起着决定性的作用。实践在认识活动中的决定作用表现在以下四个方面：

第一，实践是认识的来源，认识的内容是在实践活动的基础上产生和发展的。人们只有通过实践实际地改造和变革对象，才能准确把握对象的属性、本质和规律，形成正确的认识，并以这种认识指导人的实践活动。

第二，实践是认识发展的动力。首先，实践的需要推动认识的产生和发展，推动人类的科学发现和技术发明，推动人类的思想进步和理论创新；其次，实践为认识的发展提供了手段和条件，如经验资料、实验仪器和工具等；最后，实践改造了人的主观世界，锻炼和提高了人的认识能力。

第三，实践是认识的目的。人们通过实践获得认识，不是"猎奇"或"雅兴"，不是为认识而认识，其最终目的是为实践服务、指导实践，以满足人们生活

和生产的需要。

第四，实践是检验认识真理性的唯一标准。认识是否具有真理性，既不能从认识本身得到证实，也不能从认识对象中得到回答，只有在实践中才能得到验证。

 真题精讲

1971年，迪士尼乐园的路径设计获得了"世界最佳设计"奖，设计师格罗培斯却说，"其实那不是我的设计"。原因是在迪士尼乐园主体工程完工后，格罗培斯暂停修筑乐园里的道路，并在空地上撒上草种。5个月后，乐园里绿草如茵，草地上被游客踏出了不少宽窄不一的小路。格罗培斯根据这些行人踏出来的小路铺设了人行道，成了"优雅自然、简捷便利、个性突出"的优秀设计。格罗培斯的设计智慧对我们认识和实践活动的启示是（　　　）。

A. 要从生活实践中获取灵感

B. 要尊重群众的实际需求

C. 不要对自然事物做任何改变

D. 要对事物本来面目做直观反映

【答案】AB

【解析】格罗培斯根据这些行人踏出来的小路铺设了人行道，设计出了最佳路径，体现了实践是认识的来源，故A选项正确。"要尊重群众的实际需求"，是马克思主义的群众观点，认为人民群众是实践的主体，认识要从群众中来，到群众中去，故B选项正确。选项C，我们在实践过程中要尊重自然规律，并不是说不要对自然事物做任何改变。辩证唯物主义认识论认为，实践决定认识，认识对实践具有能动的反作用。设计师格罗培斯也并不是对行人踏出来的小路不做任何改变，而是在自然形成的道路基础上加入后期的艺术设计，这就是认识对实践能动的反作用。选项D，错在"直观"二字，如果改成"能动"就没有问题了。直观反映的观点是旧唯物主义反映论的观点，把人的认识看成消极地、被动地反映外界对象。而马克思主义的反映论是能动反映论，把实践引入认识论，把唯物辩证法应用于反映论，全面地揭示了认识的辩证过程。

要点三：认识的本质

认识是主体在实践基础上对客体的能动反映，这是辩证唯物主义认识论对认识本质的科学回答。深刻把握认识的本质，必须弄清各种哲学派别在这个问题上的不同观点。

（一）唯物主义先验论

主要观点：坚持认识过程是"从思想和感觉到物"。否认认识是人脑对客观世界的反映，认为认识先于物质，先于人的实践经验。

分类：主观唯心主义认为人的认识是主观自生的，是生而知之的；客观唯心主义认为人的认识是上帝的启示或某种客观精神的产物。

（二）唯物主义反映论

主要观点：坚持认识过程是"从物到感觉和思想"。唯物主义认识路线坚持反映论的立场，认为认识是主体对客体的反映，人的一切知识都是从后天接触实际中得来的。

分类：直观反映论（旧唯物主义）和能动反映论（辩证唯物主义）。

1. 直观反映论

主要观点：旧唯物主义认识论的基本特点是以感性直观为基础，把人的认识看成消极地、被动地反映和接受外界对象，类似于照镜子那样的反射活动，所以又称为直观的、消极被动的反映论。

缺陷：一是离开实践考察认识问题，因而不了解实践对认识的决定作用。二是不了解认识的辩证本性，离开辩证法来考察认识问题，最根本的是它看不到主观和客观之间的矛盾及其相互作用，没有把认识看作一个不断发展的过程，认为认识是一次性完成的。

2. 能动反映论

主要观点：辩证唯物主义认识论认为，认识的本质是主体在实践基础上对客体的能动反映。这种能动反映不但具有反映客体内容的反映性特征，而且具有实践所要求的主体能动的、创造性的特征。

认识的反映特性：人类认识的基本规定性。认识的反映特性是指人的认识必然要以客观事物为原型和摹本，在思维中再现或摹写客观事物的状态、属性和本质。

认识的能动反映具有创造性：认识是一种在思维中的能动的、创造性的活动，而不是主观对客观对象简单、直接的描摹或照镜子式的原物映现。

认识的反映特性和创造特性之间的关系不可分割。反映和创造不是人类认识的两种不同的本质，而是同一本质的两种不同的功能，是一个硬币的两面。只坚持认识的反映性，看不到认识能动的创造性，就重复走上了旧唯物主义直观反映论的错误之路；相反，只坚持认识能动的创造性，使创造性脱离反映论的前提，就会把创造变成主观随意，从而滑向唯心主义和不可知论。这两种倾向都不符合实际的认识活动，而且也会给实践带来危害。

优点：一是把实践的观点引入认识论。二是把辩证法应用于反映论考察认识的发展过程，把认识看成一个由不知到知、由浅入深的充满矛盾的能动的认识过程，全面地揭示了认识过程的辩证性质。

（三）形而上学错误观点的系统总结

在运动和静止的问题上	夸大静止，否定运动
在意识观的问题上	认为意识是人脑的分泌物，是某种特殊的物质，混淆了物质和意识的界限，夸大了物质和意识的联系，忽视了两者的区别
在"世界是怎样"的问题上	与辩证法相对，观点片面：只讲联系，不讲区别；或者只讲区别，不讲联系
在否定观的问题上	主张外在力量对事物进行否定；主张全盘否定
在认识论的问题上	虽然看到了认识是对客观事物的反映，但错误地认为这种反映是"机械的""直观的"，否定了主体的创造性和能动性

要点四：认识运动的基本规律

认识不但来源于实践，而且是一个在实践基础上不断深化的发展过程。

（一）从实践到认识

这个过程主要表现为在实践基础上，认识活动由感性认识能动地飞跃到理性认识，也就是"从生动的直观到抽象的思维"，这是认识运动的第一次飞跃。

感性认识：人们在实践基础上，由感觉器官直接感受到的关于事物的现象、事物的外部联系、事物的各个方面的认识，包括感觉、知觉和表象三种形式。感性认识是认识的初级阶段，直接性是感性认识的突出特点。因为感性认识还没有深入对事物本质的认识，具有不深刻的局限性，必须进一步上升到理性认识。

理性认识：人们在实践基础上，由感觉器官直接感受到的关于事物的现象、事物的外部联系、事物的各个方面的认识，包括感觉、知觉和表象三种形式。理性认识是认识的高级阶段，具有抽象性和间接性的特点。它以反映事物的本质为内容，因而是深刻的。

感性认识与理性认识的关系：辩证统一。一是理性认识依赖于感性认识。二是感性认识有待于发展和深化为理性认识。三是感性认识和理性认识相互渗透、相互包含。感性认识和理性认识的辩证统一关系是在实践的基础上形成的，也需要在实践中发展。如果割裂二者的辩证统一关系，就会走向唯理论或经验论，在实际工作中就会犯教条主义错误或经验主义错误。

实现飞跃的基本条件：一是投身实践，深入调查，获取十分丰富和合乎实际的感性材料。这是正确实现由感性认识上升到理性认识的基础。二是必须经过思考的作用，运用理论思维和科学抽象，将丰富的感性材料加以去粗取精、去伪存真、由此及彼、由表及里的改造制作，形成概念和理论的系统。

（二）从认识到实践

从认识到实践，是认识过程的第二次能动的飞跃。理论只有回到实践中去，为群众所掌握，才会真正实现对客观世界的改造；理性认识也只有回到实践中去，才能得到检验和发展。

实现飞跃的条件：需要经过一定的中介环节，包括确定实践目的、形成实践理念、制定实践方案、进行中间实验、运用科学实践方法等。因此，必须从实际出发，坚持理论和实际相结合，让理论为群众所掌握，转化为改造社会、改造自然的物质力量。只有这样，理论才能发挥指导作用，真正转化为认识世界、改造世界的强大物质力量。

真题精讲

恩格斯说："鹰比人看得远得多，但是人的眼睛识别东西远胜于鹰。狗比人具有敏锐得多的嗅觉，但是它连被人当作各种物的特定标志的不同气味的百分之一也辨别不出来。"人的感官的识别能力高于动物，除了人脑及感官发育得更加完善之外，还因为（　　　）。

A.人不仅有感觉还有思维

B.人不仅有理性还有非理性

C.人不仅有直觉还有想象

D.人不仅有生理机能还有心理活动

【答案】A

【解析】感性认识反映事物的现象，理性认识反映事物的本质。人类的感官尽管在有些方面不如某些动物，但是在感觉基础上运用思维形成的理性认识使人的识别能力远高于动物。因此，正确选项为A。选项B，"人不仅有理性还有非理性"说法正确，"非理性因素"包括人的情感、意志、联想、想象、猜测、直觉、顿悟与灵感等，但这些非理性因素不是题干中"人的感官的识别能力高于动物"的原因，与题意不符。选项C，"人不仅有直觉还有想象"说法正确，但是直觉和想象都是非理性因素的形式，不符合题意。选项D，"人不仅有生理机能还有心理活动"说法正确，但是不能解释为什么人的感官的识别能力高于动物，因为某些动物也具有心理活动。

（三）实践与认识的辩证运动及其规律

实践与认识的辩证运动，是一个由感性认识到理性认识，又由理性认识到实践的飞跃，是实践、认识、再实践、再认识，循环往复以至无穷的辩证发展过程，这个过程也体现了认识运动的总规律。

1. 认识的特点

认识过程的反复性：人们对于一个复杂事物的认识往往要经过由感性认识到理性认识，再由理性认识到实践的多次反复才能完成。这是因为在认识过程中始终存在着主观和客观的矛盾。从客观方面看，事物的各个侧面及其本质的暴露有一个过程；从主观方面看，人的认识能力有一个提高的过程。人的认识受实践范围、立场、观点、方法、思维能力、工作经验和知识水平等因素的制约。

认识发展的无限性：对于事物发展过程的推移来说，人类的认识是永无止境、无限发展的，它表现为"实践、认识、再实践、再认识"的无限循环，由初级阶段向高级阶段不断推移的永无止境的前进运动。这种认识的无限发展过程，在形式上是循环往复，在实质上是前进上升。

2. 实践和认识是具体的历史的统一

在实践和认识的辩证运动中，主观必须统一于客观，认识必须统一于实践。这种统一是认识和实践的矛盾在发展中的统一，是具体的历史的统一。所谓具体的统一，是指主观认识要与一定时间、地点、条件下的客观实践相符合，它是具体的，而不是抽象的；所谓历史的统一，是说主观认识要同特定历史发展阶段的客观实践相符合。由于客观实践是具体的、历史的，所以，主观认识也应是具体的、历史的。

真题精讲

爱迪生在发明电灯之前做了 2000 多次实验，有个年轻的记者曾经问他为什么遭遇这么多次失败。爱迪生回答："我一次都没有失败。我发明了电灯。这只是一段经历了 2000 步的历程。"爱迪生之所以说"我一次都没有失败"，是因为他把每一次实验都看作（　　　）。

A. 认识中所获得的相对真理

B. 整个实践过程中的一部分

C. 对事物规律的正确反映

D. 实践中可以忽略不计的偶然挫折

【答案】B

【解析】从实践到认识、从认识到实践，实践、认识、再实践、再认识，认识运动不断反复和无限发展，这是人类认识运动的辩证发展过程，也是人类认识运动的基本规律。爱迪生之所以说"我一次都没有失败"，是因为他把每次实验都看作整个实践过程中的一部分，故选项 B 正确。选项 A 是干扰项，相对真理是对客观事物一定条件下的正确认识，爱迪生的每次实验获得的不一定是相对真理，也可能是真理的反面——谬误，故排除 A。对事物规律的正确反映是真理，故选项 C 错误。选项 D 本身表述有误。

要点五：真理的客观性、绝对性和相对性

（一）真理的客观性

真理是标志主观和客观相符合的哲学范畴，是对客观事物及其规律的正确反映。真理是客观的，凡真理都是客观真理，这是真理问题上的唯物论。客观性是真理的本质属性。真理的客观性，是唯物主义认识论即反映论的一般原理在真理问题上的贯彻。真理的客观性决定了真理的唯一性。真理是一元的，而不是多元的。坚持真理一元论，就要坚持在真理面前人人平等，尊重真理并按真理办事，才能在实践中取得成功。

（二）真理的绝对性和相对性

就真理的发展过程以及人们对它的认识和掌握的程度来说，真理既具有绝对性，又具有相对性，这是真理问题上的辩证法。任何真理都是绝对性和相对性的统一。

真理的绝对性：真理的内容表明了主客观统一的确定性和发展的无限性。其一，任何真理都必然包含同客观对象相符合的客观内容，都同谬误有原则的界限。其二，人类认识按其本性来说，能够正确认识无限发展着的物质世界，认识每前进一步，都是对无限发展着的物质世界的接近，这一点也是绝对的、无条件的。

真理的相对性：指人们在一定条件下对事物的客观过程及其发展规律的正确认识总是有限度的。其一，真理所反映的对象是有条件的、有限的；其二，真理反映客观对象的正确程度也是有条件的、有限的。

真理的绝对性和相对性的辩证统一：从真理的两重性上看，真理的绝对性与相对性相互依存，任何真理都既是绝对的，又是相对的。真理的绝对性与相对性又是相互包含的。

真理的绝对性与相对性根源于人类认识世界能力的无限性与有限性、绝对性与相对性的矛盾。人的认识能力、思维能力是无限性与有限性、绝对性与相对性的统一，作为人的正确认识成果的真理，也必然是绝对性和相对性的统一。

真理的绝对性和相对性相互联系、不可分割，它们是同一个客观真理的两种属性。在这个问题上，我们必须反对割裂二者辩证关系的形而上学真理观，即绝

对主义和相对主义。

（三）真理与谬误

真理与谬误是人类认识中的一对永恒的矛盾，它们既是对立的，又是统一的。首先，真理与谬误是互相对立的，这是就认识确定的对象和范围来说的。在确定的对象和范围内，与对象相符合的认识就是真理；与对象不相符合的认识就是谬误。其次，真理与谬误的对立又是相对的，它们在一定条件下能够相互转化。真理在一定条件下能够转化为谬误，谬误在一定条件下也能够转化为真理。最后，真理与谬误的相互对立、相互转化的关系表明，真理总是同谬误相比较而存在、相斗争而发展的，这也是真理发展的基本规律。

（四）真理的检验标准

1. 实践是检验真理的唯一标准

实践之所以能够作为检验真理的唯一标准，是由真理的本性和实践的特点决定的。

从真理的本性看：真理是人们对客观事物及其发展规律的正确反映，它的本性在于主观和客观相符合。检验真理就是检验人的主观认识同客观实际是否相符合以及符合的程度。

从实践的特点看：实践是人们改造世界的客观的物质性活动，具有直接现实性的特点。实践的直接现实性的品格，是实践能够成为检验真理唯一标准的主要根据，也使实践成为最公正、最有权威的"终极审判官"。

在实践检验真理的过程中，逻辑证明可以起到重要的补充作用。所谓逻辑证明，是指运用已知的正确概念和判断，通过一定的推理，从理论上确定另一个判断的正确性的逻辑方法。

2. 实践标准的确定性与不确定性

实践标准的确定性即绝对性：实践作为检验真理标准的唯一性、归根到底性、最终性，离开实践，再也没有其他公正合理的标准。

实践标准的不确定性即相对性：实践作为检验真理标准的条件性。①任何实践都会受到主客观条件的制约，因而都具有不可能完全证实或驳倒一切认识的局限性。②实践是检验真理的唯一标准，但实践对真理的检验不可能一次完成，实践检验真理是一个永无止境的发展过程。

要点六：价值与价值评价

（一）价值及其特性

作为哲学范畴，价值是指在实践基础上形成的主体和客体之间的意义关系，是客体对个人、群体乃至整个社会的生活和活动所具有的积极意义。价值具有以下四个方面的特性：第一，价值具有客观性。第二，价值具有主体性。第三，价值具有社会历史性。第四，价值具有多维性。

（二）价值评价及其特点

价值评价是一种关于价值现象的认识活动，主要有以下三个特点：第一，评价以主客体的价值关系为认识对象。第二，评价结果与评价主体直接联系。第三，评价结果正确与否依赖于相关的知识性认识。第四，价值评价有科学和非科学之别。

价值评价的特点表明，评价并不是一种主观随意性的认识活动，而是具有客观性的认识活动。只有正确地反映了价值关系的评价才是正确的评价。实践是检验评价结果的标准。

（三）价值评价的功能与树立正确价值观的意义

价值评价在实践中起着激励、制约和导向作用。首先，价值评价作为人们对自身的客观需要的主观反映，作为人们对价值现象的认识，是推动实践不断实现价值的精神驱动力量。其次，价值评价作为实践的主体尺度，是实践活动发展的规范因素，它要求实践活动必须服从于实践目标的实现，即服从于实践满足人们客观需要这一根本目的。最后，价值评价作为实践活动的目标，是实践活动发展的导向因素，它引导实践活动朝着更充分、更全面、可持续性地满足人们日益增长的物质文化需要的方向发展。

价值观是人们关于价值本质的认识论以及对人和事物的评价标准、评价原则和评价方法的观点的体系。它与世界观和人生观是一致的。价值观对人的行为起着规范和导向作用。这就要求我们树立正确的价值观，树立马克思主义的价值观，树立全社会共同认可的核心价值观，为社会的进步和人类的彻底解放贡献力量。

我国社会主义核心价值观的基本内容包括：富强、民主、文明、和谐，自由、平等、公正、法治，爱国、敬业、诚信、友善。它科学回答了我们要建设什么样的国家、建设什么样的社会、培育什么样的公民的重大问题。社会主义核心价值观是当代中国精神的集中体现，凝结着全体人民共同的价值追求。

要点七：真理和价值在实践中的辩证统一

真理与价值是紧密联系、不可分割的，真理因其不以人的意志为转移的客观普遍性而具有根本性和优先性，价值及其评价标准必须以对事物的真理性认识为前提，二者辩证统一于人民群众的社会实践。

人们的实践活动总是受着真理尺度和价值尺度的制约。实践的真理尺度是指在实践中人们必须遵循正确反映客观事物本质和规律的真理。实践的价值尺度是指在实践中人们都是按照自己的尺度和需要去认识世界和改造世界的。

（一）真理和价值是紧密联系、不可分割的辩证统一关系

任何实践活动都是在这两种尺度共同制约下进行的，任何成功的实践都是真理尺度和价值尺度的统一，是合规律性和合目的性的统一。真理与价值或真理尺度与价值尺度是紧密联系、不可分割的辩证统一关系。一方面，价值尺度必须以真理为前提。要想达到实践的目的以满足人类自身的需要，就必须"认识真理，掌握真理，信仰真理，捍卫真理"。脱离了真理尺度，价值尺度就偏离了合理的、正确的轨道。另一方面，人类自身需要的内在尺度，推动着人们不断发展新的真理。科学发明、技术创新、经典思想理论的形成，都是人类为了实现更美好的生活而进行的社会实践。脱离了价值尺度，真理就缺失了主体意义。

（二）在实践中实现真理与价值的有机统一

习近平总书记指出，实践的观点、生活的观点是马克思主义认识论的基本观点，实践性是马克思主义理论区别于其他理论的显著特征。中国共产党人对于初心的守望，归根结底要体现在追求真理、服务人民的实践之中，通过实践使真理转化为价值，通过实践使价值转化为真理，在实践的基础上实现真理与价值的相互转化和有机统一。

真题精讲

基因编辑是应对遗传性疾病的一种潜在治疗办法，但其技术运用极具争议，这不仅是因为基因的变化会传给后代并最终有可能影响整个基因库，而且更重要的是基因编辑会产生长远而深刻的社会影响，可能衍生出一系列棘手的伦理、法律和安全难题。正因为如此，许多国家对人类基因编辑技术制定了相应的伦理法律规范。人类严格控制基因编辑行为的原因在于（　　）。

A. 人的实践活动要遵循真理尺度与价值尺度的统一

B. 人的实践活动是合规律性与合目的性的统一

C. 科学技术有时表现为异己的、敌对的力量

D. 基因编辑技术可能突破人类的伦理道德底线

【答案】ABCD

【解析】人们的实践活动总是受着真理尺度和价值尺度的制约。任何实践活动都是在这两种尺度的共同制约下进行的，任何成功的实践都是真理尺度和价值尺度的统一。基因编辑技术掌握了生物基因的某种规律，从生物学的角度讲可能是真理，但是基因编辑可能衍生出一系列棘手的伦理、法律和安全难题。因此，基

因编辑行为不符合人的实践活动要遵循真理尺度与价值尺度的统一的原理，所以人类严格控制基因编辑行为，故 A、D 两项均正确。人类通过实践改造世界的活动是合规律性与合目的性的统一，是在遵循客观规律的基础上能动的选择性的实践改造活动。基因编辑行为不符合人的实践活动是合规律性与合目的性的统一的原理，故选项 B 正确。基因编辑可能衍生出一系列棘手的伦理、法律和安全难题，说明了科学技术有时表现为异己的、敌对的力量，故选项 C 正确。

要点八：认识世界和改造世界及其辩证关系

认识世界和改造世界是人类创造历史的两种基本活动。坚持认识与实践的统一，归根到底是要将认识世界和改造世界结合起来。

认识世界和改造世界是相互依赖、相互制约、辩证统一的。认识世界是为了改造世界；要有效地改造世界，就必须正确地认识世界。认识世界和改造世界的统一，决定了理论与实践必须相结合。将马克思主义理论与具体实际相结合，是正确地认识世界和有效地改造世界的根本途径。

认识世界和改造世界的过程，既是认识和改造客观世界的过程，也是认识和改造主观世界的过程。改造客观世界包括改造自然界和改造人类社会。改造主观世界就是改造人们自己的认识能力、改造主观世界和客观世界的关系，核心是改造世界观，即观察和处理问题的立场、观点和方法。改造客观世界和改造主观世界相辅相成、相互促进、缺一不可。

认识世界和改造世界是一个充满矛盾的过程。世界不会自动地满足人，人也不会满足于世界的现存形式。主观和客观的矛盾是人类认识和实践活动中的基本矛盾，是人类认识世界和改造世界的根本动力。只有自觉以马克思主义为指导，正确地解决主观与客观的矛盾，才能科学地认识世界和改造世界。

要点九：一切从实际出发，实事求是

（一）一切从实际出发是马克思主义认识论的根本要求

一切从实际出发，就是要把客观存在的事物作为观察和处理问题的根本出发点，这是马克思主义认识论的根本要求和具体体现。从实际出发，就是要从变化发展着的客观实际出发，从特定的社会历史条件出发，按照客观世界的本来面目认识世界而不附加任何外来的主观成分。从根本上说，就是要从客观事物存在和发展的规律出发，在实践中按照客观规律办事。

从实际出发，关键是要注重事实，从事实出发。恩格斯曾经把从事实出发看作唯物主义思想路线的根本点，并以此与从观念出发的唯心主义思想路线相对立。

列宁指出："马克思主义是以事实，而不是以可能性为依据的。"马克思主义者只能以经过严格和确凿证明的事实作为自己的政策的前提。科学社会主义就是从事实出发得出的科学结论，并且要求结合新的具体事实进行阐发和运用。

（二）实事求是是中国共产党思想路线的核心

中国共产党在领导人民进行革命、建设、改革的长期实践中，逐步形成和确立了一条正确的思想路线，其基本内涵是一切从实际出发，理论联系实际，实事求是，在实践中检验和发展真理。这条思想路线是中国共产党对马克思主义理论发展作出的重大贡献，其核心是实事求是。

毛泽东1941年在《改造我们的学习》中曾对实事求是做过经典阐述，他说："'实事'就是客观存在着的一切事物，'是'就是客观事物的内部联系，即规律性，'求'就是我们去研究。"我们党实事求是的思想路线，是在同以教条主义为主要特征的主观主义的长期斗争中形成的。

实事求是是中国共产党人的根本思想方法、工作方法和领导方法，是党领导人民推动中国革命、建设、改革事业不断取得胜利的重要法宝。实践反复证明，坚持实事求是，就能兴党兴国；违背实事求是，就会误党误国。

我们要准确把握国际国内环境变化，辩证分析我国经济发展阶段性特征，准确把握我国不同发展的新变化新特点，使主观世界更好符合客观实际，按照实际决定工作方针，这是我们必须牢牢记住的工作方法。

 案例精选

◎ 案例一　四月桃花

817年，唐朝著名诗人白居易在游览江西庐山时，写下一首著名的诗《大林寺桃花》："人间四月芳菲尽，山寺桃花始盛开。长恨春归无觅处，不知转入此中来。"宋代著名的科学家、文学家沈括看到这首诗，感到非常惊讶，他带着讥讽的口吻评论说："既然'四月芳菲尽'了，怎么会'桃花始盛开'呢？大诗人也会写出这样自相矛盾的句子，可谓'智者千虑，必有一失'呀！"

后来，有一年春夏之交的季节，沈括去游山，见到了白居易诗中所描写的景象：四月的天气，山下众花已经凋谢，而山顶上却是桃花红艳，一片灿烂。沈括这才意识到自己错怪了大诗人，也从中发现了海拔高度对季节的影响：由于山上气温低，春季的到来也就晚于山下。沈括又仔细地读了白居易的这首诗，才发现这首诗的前面有一篇序。序中写道："（大林寺）山高地深，时节绝晚，于时孟夏月（即四月），如正二月天；梨桃始华（花），涧草犹短。人物风候，与平地聚落不同。"白居易的这篇序特地对为什么在人间四月众花已凋的时候大林寺桃花却"始盛开"的原因进行了说明。现代科学研究表明，根据高山气温垂直分布的规律，海拔每升高 100 米，气温便降低 0.6℃。白居易诗中所描写的大林寺位于庐山香炉峰顶，海拔约 1200 米，比平地气温约低 7℃左右。因此，在农历四月上旬，当庐山脚下的江西九江已是"芳菲尽"的时候，山顶上的大林寺却是桃花盛开，一片春色。

无独有偶，冯梦龙的小说《警世通言》中，也有一则《王安石三难苏学士》的故事。据说，苏东坡去拜访宰相王安石，恰逢王不在。苏东坡看见书桌上有一纸咏菊的诗稿，只写了两句："昨夜西风过园林，吹落黄花满地金。"才高气傲的苏学士心想，这老夫子大概糊涂了，菊花最能耐寒傲霜，如何秋风一吹便落呢？于是提笔顺口续道："秋花不比春花落，说与诗人仔细吟。"不久，苏东坡被贬到黄州任团练副使，心情不快，到了当年九月重阳，一夜秋风刚过，苏东坡邀友赏菊。走进花园一看，只见花瓣纷落，铺金满地。这时，他才猛然省悟，原来真有"吹落黄花满地金"的事。

（资料来源：道客巴巴，2017 年 12 月 28 日）

案例评析

实践是认识的基础，人的认识来源于实践。案例中，白居易的诗得自于他的游山所见，他在诗序中的分析也是源于他对实际情况的观察。沈括起初嘲讽和批评白居易的这首诗，是因为他没有真正去观察，只是凭想当然的推测就下结论。他后来意识到自己的错误，也是由于他看到了实际的情况。同样，苏东坡否定王安石的咏菊诗也是因为没有亲身经历，等到亲眼所见，才知道是自己错了。这正是古人说的：纸上得来终觉浅，绝知此事要躬行。

◎案例二　主播人气当以正气筑基——让直播空间充满正能量

最近一段时间，与直播有关的两则新闻引发关注。一个是中国演出行业协会网络表演（直播）分会向社会公布第五批主播黑名单，50 多名网络主播 5 年内将在行业内禁止注册和直播。另一个是在全国两会期间，针对电商直播出现的一些问题，有代表提出加强直播带货监管的建议。在直播经济欣欣向荣、网络主播红红火火的时候，这无异于一剂"预防针"，也给我们带来新的思考。

直播经济有多火？一组数据直观明了：有人在助农直播中，5 秒钟内卖掉了 600 万只小龙虾和 50 万个脐橙；有人只是直播一只猫睡觉，就引来 2000 多万人次围观；单场直播的交易额更是水涨船高，最高达到数亿元……可见，网络直播正在改变人们的生活。尤其是在新冠肺炎疫情防控期间，云综艺、云观影、云养宠等新玩法、新方式层出不穷，带动直播迅速融入人们的日常生活，不少主播成了屏幕里的"熟面孔"。

直播火了，主播红了。人气节节攀升的同时，也带来风气的参差不一。在一些直播中，本该洋溢正能量的画面，时不时出现一些惊悚恶趣味；本应传播真善美的镜头，却频频上演打擦边球、超出底线的恶俗炒作；本是讲文明风尚的网络空间，竟也成了传播虚假信息的温床、吞吐污言秽语的"垃圾桶"。从格调品位不高的直播内容，到职业素养堪忧的网络主播，不仅成为影响直播经济更上层楼的隐患，也冲击了公序良俗的底线，给网友尤其是青少年网民带来不良的影响。

从本质上来说，直播经济的基础是"流量红利"。对网络主播而言，一部手机可以轻松打开直播入口，但要在这条路上走稳行远并不容易。面对镜头侃侃而谈或许不难，但要聊得既有意思又有意义也并不简单。在能力素质上，主播需要持续投入、时间积累和经验沉淀；在道德品行上，更要经得起诱惑、守得住底线。毕竟，直播经济不是"一锤子买卖"。赢得了第一波关注之后，只有弘扬社会主义核心价值观的网络主播，才能成为成熟市场业态的一部分。谁能全心贯注、精益求精，谁在博取眼球、炒作跟风，直播间的观众看得分明。

流量很重要，但理清直播经济的"流量逻辑"更为关键。纵观那些高质量直播，它们的特色不单单在于追求传统的传播量、曝光量，还在于蕴含信息的承载量、价值的含金量。在主播的一言一行中，了解他们的人生观、世界观、价值观；在直播的每一帧镜头里，发现生活无处不在的惊喜、人人都能创造的精彩。在诠释自己的过程中影响别人、启发别人，这是网络主播这个职业最重要的意义所在。

只有正气不衰、才气不凡，才能人气不减、名气不坠。

直播经济迎来了风口，还要飞得更高、更远。今年的《政府工作报告》明确提出，"电商网购、在线服务等新业态在抗疫中发挥了重要作用，要继续出台支持政策，全面推进'互联网＋'，打造数字经济新优势。"直播经济正按下加速键。推动直播经济健康发展，需要政策支持，也需要规范管理。要鼓励创新，加强引导，确保行稳致远，实现可持续发展。

（资料来源：《人民日报》2020 年 6 月 15 日 05 版）

案例评析

　　新冠肺炎疫情期间，直播经济迅猛发展，为因疫情而低迷的经济注入了一剂"强心针"。一时间，"直播带货""网络主播"成为一种时尚，也激发了疫情后经济复苏的内在动力。但新事物的出现、成长和发展也要遵循真理尺度和价值尺度的制约，虽然流量很重要，但理清直播经济的"流量逻辑"更为关键，它不仅仅在于直播的传播量和曝光量，更在于信息的承载量和价值的含金量，即直播所必须遵循的真理尺度和价值尺度。直播虽是流量经济，但要以价值的传播为灵魂，一旦脱离了价值尺度，直播经济也就失去了主体意义。只有在直播的过程中，同时进行一种正确价值观的传递，才能影响人、启发人，从而做到直播经济人气不减、名气不坠。

 习题演练

一、单项选择题

1. 认识的主体和客体的关系首先是（　　　）。

A. 反映和被反映的关系　　　　　　B. 利用和被利用的关系

C. 时间的一维性　　　　　　　　　D. 改造和被改造的关系

2. 下列选项中，属于最基本的实践形式的是（　　　）。

A. 农民科学种田，为人们提供食品

B. 医生治疗人们的疾病

C. 教师向青少年教授自然及科学知识

D. 科学家对大气环境进行检测

3. 只有通过实践，客观事物才会成为认识的对象，才有人对客观事物的反映。表明（　　　）。

A. 实践是认识的来源

B. 实践是认识发展的动力

C. 实践是检验认识真理性的唯一标准

D. 实践是认识的目的

4. 马克思说："搬运夫和哲学家之间的原始差别要比家犬和猎犬之间的差别小得多。他们之间的鸿沟是分工造成的。"这表明人的才能（　　　）。

A. 与人的先天生理素质没有任何关联

B. 主要来源于后来的实践

C. 取决于人的主观努力的程度

D. 是由人的社会政治地位决定的

5. 人类认识发展的根本动力在于（　　　）。

A. 人类需要和欲望的不断增长

B. 人类社会实践的不断发展

C. 人类认识器官的逐渐发达

D. 人类道德水平的不断提高

6. 下列思想属于唯物主义反映论的是（　　　）。

A. "生而知之"

B. "不行而知"

C. "不虑而知"

D. "求之而后得"

7. 非理性因素对人的认识活动和认识能力（　　　）。

A. 起消极作用

B. 起积极作用

C. 不起作用

D. 有的起积极作用，有的起消极作用

8. "没有革命的理论，就没有革命的行动。"这句话说明（　　　）。

A. 理论高于实践活动

B. 科学理论对实践有指导作用

C. 理论是革命工作的出发点

D. 理论对实践起决定作用

9. 真理的绝对性是指真理主客观统一和发展的（　　　）。

A. 不变性、永恒性

B. 确定性、无限性

C. 唯一性、不变性

D. 根本性、无限性

10. "有用即真理"是（　　　）的一个典型。

A. 主观真理论　　　　　　　　　　B. 客观真理性

C. 实践真理性　　　　　　　　　　D. 神启真理性

二、多项选择题

1. 真理原则和价值原则的区别是（　　　）。

A. 真理原则侧重于主观性，价值原则侧重于主体性

B. 真理原则侧重于客观性，价值原则侧重于主体性

C. 真理原则说明人的活动的客观制约性，价值原则表明人的活动的目的性

D. 真理原则体现客观尺度，价值原则体现主体尺度

2. 价值的特点是（　　　）。

A. 具有客观性　　　　　　　　　　B. 具有主体性

C. 具有社会历史性　　　　　　　D. 具有多维性

3. 从哲学上讲，人类活动的两个基本原则是（　　）。

A. 真理原则　　　　　　　　　　B. 价值原则

C. 公平原则　　　　　　　　　　D. 正义原则

4. 列宁说："只要再多走一小步，仿佛是向同一方向迈的一小步，真理就会变成错误。"这说明（　　）。

A. 真理和谬误没有确定的界线

B. 真理和谬误相比较而存在

C. 真理和谬误在一定条件下可以转化

D. 沿着真理的方向继续前行会使真理变成谬误

5. 真理的客观性是指（　　）。

A. 真理的内容是客观的

B. 真理的形式是客观的

C. 检验真理的标准是客观的

D. 真理就是客观事物

6. 真理的相对性是指（　　）。

A. 真理是错误的

B. 真理是过程，有待发展

C. 对事物反映的深度总是有限

D. 真理是对整个世界的某一个部分的正确反映

7. 历史学家通常认为，在审视复杂历史问题时不能轻率地下结论。这一观点的合理性在于（　　）。

A. 不同的认识主体对复杂历史问题的认识总是不同

B. 真理不会停止前进的步伐，而是在发展中不断超越自身

C. 复杂历史问题本质的暴露和展现必然需要一个较长的过程

D. 人们对复杂历史问题的认识受所处社会实践水平的限制

8. "单凭观察所得的经验，是绝不能充分证明必然性的。这是如此正确，以至于不能从太阳总是在早晨升起来判断它明天会再次升起。"恩格斯这段话的含义是（　　）。

A. 感性认识有待于上升为理性知识

B. 感性认识具有局限性

C. 事物的必然性与感性、经验性有关

D. 归纳方法不是万能的

9. 辩证唯物主义认识论是以（　　）为特征的反映论。

A. 实践观点　　B. 直观观点　　C. 辩证观点　　D. 被动观点

10.下列属于唯心主义先验论的观点有（　　　）。

A.孔子主张"生而知之"

B.老子主张"不行而知"

C.柏拉图主张知识是灵魂对理念世界的"回忆"

D.贝克莱认为"存在就是被感知"

三、判断题

1.在古代哲学中，实践被称为"践行""实行"或"行"，与"知"相对应，但主要是指道德伦理行为。（　　　）

2."彼亦一是非，此亦一是非"肯定了真理的辩证法。（　　　）

3.马克思在《关于费尔巴哈的提纲》的重要文献中集中阐述了科学实践观，提出了全部社会生活在本质上是实践的。（　　　）

四、简答题

1.实践在认识活动中的决定作用表现在哪些方面？

2.简述认识运动的基本规律。

3.简述感性认识与理性认识的辩证关系。

4.简述价值评价的特点。

五、论述题

1.论述实践是检验真理的唯一标准。

2.论述认识世界和改造世界的辩证关系。

 实践课堂

项目 一 社会调查——改革开放以来人们生活方式的变迁

实践目的

改革开放以来，随着经济社会的发展，人们的生活方式发生了很大变化，收入状况、生产方式、饮食结构、消费结构、休闲方式、交往状况以及人们对生活的要求等方面都发生了变化。通过对改革开放以来人们生活方式的变迁的调查，让学生感受真实生活和社会的变迁，体会改革开放40多年来的伟大成就。此外，通过调查，使学生进一步明确社会实践与人的认识之间的关系，树立实践第一的观点，努力实现理论创新与实践创新的良性互动。

实践方案

1. 任课教师宣布实践内容，明确本次实践活动的实践要求以及所要达到的预期效果。

2. 将学生分为若干小组。小组成员要有明确分工，各司其职，相互配合。

3. 各小组根据本次实践活动的基本要求，确定具体选题，制订实践方案。方案经任课教师审核通过后方可实施。

4. 每组撰写实践报告 1 份，实践报告应包括调查问卷、采访记录、照片等内容，不少于 5000 字。

5. 各组推选小组代表进行课堂汇报。

6. 任课教师依据各组实践活动成果进行点评，并对实践活动中集中存在的问题进行分析和纠正。

7. 任课教师对本次实践活动进行总结。

马克思主义基本原理实践课
社会调查

院　　部：＿＿＿＿＿＿＿＿＿＿＿＿＿＿＿＿

专业班级：＿＿＿＿＿＿＿＿＿＿＿＿＿＿＿＿

姓　　名：＿＿＿＿＿＿＿＿＿＿＿＿＿＿＿＿

学　　号：＿＿＿＿＿＿＿＿＿＿＿＿＿＿＿＿

学　　期：＿＿＿＿＿＿＿＿＿＿＿＿＿＿＿＿

社会调查考核	
考核评价（符合标准的在对应的"□"里打"√"） 　观察材料丰富、细致　　　　优□　良□　中□　差□ 　调查问卷设计科学、合理　　优□　良□　中□　差□ 　报告角度全面、逻辑清晰　　优□　良□　中□　差□ 　组员分工明确、配合默契　　优□　良□　中□　差□ 　其他　　　　　　　　　　　优□　良□　中□　差□	考核成绩（满分100分）：
	教师签名： 　　　　　年　月　日

小组成员			
姓名	学号	组内分工	心得体会

社会调查报告
题目：
正文：

教师点评	

项目 二 课堂辩论——"真理"与"实践"哪个更重要

实践目的

通过开展本次课堂辩论活动，使学生更深刻地认识真理与实践的对立统一性，正确地认识事物的客观规律，进而使学生能够更好地运用教材上的理论知识进行实践活动。

实践方案

1. 任课教师布置辩论赛辩题，明确实践要求。

2. 师生确定辩题参辩正反方学生和主持人、评委会名单，其中，正方观点为"真理比实践更重要"，反方观点为"实践比真理更重要"。除此之外，再在正反方两组内分若干小组（每组 3 ~ 4 人），小组内针对辩论观点进行讨论交流。

3. 请学生针对辩题做充分的准备工作。

4. 正反方各组推选辩手 4 人组成正反方辩论团并各自确定辩手顺序（一辩、二辩……）。

5. 辩论赛开始，主持人致开场白并介绍双方辩手及其立场，同时介绍比赛流程和比赛规则。

6. 双方辩论团进行陈词、开篇立论、攻辩、自由辩论、结辩等环节（需对辩手发言时限作出合理设置）。

7. 辩论赛结束，评判团提交评分表并评析赛事，宣布比赛结果（包括最佳辩手）。

8. 任课教师做最后总结，并对学生进行正确、积极的引导。

9. 任课教师安排学生写辩论陈词，学生可根据辩论过程自行决定写一辩陈词、二辩陈词、结辩陈词或其他阶段的辩论陈词。

参考资料

资料一：

马克思主义基本原理实践课
课堂辩论

院　　部：＿＿＿＿＿＿＿＿＿＿＿＿＿＿＿＿＿

专业班级：＿＿＿＿＿＿＿＿＿＿＿＿＿＿＿＿＿

姓　　名：＿＿＿＿＿＿＿＿＿＿＿＿＿＿＿＿＿

学　　号：＿＿＿＿＿＿＿＿＿＿＿＿＿＿＿＿＿

学　　期：＿＿＿＿＿＿＿＿＿＿＿＿＿＿＿＿＿

课堂辩论考核	
考核评价（符合标准的在对应的"□"里打"√"） 　　团体配合默契、衔接流畅　　　优□ 良□ 中□ 差□ 　　论据充足、论证有说服力　　　优□ 良□ 中□ 差□ 　　辩驳有理有据　　　　　　　　优□ 良□ 中□ 差□ 　　辩风落落大方　　　　　　　　优□ 良□ 中□ 差□ 　　其他　　　　　　　　　　　　优□ 良□ 中□ 差□	考核成绩（满分100分）：
	教师签名： 　　　　　年　月　日

小组成员			
姓名	学号	组内分工	心得体会

小组辩论陈词汇总
我方观点：
辩论陈词：
教师点评

资料二：

辩论赛

一、要求

1. 参赛人数及时间：每一赛场分正反两方，每方各 4 人，每场比赛时间不超过 40 分钟。

2. 辩论赛主持人 1 名。

3. 辩论赛评委组 5～7 人，其中，首席评委在每一赛场结束后进行点评。

4. 计时员 2 名，统分员 2 名。

二、流程

1. 主持人宣布辩论赛开始，介绍比赛规则和评分标准，介绍评委组成员，介绍辩题及相关背景资料。选手结合自己的辩题进行自我介绍。

2. 述词阶段。

正方一辩发言（3 分钟），反方一辩发言（3 分钟）。

3. 攻辩阶段。

（1）正方二辩提问。

（2）反方二辩回答、提问。

（3）正方三辩回答、提问。

（4）反方三辩回答、提问。

（5）正方二辩回答。

此环节每人1分30秒，共7.5分钟。

4.攻辩总结。

正方一辩（1分30秒），反方一辩（1分30秒）。

5.自由辩论阶段。

由正方首先发言，然后反方发言，正反方依次轮流发言（各4分钟）。

6.总结阶段。

反方四辩总结陈词（4分钟），正方四辩总结陈词（4分钟）。

三、规则

1.盘问规则。

（1）每个队员的发言应包括回答与提问两部分。回答应简洁，提问应明了。

（2）对方提出问题时，被问一方必须回答，不得回避，也不得反驳。

2.自由辩论规则。

（1）自由辩论发言必须在两队之间交替进行，首先由正方一名队员发言，然后由反方一名队员发言，双方轮流，直到时间用完为止。

（2）各队耗时累计计算，当一方发言结束，即开始计算另一方用时。

（3）在总时间内，各队队员的发言次序、次数和用时不限。

（4）如果一队的时间已经用完，另一队可以放弃发言，也可以轮流发言，直到时间用完为止。放弃发言不影响打分。

3.辩论中各方不得宣读事先准备的稿件或展示事先准备的图表，但可以出示所引用的书籍或报刊的摘要。

4.比赛时，辩手不得离开座位，不得打扰对方或本方辩手发言或给予大声提示和过于强烈的动作及表情提示。

四、注意事项

1.时间提示

自由辩论阶段，每方使用时间剩余30秒时，计时员以一次短促的铃声提醒；用时满时，以钟声终止发言。攻辩小结阶段，每方使用时间剩余10秒时，计时员以一次短促的铃声提醒；用时满时，以钟声终止发言。其他阶段，每方队员在使用时间剩余30秒时，计时员以一次短促铃声提醒；用时满时，以钟声终止发言。终止钟声响时，发言辩手必须停止发言，否则作违规处理。

2. 陈词

提倡即兴陈词，引经据典恰当。

3. 开篇立论

若辩题富于生活化色彩，则开篇立论无须在理论层面上过多纠缠。立论要求逻辑清晰、言简意赅。

4. 攻辩

（1）攻辩由正方辩手开始，正反方交替进行。

（2）正反方二、三辩参加攻辩。正反方一辩作攻辩小结。正反方二、三辩各有且必须有一次作为攻方；辩方由攻方任意指定，不受次数限制。攻辩双方必须单独完成本轮攻辩，不得中途更替。

（3）攻辩双方必须正面回答对方问题，提问和回答都要简洁明确。重复提问和回避问题均要被扣分。每一轮攻辩，攻辩角色不得互换，辩方不得反问，攻方也不得回答问题。

（4）正反方选手站立完成第一轮攻辩阶段，攻辩双方任意一方落座视为完成本方攻辩，对方选手在限时内任意发挥（陈词或继续发问）。

（5）每轮攻辩阶段为1分30秒，攻方每次提问不得超过10秒，每轮必须提出3个以上的问题。辩方每次回答不得超过15秒。用时满时，以钟声终止发言，若攻辩双方尚未完成提问或回答，不作扣分处理。

（6）四轮攻辩阶段完毕，先由正方一辩再由反方一辩为本队作攻辩小结，限时1分30秒。正反双方的攻辩小结要针对攻辩阶段的态势及涉及内容，严禁脱离比赛实际状况的背稿。

5. 自由辩论

这一阶段，正反方辩手自动轮流发言。发言辩手落座为发言结束即为另一方发言开始的计时标志，另一方辩手必须紧接着发言；若有间隙，累计计时照常进行。同一方辩手的发言次序不限。如果一方时间已经用完，另一方可以继续发言，也可向主席示意放弃发言。自由辩论提倡积极交锋，对重要问题回避交锋两次以上的一方扣分，对于对方已经明确回答的问题仍然纠缠不放的，适当扣分。

6. 观众提问

观众提问阶段正反方的表现算入比赛成绩。观众提出的问题先经两位以上规则评委判定有效后，被提问方才能回答。正反方各回答两个观众提出的问题，双方除四辩外任意辩手作答。一个问题的回答时间为1分钟，如一位辩手的回答用时未满，其他辩手可以补充。

7. 结辩

辩论双方应针对辩论会整体态势进行总结陈词。脱离实际的，适当扣分；和实际相符的，适当加分。

五、评判标准

1.团体得分部分（100分）

（1）审题（20分）

对所持立场能否从逻辑、理论、事实等多层次、多角度理解，论据是否充足，推理关系是否明晰，对对方的难点是否有较好的处理方法。

（2）论证（25分）

论证是否有说服力，论证是否充足，推理过程是否合乎逻辑，事实引用是否恰当。

（3）辩驳（25分）

提问是否抓住对方的要害，问题明了。在规定时间内没有提出问题或提问不清，应适当扣分。是否正面回答对方问题，是否给人有理有据的感觉。不回答或不正面回答问题应适当扣分。

（4）配合（20分）

是否有团队精神，能否相互支持，论辩衔接是否流畅，自由辩论时发言是否错落有致，回答是否形成一个有机整体，给对方以有力打击。

（5）辩风（10分）

语言流畅、用词得当、语调抑扬顿挫、语速适中；尊重对方辩手，尊重评委，尊重观众；表演得体、落落大方，有幽默感。

2.个人得分部分（100分）

（1）辩论技巧（40分）

辩手是否语言流畅、立意明确，能否从多角度、多层次分析、理解、认识辩题，叙述是否有层次性、条理性，论证是否有说服力。

（2）内容资料（20分）

论证是否充分、合理、恰当有力，引述资料是否翔实。

（3）表情风度（20分）

辩手表情、手势是否恰当、自然、大方，不强词夺理，尊重对方、尊重评委和观众，富有幽默感。

（4）自由辩论（20分）

是否始终坚持自己的立场，主动、准确、机智地反驳对方的观点，思路清晰、立场坚定，逻辑正确、应对灵活。

3.胜负判定

（1）团体

评委的打分中去掉一个最高分、一个最低分，将其余分数相加取平均值，为该队得分，参赛两队中总计得分居高的一队取胜。如果两队得分相同，则由评判团另行投票，决定胜负。

（2）个人

评委的打分中去掉一个最高分、一个最低分，将其余分数相加取平均值，为该参赛队员的得分。如果两队队员得分相同，则由评判团另行投票，决定优秀辩手和最佳辩手的人选。

（注：团体和个人分别记分，辩手个人得分只作为个人奖项的评审依据）

六、辩论技巧

1.一辩和四辩

一辩稿在一定程度上决定了胜负。所以说，一定要在一辩稿上花足够的时间和精力。反观攻辩问题，其实攻辩的策略有很多，但是总体上来说，还是围绕自己的论点来进行比较好把握，而要做到这一点，必须有成型的一辩稿。如果发言时间已到而稿子还未念完，可以把论点重复一遍，然后坐下。四辩在自由辩论阶段最重要的任务就是把观点明确并且稳下来，不要被人牵着鼻子走，要把观点牵回来，另外，在结辩时不要提出新观点。

2.自由辩论中控制驳论的比例

初学者易犯的毛病：一是明明听到对方漏洞百出，却不知从何下手；二是知道应该驳斥哪一点，一站起来就面红耳赤，恨不得一棍子把对方打死，但是由于无法有效地组织语言，说起话来吞吞吐吐。因此，首先，要提前准备，对方可能从哪一点进攻，做到心中有数，可以把想到的驳论分点写在卡片上，对方谈到哪一点，就抽出哪张卡片放在稿子开头；其次，驳斥对方的常识性错误及口误，临场驳斥要注意对方发言中的开头一段，因为时间有限，如果驳斥其结尾，往往来不及组织语言；再次，反驳的对象不要太过分散，不超过三点；最后，最好是针对前一个发言者进行驳斥，如果中间已经隔了几轮发言，驳斥的效果会减弱。当然，对方的重大漏洞或关键的论点、论据除外。

3.辩论中可以连续进攻，连续提问

场上要保持头脑冷静，当注意到对方对本方某个问题避而不答或回答不力时，应连续攻击，哪怕把问题再重复一遍也好。辩论时往往易犯的错误是自己急于说出某句"精妙"的话，根本不去注意队友问了什么问题以及对方是如何回答的，这种个人主义应该避免。

4.总结陈词

虽然大多数人认为辩论的胜负往往在自由辩论时就已经敲定，总结陈词只是念稿子，但陈词并非陈词滥调，好的总结陈词还是会为自己加分不少。总结陈词应分为三部分：阐述观点、解围部分、拆对方台。如质问对方为何对某一问题避而不谈，是否自认理亏，或质问对方没有抓住辩论核心。

 **诵读经典——《关于费尔巴哈的提纲》**

实践目的

通过诵读《关于费尔巴哈的提纲》，使学生认识、了解并确立科学的实践观，认识社会生活的实践本质；使学生明白历史发展的动力是社会实践。同时，通过对《关于费尔巴哈的提纲》的诵读，使学生认识到马克思之前的唯物主义观，包括费尔巴哈唯物主义在内的根本缺陷，进而理解和掌握辩证唯物主义基本原理，理解实践的意义。

实践方案

1. 任课教师宣布诵读内容，明确本次实践活动所要达到的预期效果。
2. 将学生分为若干小组。学生以小组为单位，课外认真阅读指定作品。
3. 学生通过图书馆、网络等途径搜集整理相关资料，结合小组成员的诵读感悟，形成书面讨论稿。
4. 以小组为单位，推选发言代表，就各自小组诵读成果，进行课堂讨论交流。
5. 任课教师对学生在实践中遇到的问题答疑解惑。
6. 任课教师对此次实践活动做点评和总结。

 参考资料

《关于费尔巴哈的提纲》简介

《关于费尔巴哈的提纲》是马克思于1845年春在布鲁塞尔写成的批判费尔巴哈的11条提纲，马克思生前未曾发表。原题为《关于费尔巴哈》，论述的中心是实践问题。马克思在批判费尔巴哈和一切旧唯物主义的基础上概述了自己新的世界观。最早发表于1888年，恩格斯在《路德维希·费尔巴哈和德国古典哲学的终结》的序言中称这个文件为"关于费尔巴哈的提纲"，并作为该书的附录首次发表。它被恩格斯称为"包含着新世界观的天才萌芽的第一个文件"，"历史唯物主义的起源"。《关于费尔巴哈的提纲》和《德意志意识形态》一起被公认为马克思主义哲学，特别是唯物史观创立的基本标志。

趣文短篇

科学有多大——法布尔的一次顿悟

在一个凉风习习的夜晚，法布尔手里提着一盏小灯走出了他的"荒石园"。已经65岁的法布尔心中很不宁静。《昆虫记》已经出到第六册,自1879年以来,每三年完成一册。他的事业现在有了累累果实。但是贫困仍然与他形影相随。

这么多年过去了,由于市面上出现了许多仿作,他的科学读物不再被指定为教科书,版税减少,而他还有三个儿子尚未长大。他研究昆虫的计划经常被各种琐事割碎,没有经费,妻儿要吃要穿。孩子们没有学费,这倒没什么,他可以在家里给他们上课。不过他的身体眼看着衰弱下来,穿着粗呢子旧外套的身体也越来越向前弯曲。说不定上帝就要接走他的灵魂了,他的昆虫研究还有许多计划没有开始呢!

他在52岁时举家迁往偏僻的荒石园,为的是最终完成活态昆虫研究的项目。能完成多少他不知道,这是他死去的儿子汝勒生前的意愿,这么多年,他在怀念儿子的哀痛中坚持不懈地做下去,现在他偶尔也感到疲倦,甚至担心……

法布尔挺直身子向暗夜里望去。景物怎么也看不清。小灯的光线向四处散开,几步之外天就黑下来了,再远处就是漆黑一团。法布尔看着地上自然的马赛克铺层中的一块小方砖,为了再看清旁边的一块,他移动着自己的位置,每次移动后,周围仍是一圈狭窄的弱光带。仍然只能隐隐约约地看到眼前的些许景物。这些小方砖究竟是按照怎样的规律一个挨一个组合成整体画面的?无法看清……忽然,他心里发生了很大的震动,这些天闷在心中的痛苦似乎有了一个清晰的答案。如果整个自然界就是这大片的方砖地,他法布尔不就是这方砖地上的提灯人吗?看清整个方砖地的整体画面的规律,并不是他一个人能办到的事,一个提灯人办到的只是看清庞大未知体系中的一个点或几个点,并把这一发现指给他人。科学,和庞大的未知世界一样大,是没边没沿的东西,没有人能终结和中断科学的伸展。

这一天,激动的法布尔在《昆虫记》第七册中写下了这样的文字:"不管我们的照明灯能把光线投射到多远,照明圈外仍然死死围挡着黑暗。我们四周都是未知事物的深渊黑洞,但我们应为此感到心安理得,因为我们已经注定要做的事情,就是使微不足道的已知领域再扩大一点范围。我们都是求索之人,求知欲牵着我们的神魂,就让我们从一个点到另一个点地移动我们自己的提灯吧。随着一小片一小片的面目被认识清楚,人们最终也许能将整体画面的某个局部拼制出来。"这段话,过了一百多年,在21世纪初的今天,仍然强烈地震撼着我们的心。

(资料来源:《科学大观园》2002年第5期)

第三章

人类社会及其发展规律

在革命、建设、改革各个历史时期，我们党运用历史唯物主义，系统、具体、历史地分析中国社会运动及其发展规律，在认识世界和改造世界过程中不断把握规律、积极运用规律，推动党和人民事业取得了一个又一个胜利。历史和现实都表明，只有坚持历史唯物主义，我们才能不断把对中国特色社会主义规律的认识提高到新的水平，不断开辟当代中国马克思主义发展新境界。

——习近平

 知识网络

- 社会存在与社会意识的辩证关系
- 社会基本矛盾及其运动规律
- 人类普遍交往与世界历史的形成发展
- 社会形态更替的一般规律

人类社会的存在与发展

社会历史发展的动力

- 社会矛盾在历史发展中的作用
- 阶级斗争和社会革命在阶级社会发展中的作用
- 改革在社会发展中的作用
- 科学技术在社会发展中的作用

人类社会及其发展规律

- 人民群众是历史的创造者
- 个人在社会历史中的作用
- 群众、阶级、政党、领袖的关系

人民群众在历史发展中的作用

 学习指南

⊙ **学习目标**

学习和把握历史唯物主义基本原理，着重了解劳动是人类社会形成发展的基础、社会存在与社会意识的辩证关系、社会基本矛盾运动规律、社会发展的动力以及人民群众和个人在社会历史发展中的作用，提高运用历史唯物主义正确认识历史和现实、正确认识社会发展规律的自觉性和能力。

⊙ **学习要点**

社会存在与社会意识的辩证关系，物质生产方式在社会存在和发展中的作用，社会基本矛盾及其运动规律，世界历史的形成发展，社会历史发展的动力，人民群众和个人在社会历史中的作用，群众、阶级、政党、领袖的关系。

⊙ 学习难点

社会存在与社会意识的辩证关系，社会基本矛盾及其运动规律。

 要点归纳

要点一：社会存在与社会意识

（一）两种根本对立的历史观：唯物史观和唯心史观

社会历史观的基本问题：社会存在与社会意识的关系问题。

唯心史观的缺陷：至多考察了人的活动的思想动机，而没有进一步考究思想动机背后的物质动因和经济根源，因而从社会意识决定社会存在的前提出发，把社会历史看成精神发展史，根本不懂得社会历史的客观规律，根本不懂得人民群众在社会历史发展中的决定作用。

（二）社会存在

社会存在也称社会物质生活条件，是社会生活的物质方面，主要包括自然地理环境、人口因素和物质生产方式。物质生产方式即马克思所说的"物质生活的生产方式"，通常简称为生产方式，是指人们为获取物质生活资料而进行的生产活动的方式。生产方式是社会历史发展的决定力量：一是物质生产活动及生产方式是人类社会赖以存在和发展的基础，是人类其他一切活动的首要前提。二是物质生产活动及生产方式决定着社会的结构、性质和面貌，制约着人们的经济生活、政治生活和精神生活等全部社会生活。三是物质生产活动及生产方式的变化发展决定整个社会历史的变化发展，决定社会形态从低级向高级的更替和发展。

<table>
<tr><td rowspan="7">社会存在</td><td colspan="2">自然地理环境</td><td>人类社会生存和发展永恒的、必要的条件，是人们生活和生产的自然基础，提供了社会生活和生产资料的来源</td></tr>
<tr><td colspan="2">人口因素</td><td>重要的社会物质生活条件，对社会发展起着制约和影响的作用</td></tr>
<tr><td rowspan="5">（决定力量）
物质生产方式</td><td rowspan="3">生产力</td><td>劳动资料：生产工具是生产力发展水平的标志</td></tr>
<tr><td>劳动对象：与劳动资料合称为生产资料</td></tr>
<tr><td>劳动者：生产力中最活跃的因素</td></tr>
<tr><td rowspan="3">生产关系</td><td>生产资料所有制关系：最基本的内容</td></tr>
<tr><td>生产中人与人的关系</td></tr>
</table>

| | | | 产品分配关系 |

真题精讲

社会存在是指社会的物质生活条件，它有多方面的内容。其中，最能集中体现人类社会物质性的是（　　）。

A. 社会形态

B. 地理环境

C. 人口因素

D. 生产方式

【答案】D

【解析】社会存在是社会生活的物质方面，包括生产方式、地理环境和人口因素三个组成部分。地理环境是人类社会生存和发展的永恒的、必要的条件，它还作为劳动对象不断进入人们的物质生产领域；人口因素是重要的社会物质生活条件，它对社会存在和发展起着重要作用；生产方式就是劳动者和劳动资料结合的特殊方式，是生产力和生产关系的统一，它集中地体现了人类社会的物质性，故选项 D 正确，B、C 两项均不符合题意。社会形态是经济基础与上层建筑的统一体，既包括"物质的社会关系"，也包括"思想的社会关系"，不属于社会存在的范畴，故选项 A 不正确。

（三）社会意识

社会意识是社会生活的精神方面，是社会存在的反映。

社会意识	不同的主体	个体意识	个人的生活经历和社会地位等在自己头脑中的反映，是个体社会实践的产物
		群体意识	群体成员共同的意识，是群体实践的产物
	不同的层次	社会心理	低层次的社会意识，是自发的、不系统的、不定型的社会意识，表现为人们的感知、情绪、情感、心态、习俗等，以感性认识为主
		社会意识形式	高层次的社会意识，是自觉的、系统的、定型的社会意识，包括政治法律思想、道德、艺术、宗教、哲学、科学等，以理性认识为主
	不同的形式	意识形态	反映社会的经济关系、阶级关系的社会意识，主要包括政治法律思想、道德、艺术、宗教、哲学等
		非意识形态	自然科学和语言学、形式逻辑等一部分社会科学不具有社会经济形态和政治制度的性质，不反映特定社会集团的利益和要求，不服务于特定经济政治制度和特定阶级

（四）社会存在和社会意识的辩证关系

1.社会存在与社会意识是辩证统一的

（1）社会存在决定社会意识，社会意识是社会存在的反映，并反作用于社会存在。

（2）社会存在是社会意识内容的客观来源，社会意识是社会物质生活过程及其条件的主观反映。

（3）社会意识是人们进行社会物质交往的产物。

（4）社会意识是具体的、历史的。随着社会存在的发展，社会意识也相应地或早或迟地发生变化和发展。

2.社会意识的相对独立性

（1）社会意识在从根本上受到社会存在决定的同时，还具有自己特有的发展形式和规律。

（2）社会意识与社会存在发展的不完全同步性和不平衡性。

（3）社会意识内部各种形式之间的相互影响及各自具有的历史继承性。

（4）社会意识对社会存在能动的反作用，这是社会意识相对独立性的突出表现。

 真题精讲

社会存在决定社会意识，社会意识是社会存在的反映。社会意识具有相对独立性，即它在反映社会存在的同时，还有自己特有的发展形式和规律。社会意识相对独立性最突出的表现是（　　　）。

A.社会意识内部各种形式之间的相互作用和影响

B.社会意识与社会存在发展的不完全同步性

C.社会意识各种形式各自具有其历史继承性

D.社会意识对社会存在具有能动的反作用

【答案】D

【解析】社会存在决定社会意识，社会意识又具有相对独立性。社会意识的相对独立性表现在：第一，社会存在与社会意识之间的发展存在不平衡性；第二，社会意识内部各种形式之间相互影响且具有历史继承性；第三，社会意识对社会存在具有能动的反作用，这是社会意识相对独立性的突出表现。A、B、C、D四项均是社会意识相对独立性的表现，但只有选项D是其相对独立性的突出表现。

（五）社会存在和社会意识辩证关系原理的重要意义

社会存在和社会意识辩证关系的原理对于我们正确认识社会历史、树立科学的历史观具有重要的意义。在人类思想史上第一次正确解决了社会历史观的基本

问题，是社会历史观上的革命性变革，宣告了唯心史观的彻底破产。

社会存在和社会意识辩证关系的原理对于社会发展包括社会文化建设具有重要指导意义。我国社会改革和发展的顶层设计和方针政策等，都必须从我国现实的社会存在出发，即从我国现实的社会物质生活条件的总和出发，也就是从我国的基本国情和发展要求出发。

文化是社会意识的重要组成部分，是一个国家、一个民族的灵魂。文化对社会发展的重要作用主要表现在：其一，文化为社会发展提供思想保证；其二，文化为社会发展提供精神动力；其三，文化为社会发展提供凝聚力量；其四，文化为社会发展提供智力支持。

要点二：生产力与生产关系的矛盾运动及其规律

（一）生产力

1. 含义

生产力是人类在生产实践中形成的改造和影响自然并使之适合社会需要的物质力量，是人类社会生活和全部历史的基础，具有客观现实性和社会历史性。

2. 基本要素

劳动资料：也称劳动手段。它是人们在劳动过程中所运用的物质资料或物质条件，其中最重要的是生产工具，生产工具是区分社会经济时代的客观依据。

劳动对象：一切自然物质都是可能的劳动对象，其中引入生产过程的部分则是现实的劳动对象。现实的劳动对象还包括生产深度加工的对象。劳动对象是现实生产的必要前提。

劳动者：劳动者是人，但不是所有的人都是劳动者。劳动者是具有一定生产经验、劳动技能和知识，能够运用一定劳动资料作用于劳动对象，从事生产实践活动的人。劳动者是生产力中最活跃的因素。

科学技术是生产力中的重要因素。科学技术能够应用于生产过程，与生产力中的劳动资料、劳动对象和劳动者等因素相结合而转化为实际生产能力。科学技术是先进生产力的集中体现和主要标志，是第一生产力。

（二）生产关系

1. 含义

生产关系是人们在物质生产过程中形成的不以人的意志为转移的经济关系，生产关系是社会关系中最基本的关系。

2. 内容

生产关系包括生产资料所有制关系、生产中人与人的关系和产品分配关系。

3. 基本关系

在生产关系中，生产资料所有制关系是最基本的，它是人们进行物质资料生产的前提，生产、分配、交换和消费关系在很大程度上是由这种前提决定的，所以是最基本的、具有决定意义的方面。它是区分不同生产方式、判定社会经济结构性质的客观依据。

生产关系	以生产资料公有制为基础	生产资料为劳动者共同占有，人们在生产过程中处于平等地位，产品分配上不存在剥削
	以生产资料私有制为基础	生产资料归少数非劳动者占有，劳动者占有很少或根本没有生产资料，并在生产中处于被支配地位，这种人与人的关系往往包含剥削关系。当然，个体劳动者的私有制中没有剥削关系

（三）生产力和生产关系的相互关系

生产力和生产关系是社会生产不可分割的两个方面。在社会生产中，生产力是生产的物质内容，生产关系是生产的社会形式，二者的有机结合和统一构成社会的生产方式。

生产力决定生产关系。在二者的关系中，生产力是居支配地位、起决定作用的方面。一是生产力状况决定生产关系的性质。二是生产力的发展决定生产关系的变化。

生产关系对生产力具有能动的反作用。主要表现为两种情形：一是当生产关系适合生产力发展的客观要求时，对生产力的发展起推动作用；二是当生产关系不适合生产力发展的客观要求时，就会阻碍生产力的发展。

（四）生产关系一定要适合生产力状况的规律

1. 含义

就内容看，这一规律概括了生产力和生产关系相互作用的两个方面。

从过程看，这一规律表现为生产关系对于生产力总是从基本相适合到基本不相适合，再到新的基础上的基本相适合；与此相适应，生产关系也总是从相对稳定到新旧更替，再到相对稳定。生产力和生产关系的这种矛盾运动循环往复，不断推动社会生产发展，进而推动整个社会逐步走向高级阶段。

2. 意义

第一，这一原理在人类思想史上彻底否定了以"道德说教"作为评判历史功过是非的思想体系，第一次科学地确立了生产力发展是"社会进步的最高标准"，并且把生产力和生产关系矛盾运动的规律作为判断时代变革的客观依据。

第二，生产力与生产关系矛盾运动规律是马克思主义政党制定路线、方针和政策的重要依据。

 真题精讲

马克思指出，判断一个变革时代不能以该时代的意识为依据，相反，这个意识必须从物质生活的矛盾中去解释。这里的"物质生活的矛盾"从根本上说是（　　）。

A. 社会生产力与生产关系的现存冲突

B. 经济基础与上层建筑的现存冲突

C. 人类社会与自然界的现存冲突

D. 社会存在与社会意识的现存冲突

【答案】A

【解析】本题的关键词是"物质生活的矛盾"，所以正确选项中提及的概念，必须都属于"社会物质生活"，从这一点考虑，正确答案应该在A、C选项中产生。在诸多矛盾中，生产力与生产关系的矛盾是最根本的矛盾，它决定着其他矛盾的产生和发展。另外，通过关键词"根本上"也可以得知这里的"物质生活的矛盾"从根本上说是生产力与生产关系这对社会基本矛盾。因此，正确答案为选项A。B、C两项均不是根本性的矛盾，故排除。本题题意是意识不是判断变革时代的根本依据，而是要归根到社会存在中的物质生产方式上，故选项D不符合题意。

要点三：经济基础与上层建筑的矛盾运动及其规律

（一）经济基础

经济基础是指由社会一定发展阶段的生产力所决定的生产关系的总和。

理解经济基础的内涵要把握两点：一是社会的一定发展阶段往往存在多种生产关系，但决定一个社会性质的是其占支配地位的生产关系。二是经济基础与经济体制具有内在联系。

（二）上层建筑

上层建筑是建立在一定经济基础之上的意识形态以及与之相应的制度、组织和设施。

观念上层建筑 （意识形态）	政治上层建筑 （政治法律制度及设施和政治组织）
政治、法律、思想、道德、艺术、宗教、哲学等思想观点	国家政治制度、立法司法制度和行政制度，以及国家政权机构、政党、军队、警察、法庭、监狱等政治组织形态和设施

上层建筑和政治上层建筑的关系：政治上层建筑是在一定意识形态指导下建立起来的，是统治阶级意志的体现；政治上层建筑一旦形成，就成为一种现实的力量，影响并制约着人们的思想理论观点。

（三）上层建筑一定要适合经济基础状况的规律

经济基础与上层建筑是辩证统一的。经济基础决定上层建筑，上层建筑反作用于经济基础，二者相互影响、相互作用。

经济基础决定上层建筑。经济基础是上层建筑赖以产生、存在和发展的物质基础，上层建筑是经济基础得以确立其统治地位并获得巩固和发展不可缺少的政治、思想条件。

上层建筑对经济基础具有反作用。上层建筑为自己的经济基础的形成和巩固服务，确立或维护其在社会中的统治地位。当它为适合生产力发展要求的经济基础服务时，就成为推动社会发展的进步力量；反之，当它为落后的经济基础服务时，就成为阻碍社会发展的消极力量。

经济基础与上层建筑的相互作用构成二者的矛盾运动。第一，在同一性质的经济基础与上层建筑的关系中，上层建筑的不完善部分、没有反映经济基础要求的部分都会同经济基础发生矛盾。第二，在不同性质的经济基础与上层建筑的关系中，矛盾更为复杂，主要表现在：占统治地位的经济基础同旧上层建筑的残余、未来上层建筑的萌芽之间的矛盾，新旧上层建筑之间、新旧经济基础之间的矛盾等。第三，当一种社会形态处于上升发展阶段时，上层建筑对经济基础一般是适应的；当一种社会形态处于没落时期时，上层建筑同经济基础变革的客观要求是不适应的，其矛盾则变为对抗性的、全局性的矛盾。

经济基础和上层建筑之间的内在联系构成了上层建筑一定要适合经济基础状况的规律。这里的"一定要适合"是指：经济基础状况决定上层建筑的发展方向，决定上层建筑相应的调整或变革，而不允许上层建筑长期落后于或不适应自己的发展；上层建筑的反作用也必须取决于和服从于经济基础的性质和客观要求，而不允许上层建筑脱离经济基础的发展状况和水平。

真题精讲

2011 年 4 月，耶鲁大学出版了《马克思为什么是对的》一书，书中列举了当前西方社会 10 个典型的歪曲马克思主义的观点。其中一种观点认为：马克思主义将世间万物都归结于经济因素，艺术、宗教、政治、法律、道德等都被简单地视为经济的反映，对人类历史错综复杂的本质视而不见，而试图建立一种非黑即白的单一历史观。上述观点是对马克思主义关于经济基础和上层建筑辩证关系思想的严重歪曲，其表现为（　　）。

  A. 把社会历史发展多重因素的综合作用歪曲为单一因素决定论

  B. 把上层建筑与经济基础的相互作用歪曲为机械的单向作用

  C. 把经济作为社会的"基础"所具有的归根到底的决定作用歪曲为唯一决定作用

  D. 把意识形态对社会历史始终具有的积极能动作用歪曲为消极被动作用

【答案】ABC

【解析】马克思认为经济基础决定上层建筑，并决定着整个社会形态及其发展，但同时不否认其他因素的影响作用，故选项A、C正确；在看到经济基础决定上层建筑的同时，马克思指出上层建筑反过来也会影响经济基础的发展，故选项B正确。选项D本身就是错误的表述，意识形态对社会发展既有积极作用又有消极作用，且题干中的观点认为"意识形态"是经济的简单反映，对社会历史发展没有反作用，而不是"消极被动作用"，故D选项排除。

要点四：人类普遍交往与世界历史的形成发展

（一）交往及其作用

  交往是唯物史观的重要范畴，指在一定历史条件下的现实的个人、群体、阶级、民族、国家之间在物质和精神上相互往来、相互作用、彼此联系的活动。在人类社会发展过程中，交往是与生产力的发展伴随的。社会生产力的发展水平，直接制约着交往的水平。孤立、封闭、隔绝总是与落后的社会生产力水平相联系，而交流、交往、开放则往往与先进的社会生产力水平相联系。

  交往是人类实践活动的重要组成部分，对社会生活有着重要的影响。第一，促进生产力的发展。劳动者是生产过程的主体，在生产力发展中起主导作用。第二，促进社会关系的进步。人与人之间的交往活动，是各种社会关系形成和发展的重要动力。第三，促进文化的发展与传播。文化是社会生活的产物，人们的社会交往在文化的形成、传播和发展中起着独特而重要的作用。第四，促进人的全面发展。在交往中建立的社会关系决定着人的发展程度。

（二）世界历史的形成和发展

  马克思、恩格斯看来，资本主义生产方式的发展和交往的普遍化推动了历史向世界历史的转变。人类历史向世界历史的转变是资本主义生产方式出现和向世界扩张的结果。世界历史的形成又反过来促进了生产力的普遍发展和人类的普遍交往，推动了社会发展，为人的发展创造了条件。

生产方式的发展变革是世界历史形成和发展的基础。普遍交往是世界历史的基本特征。世界历史体现着各个民族、各个国家之间的相互影响、相互渗透和相互制约，最重要的是强调整个世界的相互关联性。世界历史的形成与发展为共产主义的实现提供了条件和路径。

要点五：社会形态更替的一般规律

社会形态的含义：社会形态是关于社会运动的具体形式、发展阶段和不同质态的范畴，是同生产力发展一定阶段相适应的经济基础与上层建筑的统一体。

社会形态的构成：社会形态一般包括社会的经济形态（经济基础）、政治形态和意识形态（两者合称上层建筑），它是三者历史的、具体的统一。

社会形态更替的统一性：人类社会历史运动中的原始社会、奴隶社会、封建社会、资本主义社会和共产主义社会。其中，社会主义社会是共产主义社会的第一阶段，又称共产主义社会的初级阶段或低级阶段。五种社会形态的依次更替，表现了社会形态更替的统一性。

社会形态更替的多样性：有些国家在发展中经历了几种社会形态依次更替的典型过程，也有些国家在发展中超越了一个甚至几个社会形态而跨越式地向前发展；有些国家在历史发展的一定阶段上社会形态性质不够典型，甚至多种社会形态特征交叉渗透；有些国家在一定时期由较为落后的社会形态快速跃进为先进的社会形态，而有些国家的社会形态则长期陷于停滞状态；即使是同一种社会形态，在不同国家也会显现出不同特点。

社会形态更替的客观必然性：主要是指社会形态依次更替的过程和规律是客观的，其发展的基本趋势是确定不移的。社会形态更替归根结底是社会基本矛盾运动的结果，其中，生产力的发展具有最终的决定意义。生产力与生产关系矛盾运动的规律性，从根本上规定了社会形态更替的客观必然性。

人们的历史选择性的含义：一是社会发展的客观必然性造成了一定历史阶段社会发展的基本趋势，为人们的历史选择提供了基础、范围和可能性空间；二是社会形态更替的过程也是一个主体能动性与客观规律性相统一的过程；三是人们的历史选择性归根结底是人民群众的选择性。

社会形态更替的前进性与曲折性：社会形态的更替还表现为历史的前进性与曲折性、顺序性与跨越性的统一。社会形态更替的前进性、顺序性主要是指五种社会形态依次演进的基本趋势，其历史过程是一个"扬弃"的过程，但它并不否认历史发展的曲折性和跨越性。

真题精讲

社会形态的更替具有客观性和必然性，但这并不否定人们历史活动的能动性，并不排斥人们在遵循社会发展规律的基础上，对于某种社会形态的历史选择性。人们历史活动的能动性和选择性主要体现在（　　　）。

A.社会发展的客观必然性为人们的历史选择提供了基础、范围和可能性空间

B.社会形态更替的过程是主体能动性与客观规律性相统一的过程

C.人们的历史选择性归根结底是人民群众的选择性

D.社会发展的客观过程由每个参与历史活动的个人的主观意志所决定

【答案】ABC

【解析】人们的历史选择性包含三层意思：第一，社会发展的客观必然性造成了一定历史阶段社会发展的基本趋势，为人们的历史选择提供了基础、范围和可能性空间；第二，社会形态更替的过程是一个主体能动性与客观规律性相统一的过程；第三，人们的历史选择性归根结底是人民群众的选择性，故A、B、C三项均正确。选项D"社会发展的客观过程由每一个参与历史活动的个人的主观意志所决定"存在两处错误：第一，并不是"每一个参与历史活动的个人"，而应该是"人民群众"；第二，即便是"人民群众"，也不是由个人的主观意志随意决定，而是需要遵循历史发展规律，故D选项排除。

要点六：社会矛盾在历史发展中的作用

（一）社会基本矛盾的内容

社会基本矛盾：贯穿社会发展过程始终，规定社会发展过程的基本性质和基本趋势，并对社会历史发展起根本推动作用的矛盾。

生产力和生产关系、经济基础和上层建筑的矛盾是社会基本矛盾。这两对矛盾贯穿人类社会发展过程的始终，并规定了社会发展过程中各种社会形态、社会制度的基本性质；制约着社会其他矛盾的存在和发展，决定社会历史的一般进程，推动社会向前发展；规定并反映了社会基本结构的性质和基本面貌，涉及社会的基本领域，囊括社会结构的主要方面。

（二）社会基本矛盾在历史发展中的作用

社会基本矛盾是历史发展的根本动力，它在历史发展中的作用主要表现在：首先，生产力是社会基本矛盾运动中最基本的动力因素，是人类社会发展和进步的最终决定力量。其次，社会基本矛盾特别是生产力和生产关系的矛盾，决定着

社会中其他矛盾的存在和发展，是更为基本的矛盾。最后，社会基本矛盾具有不同的表现形式和解决方式，并从根本上影响和促进社会形态的变化和发展。

（三）社会主要矛盾在历史发展中的作用

社会基本矛盾与社会主要矛盾：在社会领域中，除了社会基本矛盾，还有社会主要矛盾。社会基本矛盾是其他一切社会矛盾的根源，规定和制约着社会主要矛盾的存在和发展，社会主要矛盾是社会基本矛盾的具体体现。

社会基本矛盾：生产力和生产关系、经济基础和上层建筑的矛盾，贯穿并制约着社会发展的全过程，规定社会发展过程的基本性质。在实际生活中，社会基本矛盾往往要通过具体的社会矛盾表现出来，而各种具体矛盾的变化发展会导致社会发展呈现出一定的阶段性特征。

社会主要矛盾与社会非主要矛盾：在社会发展过程的矛盾系统中，各种矛盾的地位和作用是不平衡的，存在主要矛盾和非主要矛盾的区别。社会主要矛盾的存在和发展，规定或影响着社会非主要矛盾的存在和发展。社会主要矛盾和社会非主要矛盾相互作用，在一定条件下相互转化。

要点七：阶级斗争和社会革命在阶级社会发展中的作用

（一）阶级和阶级斗争是人类社会发展到一定阶段才出现的社会现象

阶级斗争是阶级利益根本冲突的对抗阶级之间的对立和斗争，根源于阶级之间物质利益的根本对立和社会经济关系的冲突。阶级斗争是阶级社会客观存在的必然现象，并贯穿于阶级社会的全部过程。

（二）阶级斗争是阶级社会发展的直接动力

在阶级社会中，生产力和生产关系、经济基础和上层建筑的矛盾必然会通过阶级斗争表现出来。阶级斗争对阶级社会发展的推动作用突出地表现在社会形态的更替中。阶级斗争及其作用受到一定社会历史条件的制约。对于阶级斗争的历史作用，必须从不同时代生产发展的状况、社会基本矛盾的状况来说明。不能脱离客观现实，片面否认或夸大阶级斗争的作用。

（三）马克思主义的阶级分析方法是认识阶级社会的科学方法

坚持阶级分析方法，就是运用马克思主义的阶级和阶级斗争观点去观察和认识阶级社会的社会历史现象。

阶级分析方法要求全面、动态地分析阶级状况，分析各阶级的经济地位、政治立场和意识形态，准确把握各阶级之间的关系和阶级力量的对比及其变化，把握社会运动和社会生活的脉搏。

对我国社会主义现阶段的阶级斗争，需要用马克思主义的阶级分析方法，作出符合实际情况的科学判断。

（四）社会革命的实质、根源和作用

实质：革命阶级推翻反动阶级的统治，用新的社会制度代替旧的社会制度，解放生产力，推动社会发展。国家政权从反动阶级手里转移到革命阶级手里，是实现社会形态变革的首要的、基本的标志。

根源：社会基本矛盾的尖锐化。生产力的发展和旧的生产关系、经济基础的发展和旧的上层建筑之间出现矛盾冲突，是社会革命爆发的根本原因。

作用：第一，社会革命是实现社会形态更替的重要手段和决定性环节；第二，社会革命能充分发挥人民群众创造历史的积极性和伟大作用；第三，无产阶级革命将为消除阶级对抗，并充分利用全人类的文明成果促进社会全面进步创造条件。

要点八：改革和科学技术在社会发展中的作用

（一）改革在社会发展中的作用

改革：同一种社会形态发展过程中的量变和部分质变，是推动社会发展的又一重要动力，通过改革可实现社会制度的自我调整和完善。

在社会历史发展中的重要作用集中表现在：它是在一定程度上解决社会基本矛盾，促进生产力发展，推动社会进步的有效途径和手段。

（二）科学技术在社会发展中的作用

1. 科技革命是推动经济和社会发展的强大杠杆

每一次科学技术革命，都不同程度地引起生产方式、生活方式和思维方式的深刻变化和社会的巨大进步。

对生产方式产生了深刻的影响：一是改变了社会生产力的构成要素；二是改变了人们的劳动形式；三是改变了社会经济结构，特别是导致产业结构发生变革。

对生活方式产生了巨大影响：现代科技革命把人们带入了信息时代。

促进了思维方式的变革：主要表现为新的科学理论和技术手段通过影响思维主体、思维客体和思维工具，引起了思维方式的变革。

2. 正确把握科学技术的社会作用

科学技术能够通过促进经济和社会发展造福于人类，科学技术的作用既受到一定客观条件如社会制度、利益关系的影响，也受到一定主观条件如人们的观念和认识水平的影响。

科学技术的发展标志着人类改造自然能力的增强，意味着人们能够创造出更多的物质财富，对社会发展有巨大的推动作用。但是，科学技术在运用于社会时所遇到的问题也越来越突出。一种情形是由于对自然规律和人与自然的关系认识不够，或缺乏对科学技术消极后果的强有力的控制手段。还有一种情形与一定的社会制度有关。

正确认识和运用科学技术，首要的就是有合理的社会制度保障科学技术的正确运用，始终坚持使科学技术为人类社会的健康发展服务，让科技为人类造福。

真题精讲

"随着新生产力的获得……人们也就会改变自己的一切社会关系。手推磨产生的是封建主的社会，蒸汽磨产生的是工业资本家的社会。"这段话表明科学技术是（　　）。

A. 历史上起推动作用的革命力量

B. 历史变革中的唯一决定性力量

C. 推动生产方式变革的重要力量

D. 一切社会变革中的自主性力量

【答案】AC

【解析】科学技术革命主要是通过促进人们的生产方式、生活方式和思维方式的深刻变化来推动社会发展的。现代科学技术革命对人类社会发展的影响更加久远更加强烈。题干中，"手推磨产生的是封建主的社会，蒸汽磨产生的是工业资本家的社会"，由此可见，科学技术通过促进人们生产方式的巨大变革来推动社会的发展。因此，正确选项为A、C。社会基本矛盾是社会发展的根本动力，历史变革中的决定性力量是生产方式的变革，故选项B错误。社会变革中的自主性力量是能运用科技的劳动者，而不是科技本身，故选项D错误。

要点九：人民群众在历史发展中的作用

（一）两种历史观在历史创造者问题上的对立

唯物史观与唯心史观的分水岭：谁是历史的创造者？怎样看待人民群众和个人的历史作用？

唯心史观：从社会意识决定社会存在的基本前提出发，否认物质资料的生产方式是社会发展的决定力量，抹杀人民群众的历史作用，宣扬少数英雄人物创造历史（即英雄史观）。

英雄史观的根源：从认识根源看，英雄史观之所以产生，主要是因为人们的认识停留在历史现象的表面，把活跃在历史前台的少数英雄人物的作用尤其是他们的意识的作用加以夸大并绝对化，而无视广大人民群众及其历史活动的作用；从社会历史根源看，英雄史观的产生同社会生产力水平较低，大多数人从事物质资料的生产活动，少数人从事政治统治、垄断精神文化生活有关。

群众史观：认为历史的创造者不是个别英雄，而是人民群众（即唯物史观）。

（二）唯物史观考察历史创造者的原则

唯物史观立足于现实的人及其本质来把握历史的创造者。

唯物史观立足于整体的社会历史过程来探究谁是历史的创造者。

唯物史观从社会历史发展的必然性入手来考察和说明谁是历史的创造者。

唯物史观从人与历史关系的不同层次上考察谁是历史的创造者。

（三）人民群众在创造历史过程中的决定作用

1.人民群众的含义

人民群众是一个历史范畴。从质上看，人民群众是指一切对社会历史发展起推动作用的人；从量上看，人民群众是指社会人口中的绝大多数。在不同的历史时期，人民群众有着不同的内容，包含着不同的阶级、阶层和集团，但其中最稳定的主体部分始终是从事物质资料生产的劳动群众。

2.人民群众在创造历史过程中的决定作用

人民群众是社会历史的主体，是历史的创造者。

在社会历史发展过程中，人民群众起着决定性作用。

人民群众是社会物质财富的创造者。

人民群众是社会精神财富的创造者。

人民群众是社会变革的决定力量。

3.人民群众创造历史的活动受到一定社会历史条件的制约

经济条件对于人民群众创造历史的活动有着首要的、决定性的影响。

政治条件对人民群众创造历史的活动具有直接的影响。

精神文化条件是制约人民群众创造历史活动的重要因素。

 **真题精讲**

唯物史观第一次科学地解决了历史创造者的问题，认为人民群众是历史的创造者。人民群众（　　　）。

A.从量上说是指社会人口的绝大多数

B.从质上说是指一切对社会历史发展起推动作用的人们

C.在任何历史时期都不包括剥削阶级

D.最稳定的主体部分始终是从事物质资料生产的劳动群众及其知识分子

【答案】ABD

【解析】人民群众是一个历史范畴。人民群众从质上说是指一切对社会历史发展起推动作用的人们，从量上说是指社会人口的绝大多数。在不同的时代，人民群众有着不同的内容，包含着不同的阶级、阶层和集团。人民群众的最稳定的主体部分始终是从事物质资料生产的劳动群众及其知识分子。故 A、B、D 三项均正确。"在任何历史时期都不包括剥削阶级"不符合唯物主义历史观，故选项 C 错误。

4.无产阶级政党的群众路线

唯物史观关于人民群众是历史创造者的原理，要求我们坚持马克思主义群众观点，贯彻党的群众路线。

群众观点：坚信人民群众自己解放自己的观点，全心全意为人民服务的观点，一切向人民群众负责的观点，虚心向群众学习的观点。

群众路线：一切为了群众，一切依靠群众，从群众中来，到群众中去。群众路线是我们党的生命线和根本工作路线，也是我们党的优良传统。

5.个人在社会历史中的作用

历史人物：一定历史事件的主要倡导者、组织领导者或思想理论、科学文化的重要代表人物。

杰出人物：历史人物中对推动历史发展作出重要贡献或起重要作用的人。

辩证地理解和评价个人的历史作用：一是任何历史人物的出现都体现了必然性与偶然性的统一。如果看不到历史人物活动的社会制约性，割裂必然与偶然的关系，就势必会夸大个人的作用，进而否定或歪曲历史发展的规律。二是历史人物的作用性质取决于他们的思想、行为是否符合社会发展规律，是否符合人民群众的意愿。只有顺应历史发展的要求和人民群众的意愿，历史人物才能起到推动社会前进的积极作用。越是能够这样做得好的历史人物，其推动社会进步的积极作用必然越大，影响也越长久。三是根据历史人物所具有的历史特征和阶级特点，唯物史观主张，评价历史人物时应该坚持历史分析方法和阶级分析方法。

 真题精讲

马克思主义从必然性与偶然性的辩证统一中理解杰出人物的历史作用，认为（　　）。

A.杰出人物会因其智慧、性格因素对社会进程发生影响

B. 杰出人物的历史作用受到一定历史条件的制约

C. 杰出人物能够改变历史发展的基本方向

D. 杰出人物历史作用的形成和发挥与其顺应人民群众的意愿密不可分

【答案】ABD

【解析】历史人物是指在社会发展过程中起过重大作用的人物。在历史人物中，那些反映时代要求，代表进步阶级或阶层利益，对社会发展起显著促进作用的代表人物，被称为杰出人物。历史人物在社会发展过程中起着特殊的作用，表现在：历史人物是历史事件的发起者、当事者；历史人物是实现一定历史任务的组织者、领导者；历史人物是历史进程的影响者，它可以加速或延缓历史任务的解决。历史人物及其作用都要受社会历史条件的制约。依据以上原理，A、B、D三项正确。历史人物对历史发展的具体过程始终起着一定的作用，有时甚至对历史事件的进程和结局产生决定性的影响，但他不能决定历史发展的基本趋势，故选项C不正确。

要点十：群众、阶级、政党、领袖的关系

首先，群众是划分为阶级的。在阶级社会里，群众不是一个绝对同一的整体，而是由不同的阶级构成的。

其次，阶级通常是由政党领导的。一个阶级要作为整体来行动，积极参与社会活动，就必须形成自己的组织。

最后，政党是由领袖来主持的。一个阶级的政党要领导本阶级进行有组织的活动，维护本阶级的利益，就必须有自己的领袖。

群众、阶级、政党、领袖环环相扣、相互依存，构成一个有机整体，任何时候都不应该把它们割裂开来。

 案例精选

◎案例一　传承中华优秀传统文化　推进文化强国建设

文化是一个国家、一个民族的灵魂。中华民族5000年灿烂辉煌的文明发展史，形成了博大精深的中华优秀传统文化，成为中华民族历久弥新的情感之源、力量之魂。新时代新征程，中华优秀传统文化为中华民族生生不息、发展壮大提供了强大精神支撑。党的十九届五中全会明确提出了我国到2035年建成文化强国的战略目标。实现这一战略目标，呼唤我们更加努力实现中华优秀传统文化创造性转化、创新性发展，不断擦亮中国文化"名片"，不断提高国家文化软实力，进

一步坚定文化自信，激发全民族凝聚力、向心力、创造力，最大限度激发全面建设社会主义现代化强国的精神力量。

作为伟大祖国的一部分，古老的燕赵大地是中华民族和中华文明的重要发祥地。从渤海之滨到莽莽太行，从巍巍长城到悠悠大运河，积累了悠久灿烂和丰富厚重的传统优秀文化资源，赋予中华文明勃勃生机和创新活力。作为其中优秀代表，吴桥杂技薪火相传、革故鼎新、与时俱进，以强大的生命力、自信力和创造力，经历千年风雨屹立不倒。改革开放以来特别是党的十八大以来，吴桥杂技技艺不断突破升华，精品力作不断问世，努力满足人民群众精神文化需求；不断培养大批优秀人才，努力搞好杂技技艺传承；不断推动中外杂技艺术交流，努力扩大杂技文化影响力；不断推动杂技文化产业化发展，努力为高质量发展注入活力。如今，吴桥杂技成为中外杂技艺术交流和文化交融的纽带，古老的传统技艺焕发出勃勃生机，为新时代弘扬中华优秀传统文化、建设文化强国，提供了值得借鉴的经验启示。

1. 融入群众日常生活　提高文化服务力

人民群众是历史的创造者，是文化建设最深厚的力量源泉。源远流长、博大精深的中华优秀传统文化，是各族人民长期共同创造的文明成果，是中华儿女薪火相传的精神财富。在我国，人民群众不仅是文化建设的服务对象，也是依靠力量和评鉴主体；满足人民群众不断增长的精神文化需求，是文化建设的出发点和落脚点。融入人民群众日常生活，是文化建设的价值追求，也是吴桥杂技长盛不衰的成功密码。从民间走出的吴桥杂技，创作源泉来自日常生活，杂技人才来源于普通群众，田间地头、房前屋后、小院内外，习练杂技成为乡村一景；演出团体四海为家，辗转城乡展示精湛技艺，让人民群众获得精神愉悦。新时代建设文化强国，我们要继续将人民作为文化创新、传播、鉴赏和评判的主体；将人民大众喜爱不喜爱、欢迎不欢迎、满意不满意作为判断文化产品是否优秀的根本标准，让吴桥杂技这样的优秀传统文化品牌更多更好融入人民群众日常生活，不断提高文化服务力，更好满足人民群众日益增长的精神文化需求，不断增强人民群众的获得感和幸福感。

2. 着力传承发展　永葆文化生命力

传承发展中华优秀传统文化，是永葆文化生命力的必然要求，也是建设文化强国的主要任务。历史表明，任何一门技艺或一种文化，若要实现长久兴盛，都需要一代一代的保护传承发展。吴桥杂技这项世界级非物质文化遗产生生不息、历久弥新，与师带徒、团带班、开办专业学校等方式培养中外人才，与开展杂技进校园、打造杂技专业村等各种形式的技艺与文化传承活动密切相关。新时代建设文化强国，我们要按照习近平总书记的要求，"保护好前人留下的文化遗产""处理好继承和创造性发展的关系，重点做好创造性转化和创新性发展"。要坚决贯彻落实好《中华人民共和国非物质文化遗产法》等法律法规和《关于实施中华优秀传统文化传承发展工程的意见》等政策文件，切实把文化遗产保护好、传承好；充分借助"互联网+"的传播优势，推动中华优秀传统文化传播推广，让人们在广泛参与中丰富文化体验、感悟文化精髓；推动中华优秀传统文化创造性转化、创新性发展，深入挖掘中华优秀传统文化蕴含的思想观念、人文精神、道德规范，结合时代要求继承创新，升华融入现代生活，让中华文化展现出永久魅力和时代风采。

3. 推进产业发展　增强文化生产力

文化乐民，文化强民，文化还要富民。文化建设不仅可以产生社会效益，也可以产生经济效益。改革开放以来，吴桥充分挖掘杂技文化资源，擦亮"中国杂技之乡"金字招牌，实施"杂技兴县"战略，积极创新杂技文化产品生产经营机制，不断加大杂技文化建设投资力度，努力推进相关基础设施建设，承办杂技文化系列重大活动，基本形成了"杂技＋农业""杂技＋工业""杂技＋文化""杂技＋数字""杂技＋旅游"的杂技文化发展格局，杂技衍生产品畅销国内市场，远销十多个国家，为县域经济社会发展提供强劲动力。新时代建设文化强国，我们要像吴桥那样开发各具特色的优秀传统文化资源，着力推进文化的产业化发展，始终坚持把社会效益放在首位，坚持社会效益和经济效益相统一，在政策、资金、人才等方面加大扶持力度，延伸产业链条，创制文化精品，形成以保促产、以产促保的良性发展态势，为优秀传统文化的传承利用开拓更加广阔的空间，使文化产业发展成为高质量发展的强力"引擎"。

4. 大步走向世界　提升文化影响力

中华优秀传统文化博大精深，是全人类的精神财富。大步走向世界，提升中华优秀传统文化影响力，是增强国家文化软实力，推动构建人类命运共同体的必然要求。百年以来，吴桥杂技艺人走出国门，足迹遍及世界各地，将杂技艺术展示给各国人民；世界各地友人慕名纷至沓来、参观考察，学习掌握杂技技艺；中国吴桥国际杂技艺术节历经数十年，已经成为世界三大杂技赛事之一。时至今日，吴桥杂技不断向世界展示中华优秀传统文化的无穷魅力，为中国与世界搭建了一座友谊桥梁。新时代建设文化强国，我们要继续秉持开放包容、互学互鉴的理念，以自信的心态、宽广的胸怀，全方位实施中华优秀传统文化"走出去"战略，让更多吴桥杂技这样的文化品牌走出国门，进行文化合作交流，以通行世界的艺术语言，打造好"中国名片"，讲好中国故事，展示好中国形象，使其成为世界了解中国的窗口，让各国人民更好地认识一个真实的蓬勃发展的当代中国，让中华优秀传统文化为推动构建人类命运共同体作出应有的贡献。

（资料来源：《光明日报》2021年4月6日08版）

案例评析

社会存在和社会意识是辩证统一的关系，这个关系是社会存在决定社会意识，社会意识反作用于社会存在，具有相对独立性。社会意识的内容根源于社会存在，它是对社会存在的反映，并随着社会存在的发展而不断变化。先进的社会意识反映了社会发展的趋势和要求，对社会发展起着积极的促进作用；落后的社会意识不符合社会发展的趋势和要求，对社会发展起着消极作用。

习近平总书记在党的十九大报告中指出，"要培育和践行社会主义核心价值观"，要加强思想道德建设，要提高人民思想觉悟、道德水准、文明素养，提高全社会文明程度等，就是要发挥社会意识的能动作用，发挥思想文化对经济和社会发展的能动作用，只有这样，才能实现人民有信仰，国家有力量，民族有希望。

文化是一个国家、一个民族的灵魂，文化兴国运兴，文化强民族强。文化是社会意识的重要组成部分，文化的核心是价值观。新时代中国特色社会主义思想作为先进的社会意识，适应了先进生产力的发展要求、代表了人民群众的长远利益、顺应了人类文明发展的趋势，对社会进步和经济的发展起着积极的推动作用。

青年一代有理想、有本领、有担当，国家就有前途，民族就有希望。大学生要坚定理想信念，在实现中国梦的实践中发出自己的光和热。

◎ 案例二　英国宪章运动

19世纪30—50年代，英国发生争取实现"人民宪章"的工人运动。1832年英国议会改革为工业资产阶级打开进入议会的大门，在这一改革斗争中起过巨大作用的人民群众仍处于无权地位。他们决心进行独立的政治斗争，争取新的选举改革。1836年伦敦工人协会成立。次年6月，协会拟定了一个争取普选权的纲领性文件，提出年满21岁的男子有普选权、秘密投票、废除议员候选人的财产资格、议员支薪、设立平等的选区和议会每年改选一次等要求，并于1838年5月8日以《人民宪章》名称发表，宪章运动由此得名。宪章拥护者在全国各地集会、游行，要求实现宪章。1839年运动进入第一次高潮。2月4日，全国的宪章派在伦敦召开第一届代表大会，并通过致议会请愿书。到1839年5月，在请愿书上签字的达125万人以上。1840年7月，全国宪章协会成立，恩格斯称之为"第一个近代工人政党"。1842年的经济危机促使第二次宪章运动高潮的到来。2月，宪章派向议会递交了新请愿书，签名人数达300多万。除要求普选权外，还提出废除新济贫法，限制工时和实行政教分离等要求。1848 年，在欧洲大陆革命风暴的推动下出现第三次高潮，约 197 万人在请愿书上签名。这三次运动都被政府镇压。1848 年后，运动逐渐衰落。

（资料来源：中国历史网，2019 年 1 月 21 日）

案例评析

　　恩格斯说："这三大阶级（包括英国宪章运动）的斗争和它们的利益冲突是现代化历史的动力，至少是这两个最先进国家的现代历史的动力。"阶级斗争是阶级对立社会发展的直接动力，这体现了阶级斗争是社会发展的动力，而英国的宪章运动是马克思、恩格斯时代最具代表性的阶级运动之一，也是当时最能体现马克思主义思想的运动之一。当时发展得最快的英国是资本主义社会，而英国的阶级矛盾也是最突出的。这说明资本主义社会越发展，矛盾就会越突出，最终资本主义社会是会被社会主义社会、共产主义社会所取代的。

习题演练

一、单项选择题

1. 在马克思主义产生之前，（　　　）是一直占统治地位的历史观。

A. 圣人史观　　　　　　　　　B. 唯物史观

C. 唯心史观　　　　　　　　　D. 神学史观

2. 人口因素对社会发展所起作用的性质是（　　　）。

A. 最主要的决定作用

B. 无足轻重的作用

C. 直接决定人类的社会生活过程

D. 制约和影响作用

3. "每一种特殊的、历史的生产方式都有其特殊的、历史的起作用的人口规律"，这种观点是（　　　）。

A. 唯物史观的观点　　　　　　B. 唯心史观的观点

C. 社会达尔文主义观点　　　　D. 马尔萨斯人口论观点

4. （　　　）与其他社会意识形式不同，它是以更为间接和抽象的方式反映社会存在的意识形式。

A. 哲学　　　　　B. 道德　　　　　C. 艺术　　　　　D. 宗教

5. 区分不同生产方式、判定不同社会经济结构的客观依据是（　　）。

A. 生产工具　　　　　　　　B. 生产资料所有制关系

C. 生产中人和人的关系　　　D. 生产分配关系

6. 上层建筑的核心是（　　）。

A. 政治思想　　　　　　　　B. 意识形态

C. 国家政权　　　　　　　　D. 军队

7. 国家的实质是（　　）。

A. 阶级调和的机关

B. 为全民服务的机关

C. 正义、公正的社会组织

D. 统治阶级进行阶级统治的暴力机关

8. 党的十九大指出，中国特色社会主义进入新时代，我国社会主要矛盾已经转化为（　　）。

A. 人民日益增长的美好生活需要和不平衡不充分的发展之间的矛盾

B. 人民日益增长的物质文化需要同落后的社会生产之间的矛盾

C. 生产力和生产关系的矛盾

D. 经济基础和上层建筑的矛盾

9. 被剥削阶级的斗争不同程度地打击了剥削阶级的统治，迫使其做出一些让步和调整，从而推动生产力的发展和社会进步。这体现阶级斗争在社会形态（　　）过程中的作用。

A. 运动　　　　B. 发展　　　　C. 质变　　　　D. 量变

10. 就科技革命对社会经济结构变化的作用而言，新的技术革命在推动传统产业现代化的同时，使（　　）在国民经济中所占的比重日益提高。

A. 第一产业　　　　　　　　B. 第二产业

C. 第三产业　　　　　　　　D. 建筑业

二、多项选择题

1. 下列事物中，属于历史唯物主义"社会存在"范畴的有（　　）。

A. 自然地理环境

B. 人们实践活动所利用的自然资源

C. 各种社会关系

D. 生产力

2. 自然科学和语言学、逻辑形式等一部分社会科学属于非意识形态，原因在于它们（　　）。

A. 不具有社会经济形态和政治制度的性质

B. 不反映特定社会集团的利益和要求

C. 不服务于特定经济政治制度和特定阶级

D. 不具有政治性和阶级性

3. 以下不属于生产关系的因素有（　　　）。

A. 实践主体和客体的关系　　　　　　B. 产品数量和质量的关系

C. 生产资料所有制关系　　　　　　　D. 生产中人与人的关系

4. 关于生产力与生产关系的辩证关系，以下说法正确的有（　　　）。

A. 生产力状况决定生产关系的性质

B. 生产力的发展决定生产关系的变化

C. 当生产关系适合生产力发展的客观要求时，它对生产力的发展起推动作用

D. 当生产关系不适合生产力发展的客观要求时，它就会阻碍生产力的发展

5. 下列属于上层建筑的有（　　　）。

A. 人民代表大会制度　　　　　　　　B. 政党

C. 法院　　　　　　　　　　　　　　D. 哲学

6. 根源于社会基本矛盾的社会发展动力有（　　　）。

A. 人民群众　　　　B. 阶级斗争　　　　C. 社会革命　　　　D. 社会改革

7. 改革是（　　　）。

A. 社会形态发展中的质变

B. 社会形态发展中的量变和部分质变

C. 社会制度的自我调整和完善

D. 社会历史发展的非常态

8. "随着新生产力的获得……人们也就会改变自己的一切社会关系，手推磨产生的是封建主义的社会，蒸汽磨产生的是工业资本家的社会。"这表明科技是（　　　）。

A. 社会发展的重要动力

B. 历史上起推动作用的革命力量

C. 历史变革中的唯一决定性力量

D. 推动生产方式变革的重要力量

9. 马克思主义对"现实的人及其活动是社会历史存在和发展的前提"的理解有（　　　）。

A. 现实的人是基于自身需要和社会需要而从事一定实践活动的、处于一定关系中的、具有能动性的人

B. 现实的人是指具有理性和感性的人

C. 现实的人是指有血有肉的人

D. 现实的人在其本质上是一切社会关系的总和

10.交往是人类实践活动的重要组成部分，对社会生活有着重要的影响（　　　）。

A.促进生产力的发展

B.促进社会关系的进步

C.促进文化的发展与传播

D.促进人的全面发展

三、判断题

1.人类第一个历史活动是生产满足基本生活需要的物质资料。（　　　）

2.社会历史发展是无数个人合力作用的结果。（　　　）

3.群众、阶级、政党、领袖环环相扣、相互依存，构成一个有机整体，任何时候都不应该把它们割裂开来。（　　　）

四、简答题

1.简述人们对某种社会形态的历史选择性的含义。

2.简述改革对社会发展的作用。

3.简述科技革命对社会发展的作用。

4.简述人民群众在创造历史过程中的决定作用。

五、论述题

1.试述社会存在与社会意识的辩证关系。

2.试述生产力与生产关系的关系。

 实践课堂

项目 一　问卷调查——科学在身边

实践目的

改革开放以来，随着时间的推移，科技如雨后春笋般在祖国大地迅猛地发展。环顾生活，科学就在我身边！通过开展本次实践活动，使学生发现、了解我们身边的科学。

实践方案

1.任课教师宣布实践活动主题，明确实践要求。

2.将学生分为若干小组（每组 4～6 人），并选定一人为小组组长，负责小组各项工作。

3.以小组为单位，撰写调查方案和设计调查问卷。

4.将完成的调查方案和调查问卷提交任课教师征询建议，并根据任课教师的建议进行修改和调整。

5.发放调查问卷，同时，需向被访对象说明调查研究的必要性，指导被访对象填写调查问卷。

6.收回问卷，并对问卷结果进行统计。

7.分析统计结果，总结我们身边常见的经验主义、形式主义、教条主义、官僚主义工作作风问题都有哪些，并对其进行分类整理。

8.结合分析统计结果和教材上的理论知识分析产生这些问题的原因。

9.任课教师安排学生撰写"当代大学生人生理想"问卷调查报告。

10.每组推荐一名组员代表小组在课堂上分享本组的实践活动情况。

 参考资料

资料一：

马克思主义基本原理实践课
问卷调查

院　　部：＿＿＿＿＿＿＿＿＿＿＿＿＿＿＿＿＿＿＿＿

专业班级：＿＿＿＿＿＿＿＿＿＿＿＿＿＿＿＿＿＿＿＿

学　　期：＿＿＿＿＿＿＿＿＿＿＿＿＿＿＿＿＿＿＿＿

问卷调查考核	
考核评价（符合标准的在对应的"□"里打"√"） 　方案设计合理、可操作性强　　优□ 良□ 中□ 差□ 　问卷设计科学合理　　　　　　优□ 良□ 中□ 差□ 　问卷调查报告格式规范、内容 　翔实、结论科学合理、可信度 　高、具有建设性意见　　　　　优□ 良□ 中□ 差□ 　其他　　　　　　　　　　　　优□ 良□ 中□ 差□	考核成绩（满分100分）：
	教师签名： 　　　　年　月　日

小组成员			
姓名	学号	组内分工	心得体会

问卷调查报告
题目：
正文：
教师点评

资料二：

问卷调查的基本方法

问卷调查法，指的是以问卷作为搜集资料的工具，并对问卷中的内容进行统计分析以达到对社会现象进行分析和认识的一种研究方法，属于定量调查研究法。它主要包括以下程序：调查方案设计、问卷设计、试调查和全面调查、问卷资料的整理和统计分析、撰写调研报告。

一、调查方案设计

选好调查题目之后，就应着手对调查方案进行详细规划。调查方案主要包括选题的目的及意义、调查的内容、调查的方法、调查的组织、调查的进度安排等。选题的目的及意义主要是调查者要明确调查本身是要解决怎样的问题，调查对于人们认识世界和改造世界有何种价值；调查内容是调查者介绍该项调查将从哪个角度开展，想要获得哪些方面的资料数据；调查的方法就是介绍该项调查主要采取哪些具体的方法，主要包括抽样方法、问卷填答法以及统计方法等；调查的组织是对整个调查过程的组织安排，包括调查人员的培训以及调查过程的组织等。调查团队的组织者应就这些内容认真思考、通盘考虑，并填写好相关表格以备指导教师审核，只有通过审核的调查方案才可付诸实施。

二、问卷设计

问卷调查的关键是设计出一份好的调查问卷。设计问卷时，一定要围绕调查主题展开，设计的题目不宜过多，最好以控制在被调查者能在 10 ～ 20 分钟内答完为宜。一般来说，一份完整的问卷至少包括以下三项内容：封面信、填答说明、问题和答案。封面信是调查者将调查目的和调查内容向被调查者进行简要介绍的一封一两百字的短信。填答说明是介绍问卷填答的方法，它一般紧跟在封面信后面，在问卷中的具体题目后面的填答提示也属于填答说明。问题和答案是问卷的主体，问题一般包括选择题、填空题和开放题。问卷应以选择题为主，填空题为辅。在设计问卷时，要注意以下几个原则：在内容上，问卷题目一般包括三个方面：被调查者的个人背景、被调查者的行为事实、被调查者的主观意愿及态度。在题型上，设计选择题时，要注意备选答案的互斥性和穷尽性，填空题要指向明确且不宜过多，开放式的题最好只有一个且放在最后。在语言上，问卷中的语言表述一定要通俗易懂，不可用生僻的和学术性的语言，尽量用肯定句和短句，不要用否定句和长句。在问题的排序上，应遵循先易后难、先简单后复杂的原则。

三、试调查和全面调查

问卷初稿设计好之后并不是马上展开全面性的调查，而是应开展一个小范围的试调查，目的是对问卷的质量进行评估，并对设计中出现的问题进行及时修改。一般来说，试调查在二三十个样本范围内即可。在全面调查开始前还应有一个抽样的方案设计，并在调查过程中严格遵守抽样方案。一般来说，严格的学术调查应使用概率抽样的方法。但由学生进行的小范围调查往往难以严格遵守概率抽样法，一般使用的是偶遇抽样法——遇到谁就调查谁，谁方便被调查就调查谁。需要指出的是，采用偶遇抽样（非概率抽样）所得出的统计结果只能用以说明样本的情况，而不能用来推论到总体。

四、问卷资料的整理和统计分析

问卷调查结束后，调查小组应及时整理调查问卷，主要包括剔除无效问卷和录入问卷。剔除无效问卷就是把那些明显填答错误或存在大面积空白的未填答问卷清除，保留有效问卷。有效问卷要录入计算机进行统计，以得出有用的相关数据和图表，为分析工作和撰写调研报告做准备。对问卷进行统计分析，现在有比较专业的统计软件 SPSS，也可以直接用大家能简单应用的 Excel 软件。就目前学生的调查能力来说，一般是进行描述统计分析，用的是一般的频率或百分比分析方法。

统计表和统计图在调查报告中可以同时使用，统计表表达更精确，而统计图表达更直观。学生也可以使用 Excel 的统计功能做出相差不大的统计图表。

五、撰写调研报告

调查问卷的统计工作完成后就要着手调研报告的撰写。在正式撰写调研报告前，调查者应该做好两方面的准备：一方面，要草拟好调研报告的大纲，把调研报告的基本框架搭好；另一方面，要把统计数据的图表准备好。大纲相当于房子的结构，统计图表相当于砖石，而其中的文字表述就相当于水泥。只有把各方面的材料准备好，把逻辑理清楚，一篇高质量的调研报告才有可能形成。

项目 二 实地观察——名人故里行

实践目的

通过本次实地考察，使学生深入理解社会存在和社会意识的辩证关系，正确认识个人在历史上的作用，并能进行正确评价，同时加深对当地历史文化的了解。

实践方案

1. 任课教师选择参观地址、制订考察计划。

2. 任课教师提前联系所要参观地址的负责单位并做好相关的沟通工作。

3. 将学生分为若干小组，指定小组组长，组长负责维护出行及考察秩序。

4. 通过实地参观，结合工作人员的讲解了解、记录其生平事迹及其成长的家庭环境和社会环境，探寻其思想产生的深刻社会根源。

5. 参观后，任课教师带领学生有序、安全归校。

6. 回校后安排学生通过图书馆、网络等途径搜集相关资料,并结合实地参观体验,撰写心得体会一篇,并对其进行评价。

7. 任课教师阅读学生心得体会,对学生心得体会中集中存在的问题进行引导性点评。

8. 任课教师对此次实践活动作活动总结。

项目 三 校园展——新中国成立以来科学技术发展成就

实践目的

通过组织开展"新中国成立以来科学技术发展成就"校园展活动,使学生深刻认识到作为先进生产力的重要标志的科学技术,对于推动社会发展有着非常重要的作用,理解科技革命是推动经济和社会发展的强大杠杆;使学生能够正确把握科学技术的社会作用,能够正确认识和运用科学技术。

实践方案

1. 任课教师宣布实践活动,明确实践要求。

2. 将学生分为若干小组(每组 3～5 人),并选定一人为小组组长,负责小组各项工作。学生以小组为单位,选择一个领域搜集相关文字、图片等资料,进行校园展的展板制作。

3. 校园展的展板制作完成后,由任课教师验收,并给予指导,进行调整。

4. 选择一个时间,在校园内的不同地方,集中展示各组制作的展板,并以采访、照片或视频的方式对展示活动进行记录。

5. 活动结束后,每人撰写此次实践活动的活动心得,并在活动心得中谈一谈科学技术在社会发展中所起的重要作用。

 趣文短篇

局长的名字

那天,赵局长在大院里走,忽然听见有人在背后喊:"赵林,赵林。"他愣了一下,没有回头,继续往前走,走了几步,那声音又从后面追过来,他断定不会是叫自己。多少年了,这个大院里没有人喊过他的名字,都称他为"赵局长",这样想着又继续往前走了几步。

赵局长是 5 年前群众推选上来的,经组织部考察,到人事局任局长,据说得了满票。记得宣布任职那天,他很激动,对大家说:"我是大家推荐上来的，虽然职务不同了，但还是人民中的一员，以后谁都不要喊官名，就喊"赵林"这名字。"当时大家还热情地给他鼓了掌。过后一些老辈人和同辈人还真是按他说的，直呼其名。慢慢地，再听那直呼其名的声音，便觉得不入耳，脸子也有些沉。过了一段时间，同辈人也喊他局长了，再往后老辈人也不直呼其名了。整个大院都异口同声地唤"局长"，他渐渐地对"赵林"这个名字陌生起来了。

后边的那人终于追上了赵林，当手掌落在他的肩头时，他才猛然一惊，脚步随之停了下来。赵局长回头一看，喊他的人是大学时的同学许辉。许辉在一个穷县当县长，赵林觉得他与农民待久了，少了礼貌和规矩，脸上的表情就有些板，淡淡地说："你吓了我一跳。"

许辉说："我喊你那么多遍，你咋就不答应呢？"赵局长说："我以为喊别人呢！"

许辉愣了一下说："怎么，你不叫赵林了？改名了吗？"

赵局长有些尴尬，冷冷地说："叫赵林的多了，谁知你叫哪个？"

许辉听这话有些不是味儿。这当儿，又有人喊："赵局长！"赵林马上把脸儿转过去，同那人招手，那人打个招呼就走了。许辉似有所悟，笑着说："是不是我也应该叫你赵局长呢？"

赵林脸上涌起一片红晕。他承认如今由于身边"局长""局长"的喊多了，自己听着也习惯了，好像这局长成了自己的名，而"赵林"二字反倒成了附属品。

但从赵林演变到赵局长，是个怎样的过程，似乎也是个量变到质变吧，而且在演变中拥护率是逐渐下降的。年终考察他的拥护率只有60%，再往下会怎么样呢？他想着，不禁打了个冷战。

赵局长问许辉："啥时候来的？"

许辉说："一个星期了。"

赵局长问："住哪儿？"

许辉指了指一旁的小楼。赵林知道那小楼是市委领导办公的地方。头"嗡"地响了一下。许市长，许市长，近日听说来了个许市长，莫不就是他？

便说："你是，许市长？"

许辉说："老同学，开什么玩笑？叫我名。"赵局长叫不出，脸上用力笑着。

许辉说："千万别'市长''市长'地喊，长了会把我的名字喊丢了。"

赵局长脸上的"笑容"就僵在那儿。

上面的故事以人事局局长名称的变化为切入点，说明了社会存在决定社会意识这一哲学原理。马克思主义哲学认为，人类的社会活动构成了社会存在的根本内容，人类的社会意识作为社会活动的结果而产生于实践活动之中，即社会存在决定社会意识。故事通过描述赵局长由于地位的改变，而产生的称呼意识的改变，既说明了社会存在决定社会意识这一哲学原理，又深刻表明了社会意识是对人的实际生活过程的反映。

（资料来源：赵新《名字》）

第四章

资本主义的本质及规律

> 资本主义生产方式占统治地位的社会的财富，表现为"庞大的商品堆积"。
>
> ——马克思

 知识网络

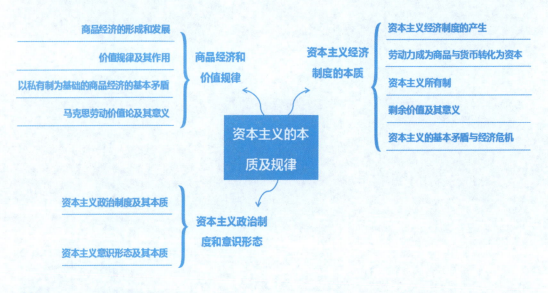

 学习指南

⊙ 学习目标

运用马克思主义的立场、观点、方法，准确认识资本主义生产方式的内在矛盾，深刻理解资本主义经济制度的本质，正确把握社会化大生产和商品经济运动的一般规律，正确认识和把握资本主义政治制度、意识形态及其本质。

⊙ 学习要点

商品的二因素和生产商品的劳动的二重性，价值量与价值规律，私有制基础上商品经济的基本矛盾，劳动价值论及其意义，资本主义所有制的本质，剩余价值论及其意义，资本主义基本矛盾与经济危机，资本主义政治制度的特点和本质，资本主义意识形态的特点和本质。

⊙ 学习难点

商品的二因素和生产商品的劳动的二重性，价值量与价值规律，剩余价值论，资本主义基本矛盾与经济危机。

📝 要点归纳

要点一：商品的二因素和生产商品的劳动的二重性

商品是用来交换、能满足人的某种需要的劳动产品，具有使用价值和价值两个因素或两种属性，是使用价值和价值的矛盾统一体。

（一）商品的二因素

使用价值

指商品能满足人的某种需要的有用性，反映的是人与自然之间的物质关系，是商品的自然属性，是一切劳动产品所共有的属性，离开了商品它就不复存在。使用价值构成社会财富的物质内容。

价值

凝结在商品中的无差别的一般人类劳动，即人的脑力和体力的耗费。价值是商品所特有的社会属性。商品的价值是劳动创造的，其实质是凝结在商品中的无差别的一般人类劳动，商品交换实际上是商品生产者之间相互交换劳动的关系，商品的价值在本质上体现了生产者之间一定的社会关系。

交换价值首先表现为一种使用价值同另一种使用价值相交换的量的关系或比例。使用价值是交换价值的物质承担者。决定商品交换的比例的不是商品的使用价值，而是价值。

商品的价值和使用价值之间是对立统一的关系。

其对立性表现在：商品的使用价值和价值是相互排斥的，二者不可兼得。要获得商品的价值，就必须放弃商品的使用价值；要得到商品的使用价值，就不能得到商品的价值。对于商品生产者而言，他生产商品并不是为了取得使用价值，而是为了取得价值，只是为了取得价值，才关心使用价值。商品生产者只有将商品的使用价值让渡给商品购买者，才能取得价值。

其统一性表现在：作为商品，必须同时具有使用价值和价值两个因素。使用价值是价值的物质承担者，价值寓于使用价值之中。一种物品如果没有使用价值，就是无用之物，即使人们为它付出了大量的劳动，也没有价值。一种物品尽管具有使用价值，但如果不是劳动产品，也没有价值，比如自然界中的阳光、空气。

（二）生产商品的劳动的二重性

具体劳动

指生产一定使用价值的具体形式的劳动。

抽象劳动

指撇开一切具体形式的、无差别的一般人类劳动，即人的脑力和体力的耗费。

劳动的二重性：具体劳动和抽象劳动是同一劳动的两种规定，任何一种劳动，一方面是特殊的具体劳动，另一方面是一般的抽象劳动。

具体劳动和抽象劳动也是对立统一的关系。一方面，具体劳动和抽象劳动不是各自独立存在的两种劳动或两次劳动，它们在时间上和空间上是统一的，是商品生产者的同一劳动过程不可分割的两个方面；另一方面，具体劳动和抽象劳动又分别反映劳动的不同属性，具体劳动所反映的是人与自然的关系，是劳动的自然属性，而抽象劳动所反映的是商品生产者的社会关系，是劳动的社会属性。

 真题精讲

人们往往将词语中的"价""值"二字与金银财宝等联系起来，而这两字的偏旁却都是"人"，示意价值在"人"。马克思劳动价值论透过商品交换的物与物的关系，揭示了商品价值的科学内涵。其主要观点有（　　）。

A.劳动是社会财富的唯一源泉

B.具体劳动是商品价值的实体

C.价值是凝结在商品中的一般人类劳动

D.价值在本质上体现了生产者之间的社会关系

【答案】CD

【解析】劳动和自然界都是创造社会财富使用价值的源泉，如阳光、空气、海洋等，它们都不是人类劳动的产品，但都具有使用价值，故选项A错误。具体劳动是商品使用价值的实体，抽象劳动是商品价值的实体，故选项B错误。价值是凝结在商品中的无差别的人类劳动，是商品交换的基础，本质上体现了生产者之间的社会关系，故C、D两项均正确。

要点二：价值量与价值规律

（一）商品的价值量

商品的价值包括质的规定与量的规定两个方面。

价值的质的规定回答的是价值的实体是什么，而价值的量的规定则回答的是价值的大小由什么决定和怎样决定。马克思指出，商品的价值是凝结在商品中的无差别的一般人类劳动，价值量是由劳动者生产商品所耗费的劳动量决定的，而劳动量则按照劳动时间来计量。决定商品价值量的，不是生产商品的个别劳动时间，而只能是社会必要劳动时间。社会必要劳动时间是在现有的社会正常的生产条件下，在社会平均的劳动熟练程度和劳动强度下制造某种使用价值所需要的劳动时间。它意味着形成价值量的主观的劳动力和客观的生产条件都必须具有正常的性质。

生产商品所需要的社会必要劳动时间随着劳动生产力的变化而变化。劳动生产力指的是劳动者生产使用价值的能力。它的高低可用单位劳动时间内生产的商品数量来测量，也可用单位商品中所耗费的劳动时间来测量。影响劳动生产力的因素很多，主要有劳动者的平均熟练程度、科学技术的发展程度及其在生产中的应用、生产过程的社会结合、生产资料的规模和效能以及自然条件等。

商品价值量与劳动生产率的关系

	社会劳动生产率增加	个别劳动生产率增加
单位商品的价值量	减少	不变
相同时间生产商品的数量	增多	增多
商品价值总量	不变	增多

（二）价值形式的发展与货币的产生

商品价值形式发展的四个阶段：简单的或偶然的价值形式、总和的或扩大的价值形式、一般价值形式，以及货币形式。

货币：商品的交换是以货币为媒介的。货币是在长期交换过程中形成的固定充当一般等价物的商品。

货币基本职能：价值尺度、流通手段、贮藏手段、支付手段和世界货币。

影响：货币的出现有利于解决商品交换的困难，促进了商品经济的发展。但是，货币的出现并没有也不可能解决商品经济的基本矛盾，即私人劳动和社会劳动的矛盾，反而使矛盾更加扩大和加深了。

真题精讲

1918年，马寅初在一次演讲时，有一位老农问他："马教授，请问什么是经济学？"马寅初笑着说："我给这位朋友讲个故事吧：有个赶考的书生到旅店投宿，拿出十两银子，挑了该旅店标价十两银子的最好房间，店主立刻用它到隔壁的米店付了欠单，米店老板转身去屠夫处还了肉钱，屠夫马上去付清了赊欠的饲料款，饲料商赶紧到旅店还了房钱。就这样，十两银子又到了店主的手里。这时书生来说，房间不合适，要回银子就走了。你看，店主一文钱也没赚到，大家却把债务都还清了，所以，钱的流通越快越好，这就是经济学。"在这个故事中，货币所发挥的职能有（　　）。

A. 支付手段
B. 流通手段
C. 价值尺度
D. 贮藏手段

【答案】ABC

【解析】价值尺度指的是货币具有衡量普通商品价值的职能，题干中"该旅店标价十两银子的最好房间"体现了这一职能，故选项C正确。流通手段指的是货币充当一般等价物，促成商品交换的职能，题干中"有个赶考的书生到旅店投宿，拿出十两银子"体现了这一职能，故选项B正确。支付手段指的是货币被用来清偿债务或支付赋税、租金、工资等的职能，题干中的一系列偿付行为体现了这一职能，故选项A正确。选项D，贮藏手段指的是货币退出流通领域作为社会财富的一般代表被保存起来的职能，题干中没有体现，故排除。

（三）价值规律及其作用

价值规律是商品生产和商品交换的基本规律。这一规律的主要内容和客观要求是：商品的价值量由生产商品的社会必要劳动时间决定，商品交换以价值量为基础，按照等价交换的原则进行。

价值规律的表现形式：商品的价格围绕商品的价值自发波动。由于供求关系变动的影响，商品价格总是时而高于价值，时而低于价值，不停地围绕价值这个中心上下波动。从较长时间来看，价格高于价值的部分和价格低于价值的部分能够相抵，商品的平均价格和价值是相一致的。

价值规律的作用：自发地调节生产资料和劳动力在社会各生产部门之间的分配比例；自发地刺激社会生产力的发展；自发地调节社会收入的分配。

价值规律的消极影响：导致社会资源浪费；导致收入两极分化；阻碍技术的进步。

要点三：以私有制为基础的商品经济的基本矛盾

（一）商品生产者的劳动具有两重性

商品的使用价值和价值的矛盾、生产商品的具体劳动和抽象劳动的矛盾，根源于私人劳动和社会劳动的矛盾。私人劳动和社会劳动的矛盾是商品经济的基本矛盾。

在以私有制为基础的商品经济中，商品生产者的劳动具有两重性：既是具有社会性质的社会劳动，又是具有私人性质的私人劳动。

商品生产者的劳动的社会性质是由社会分工决定的。在社会分工条件下，每个商品生产者在社会分工体系中从事的是某一种商品的生产，其劳动都是社会总劳动的一部分，是具有社会性质的社会劳动。

商品生产者的劳动的私人性质是由生产资料私有制决定的。由于生产资料私有制的存在，商品生产者的劳动又是按照自己的利益和要求进行的，是具有私人性质的私人劳动。

（二）私人劳动和社会劳动的矛盾构成私有制商品经济的基本矛盾

首先，私人劳动和社会劳动的矛盾决定着商品经济的本质及其发展过程。
其次，私人劳动和社会劳动的矛盾是商品经济的其他一切矛盾的基础。
最后，私人劳动和社会劳动的矛盾决定着商品生产者的命运。

真题精讲

在以私有制为基础的商品经济中，商品生产者的私人劳动生产的产品是否与社会的需求相适应，作为具体劳动的有用性质能否为社会所承认，商品的使用价值和价值之间的矛盾是否能得到解决，决定着商品生产者的命运。以私有制为基础的商品经济的基本矛盾是（　　　）。

A. 使用价值和价值之间的矛盾

B. 私人劳动和社会劳动之间的矛盾

C. 具体劳动和抽象劳动的矛盾

D. 脑力劳动和体力劳动的矛盾

【答案】B

【解析】在私有制商品经济条件下，私人劳动和社会劳动之间的矛盾是私有制商品经济的基本矛盾。题干的意思是：商品生产者的私人劳动生产的产品只有与社会的需求相适应，才能卖出去，继而转化为商品，私人劳动才能转化为社会劳动，具体劳动才能转化为抽象劳动，商品的使用价值才能转化为价值。因此，本题正确选项是 B。

要点四：马克思劳动价值论及其意义

（一）马克思劳动价值论的理论和实践意义

第一，马克思劳动价值论扬弃了英国古典政治经济学的观点，为剩余价值论的创立奠定了基础。

第二，马克思劳动价值论揭示了私有制条件下商品经济的基本矛盾，为从物与物的关系背后揭示人与人的关系提供了理论依据。

第三，马克思劳动价值论揭示了商品经济的一般规律，对理解社会主义市场经济具有指导意义。

（二）深化对马克思劳动价值论的认识

马克思创立劳动价值论的时代，是工业化初期的蒸汽机时代。现在人类进入了 21 世纪，与马克思所处的时代相比，社会经济条件发生了很大变化。面对新的情况，必须深化对马克思劳动价值论的认识，根据变化了的实践在继承的基础上有所创新、有所前进。

第一，深化对创造价值的劳动的认识，对生产性劳动作出新的界定。

第二，深化对科技人员、经营管理人员在社会生产和价值创造中所起作用的认识。

第三，深化对价值创造与价值分配关系的认识。

 真题精讲

《资本论》（德文版）第一卷于 1867 年 9 月在汉堡出版，其影响力历经 150 年风雨而不衰，至今对我们分析、理解现实经济问题依然具有很强的指导意义。马克思主义政治经济学的理论十分丰富，其中"理解政治经济学的枢纽"的理论是（　　）。

　A. 商品二因素理论

　B. 价值规律理论

　C. 劳动二重性理论

　D. 剩余价值理论

【答案】C

【解析】马克思在继承英国古典政治经济学劳动创造价值的理论的同时，创立了劳动二重性理论，第一次确定了什么样的劳动形成价值、为什么形成价值以及怎样形成价值，阐明了具体劳动和抽象劳动在商品价值形成中的不同作用，从而为揭示剩余价值的真正来源、创立剩余价值理论奠定了基础。此外，马克思的资本有机构成理论、资本积累理论、社会资本再生产理论等政治经济学的一系列重要理论的创立，也都同劳动二重性理论有关。因此，劳动二重性理论成为"理解政治经济学的枢纽"。因此，正确选项为 C。

要点五：资本主义经济制度的产生

前资本主义社会形态的演进和更替：原始社会是人类社会发展中的第一个社会形态；奴隶社会是人类历史上第一个阶级剥削社会；封建社会的生产关系以封建主占有土地等生产资料和不完全占有农民（农奴）为基本特征。

资本主义生产关系的产生：资本主义萌芽于 14 世纪末 15 世纪初地中海沿岸的一些城市。

资本主义产生的途径：一是从小商品经济分化出来，二是从商人和高利贷者转化而来。

资本原始积累：就是生产者与生产资料相分离，资本迅速集中于少数人手中，资本主义得以迅速发展的历史过程。

资本原始积累主要途径：一是用暴力手段剥夺农民的土地，二是用暴力手段掠夺货币财富。

相关链接：

《英国资本主义的起源》

马克思指出，所谓资本原始积累，"只不过是生产者和生产资料分离的历史过程。这个过程所以表现为'原始的'，因为它形成资本及与之相适应的生产方式的前史。"资本原始积累的主要途径有（　　）。

A. 用暴力手段剥夺农民土地

B. 用剥削手段榨取剩余价值

C. 用野蛮手段进行殖民掠夺

D. 用资本手段获取市场暴利

【答案】AC

【解析】所谓资本原始积累，就是生产者与生产资料相分离，货币资本迅速集中于少数人手中的历史过程。资本原始积累主要通过两个途径进行：一是用暴力手段剥夺农民土地；二是用暴力手段掠夺货币财富，故 A、C 两项均正确。B、D 两项是资本主义生产方式确立以后发生的情况，与题意无关，故排除。

要点六：劳动力成为商品与货币转化为资本

（一）劳动力成为商品的基本条件

劳动力：人的劳动能力，是人的脑力和体力的总和。劳动力的使用即劳动。

劳动力成为商品的两个基本条件：一是劳动者是自由人，能够把自己的劳动力当作自己的商品来支配；二是劳动者没有别的商品可以出卖，自由得一无所有，没有任何实现自己的劳动力所必需的物质条件。

劳动力成为商品的后果：劳动力成为商品，标志着简单商品生产发展到资本主义商品生产的新阶段。在这一阶段，资本家与工人的关系，形式上是"自由""平等"的买卖关系，而实质上是资本家支配和剥削工人的雇佣劳动关系。

（二）劳动力商品的特点与货币转化为资本

像任何商品一样，劳动力商品也具有价值和使用价值。

劳动力商品的价值：由生产、发展、维持和延续劳动力所必需的生活必需品的价值决定。它包括三个部分，一是维持劳动者本人生存所必需的生活资料的价值；二是维持劳动者家属的生存所必需的生活资料的价值；三是劳动者接受教育和训练所支出的费用。

劳动力商品的使用价值：劳动力商品在使用价值上有一个很大的特点，就是它的使用价值是价值的源泉，它在消费过程中能够创造新的价值，而且这个新的价值比劳动力本身的价值更大。

货币转化为资本：货币所有者购买到劳动力以后，在消费过程中，不仅能够收回他在购买这种商品时支付的价值，还能得到一个增殖的价值，即剩余价值。而一旦货币购买的劳动力带来剩余价值，货币也就变成了资本。

真题精讲

劳动力成为商品是货币转化为资本的前提条件，这是因为（　　　）。

A. 资本家购买的是劳动力的价值

B. 劳动力商品具有价值和使用价值

C. 货币所有者购买的劳动力能够带来剩余价值

D. 劳动力自身的价值能够在消费过程中转移到新的商品中去

【答案】C

【解析】凡是商品都具有价值，但是一般的商品价值只能在等价交换中得到实现，而不能发生任何形式的增殖，只有劳动力商品能够为资本家带来剩余价值，从而实现价值增殖。因而当货币所有者购买到劳动力这种特殊商品时，货币转化为资本就具备了条件。因此，正确选项为C。选项A表述正确，但它不是货币转化为资本的前提条件。选项B，"劳动力商品具有价值和使用价值"，劳动力商品的这一特点是任何商品都具有的，因此，不是货币转化为资本的前提条件。选项D表述错误，劳动力自身的价值不是在消费过程中被转移到新产品中去，而是由工人的劳动再生产出来。

要点七：资本主义所有制

（一）含义

经济意义：事实上生产资料归谁所有、归谁支配，并凭借这种所有和支配实现生产和获得剩余产品（利润或超额利润）。

法律意义：生产资料占有关系的法律形态。所有制关系上升到法的关系的高度，所有制的现实经济形态就具有法律形态，即所有权范畴。所有制一旦上升到法律的高度，就成为一种排他性权利。所有权强制地规定了人们在经济生活中对占有物行使权利的界限，直接影响到现实经济生活中生产资料的实际利用及其与劳动者的关系。

所有制与所有权的区别和联系：所有制是所有权的基础，所有制的性质和特点只能从现实的生产关系的实际运动中去把握和理解，而不能从所有权出发去认识。所有制决定所有权，所有权是所有制的法律形态，它反映着经济关系的意志关系。这种意志关系或者法的关系的性质在根本上是由这种经济关系本身决定的。

（二）资本主义所有制的本质

资本家凭借对生产资料的占有，在等价交换原则的掩盖下，雇佣工人从事劳动，无偿占有雇佣工人创造的剩余价值，资本与雇佣劳动的关系由此具有剥削与被剥削的对抗性质，因此，资本主义所有制是雇佣劳动赖以存在的基础，是资本与雇佣劳动之间剥削与被剥削关系的体现。

要点八：剩余价值的生产

资本是能够带来剩余价值的价值。剩余价值是由雇佣工人的剩余劳动创造的。在资本主义社会里，资本总是通过各种物品表现出来，但资本不是物，而是一定的、社会的、属于一定历史社会形态的生产关系。

（一）剩余价值的生产过程

资本主义的生产过程具有两重性：一方面是生产物质资料的劳动过程，另一方面是生产剩余价值的过程，即价值增殖过程。资本主义生产过程是劳动过程和价值增殖过程的统一。

资本主义劳动过程的两个特点：由于资本主义劳动过程的要素都为资本家所占有，由此决定了资本主义劳动过程的两个特点，其一，工人在资本家的监督下劳动，他们的劳动隶属于资本家；其二，劳动的成果或者产品全部归资本家所有。

价值增殖过程：剩余价值的生产过程，这是资本主义生产过程的主要方面。所谓价值增殖过程，是超过劳动力价值的补偿这个一定点而延长了的价值形成过程。

剩余价值的实质：在价值增殖过程中，雇佣工人的劳动分为两部分，一部分是必要劳动，用于再生产劳动力的价值；另一部分是剩余劳动，用于无偿地为资本家生产剩余价值。因此，剩余价值是雇佣工人所创造的并被资本家无偿占有的超过劳动力价值的那部分价值，它是雇佣工人剩余劳动的凝结，体现了资本家与雇佣工人之间剥削与被剥削的关系。

美国导演迈克尔·穆尔的纪录片《资本主义：一个爱情故事》问世以来，一直颇受关注。"资本主义"为何与"爱情故事"联系起来？穆尔解释说，这是一种"贪欲之爱"。"喜爱财富的人不仅爱他们自己的钱，也爱你口袋中的……很多人不敢说出它的名字，真见鬼，就说出来吧，这就是资本主义。"对金钱的"贪欲"之所以与资本主义联为一体，是因为（   ）。

A.资本家是人格化的资本

B.赚钱体现了人的天然本性

C.资本的生命在于不断运动和不断增殖

D.追逐剩余价值是资本主义生产方式的绝对规律

【答案】ACD

【解析】资本家是人格化的资本，故 A 项正确。资本是可以带来剩余价值的价值，资本的本质不是物，而是一定社会历史形态下的生产关系。因此，资本的生命在于不断的运动和不断的增殖。马克思指出："生产剩余价值或赚钱，是这个生产方式的绝对规律。"故 C、D 两项均正确。马克思主义认为，人既有自然属性，也有社会属性，其中社会属性是人的根本属性。赚钱仅仅是在满足个人的私欲，不符合人的根本属性是社会属性的马克思主义观点，故 B 项错误。

（二）资本的不同部分在剩余价值生产中的作用

资本在资本主义生产过程中采取生产资料和劳动力两种形态，根据这两部分资本在剩余价值生产中所起的不同作用，可以将资本区分为不变资本与可变资本。

不变资本是以生产资料形态存在的资本。生产资料的价值通过工人的具体劳动被转移到新产品中，其转移的价值量不会大于它原有的价值量。以生产资料形式存在的资本在生产过程中只转变自己的物质形态而不改变自己的价值量，不发生增殖，所以马克思把这部分资本叫作不变资本（c）。

可变资本是用来购买劳动力的那部分资本。可变资本的价值在生产过程中不是被转移到新产品中去，而是由工人的劳动再生产出来。在生产过程中，工人所创造的新价值，不仅包括相当于劳动力价值的价值，而且还包括一定量的剩余价值。由于这一部分资本的价值不是不变的，而是一个可变的量，所以马克思把这一部分资本叫作可变资本（v）。

把资本区分为不变资本和可变资本的意义：进一步揭示了剩余价值的源泉。它表明，剩余价值既不是由全部资本创造的，也不是由不变资本创造的，而是由可变资本雇佣的劳动者创造的。雇佣劳动者的剩余劳动是剩余价值的唯一源泉。这种划分也为确定资本家对雇佣劳动者的剥削程度提供了科学依据。

资本家对工人的剥削程度，可用剩余价值率表示 $m'=m/v$。

剩余价值率还可表示为：$m'=$ 剩余劳动 / 必要劳动 = 剩余劳动时间 / 必要劳动时间。

某资本家投资 100 万元，每次所获得的利润 15 万元，假定其预付资本的有机构成为 4：1，那么该资本家每次投资所实现的剩余价值率为（　　　）。

　　A. 50%　　　　　　　　　　B. 75%

　　C. 100%　　　　　　　　　　D. 125%

【答案】B

【解析】预付资本 =100 万元 =$c+v$，资本有机构成 $c：v=4：1$。因此，可变资本 $v=20$ 万元，资本家获得的利润即剩余价值 $m=15$ 万元，那么剩余价值率 $m'=15/20=75\%$。因此，本题正确答案是 B。

（三）剩余价值生产的两种基本方法

资本家提高对工人剥削程度的方法是多种多样的，最基本的方法有两种，即绝对剩余价值的生产和相对剩余价值的生产。

绝对剩余价值：在必要劳动时间不变的条件下，由于延长工作日的长度和提高劳动强度而生产的剩余价值。

相对剩余价值：在工作日长度不变的条件下，通过缩短必要劳动时间而相对延长剩余劳动时间所生产的剩余价值。

超额剩余价值：企业由于提高劳动生产率而使商品的个别价值低于社会价值的差额。

生产自动化条件下剩余价值的源泉：资本主义条件下的生产自动化只是意味着剩余价值生产所使用的生产工具更加先进了，不论是机器人、自动化生产线，还是"无人工厂"，它们在本质上依然是物化劳动或不变资本的实物形式。资本主义条件下生产自动化是资本家获取高额剩余价值的手段，而雇佣工人的剩余劳动仍然是这种剩余价值的唯一源泉。

资本主义生产的根本目的是追求剩余价值，但客观上也会促进生产力的发展和社会进步。

要点九：资本主义的基本矛盾与经济危机

（一）资本主义的基本矛盾

生产社会化和生产资料资本主义私人占有之间的矛盾，是资本主义的基本矛盾。在资本主义条件下，随着科学技术的进步和社会生产力的不断发展，资本主义生产不断社会化。但是，在资本家私人占有生产资料和剥削雇佣劳动者的生产关系中，社会化的生产力却变成资本的生产力，变成资本高效能地榨取剩余劳动、生产剩余价值、实现价值增殖的能力，这就形成了资本主义所特有的生产社会化和资本主义私人占有之间的矛盾。这是生产力和生产关系之间的矛盾在资本主义社会的具体体现。

 真 题 精 讲

2011年9月以来，在美国爆发的"占领华尔街"抗议活动中，示威者打出"我们是99%"的标语，向极富阶层表示不满。美国社会财富占有的两极分化，是资本主义制度下（　　　）。

A.劳资冲突的集中表现

B.生产社会化的必然产物

C.资本积累的必然结果

D.虚拟资本泡沫化的恶果

【答案】C

【解析】资本主义社会的生产是扩大再生产，扩大再生产是通过资本积累实现的。资本积累的结果，引起了资本主义社会的两极分化：一极是资本家财富的积累；另一极则是工人贫困的积累。"占领华尔街"就是这一矛盾极端尖锐化的表现，故选项C正确。选项A，生产社会化并不会必然地造成劳资之间的冲突。选项B，"生产社会化"与"两极分化"没有必然的联系，"两极分化"归根结底来自资本主义制度下的资本积累。选项D，"虚拟资本泡沫化"是美国金融发展的重要特征，也是导致"两极分化"的表面原因之一，但不是本质原因。

（二）资本主义经济危机

资本主义发展到一定阶段，就会发生以生产过剩为基本特征的经济危机。生产过剩是资本主义经济危机的本质特征，但是这种过剩是相对过剩，即相对于劳动人民有支付能力的需求来说社会生产的商品显得过剩，而不是与劳动人民的实际需要相比的绝对过剩。

资本主义经济危机爆发的根本原因是资本主义的基本矛盾，这一基本矛盾具体表现在以下两个方面：第一，生产无限扩大的趋势与劳动人民有支付能力的需求相对缩小的矛盾。第二，个别企业内部生产的有组织性和整个社会生产的无政府状态之间的矛盾。

资本主义经济危机具有周期性，这是由资本主义基本矛盾运动的阶段性决定的。只要存在资本主义制度，经济危机就是不可避免的。

资本主义经济危机的周期性爆发的特点，使社会资本再生产也呈现了周期性的特点，从一次危机开始到另一次危机的爆发，就是再生产的一个周期。社会资本再生产的周期一般包括四个阶段，即危机、萧条、复苏和高涨。资本主义再生产周期的四个阶段是相互联系的，其中危机阶段是周期的基本阶段。资本主义的再生产不一定都经过四个阶段，但是危机阶段则是必经阶段，没有危机阶段，就不存在资本主义再生产的周期性。

要点十：资本主义政治制度和意识形态

（一）资本主义政治制度及其本质

资本主义国家的政治统治是通过具体的政治制度实现的。资本主义政治制度包括资本主义的民主与法制、政权组织形式、选举制度、政党制度等。

资本主义民主制度是与资本主义生产方式相适应而发展起来的。资本主义法制也是随着资本主义经济的发展而产生的，资本主义法制是与资本主义民主结合在一起的。宪法是资本主义国家法律制度的核心，是建设法制、实行法治的法律基础。

资本主义国家政权采取的是分权制衡的组织形式，即国家的立法权、行政权、司法权分别由三个权力主体独立行使，形成各主体之间的"制衡"。

资本主义国家的选举制度，是资产阶级制定某种原则和程序，通过竞选产生议会和国家元首的一种政治机制。在资本主义国家中，选举已经成为国家政治制度运行中对社会发展和稳定产生举足轻重影响的一个不可或缺的政治机制。

政党是特定阶级利益的集中代表，是代表一定阶级、阶层或集团的根本利益，为达到政治目的，特别是为了取得政权和保持政权而建立的一种政治组织。资本主义国家的政党是阶级和阶级斗争发展到一定历史阶段的产物，在国家政治生活中发挥着很重要的作用，如代表资产阶级执掌政权，对政府施加政治影响，控制议会；制定和推行符合资产阶级利益的方针、政策；操纵选举；控制群众团体和舆论宣传等。当代资本主义国家基本上实行的都是政党制度。从政党制度的类型上看，大致有两党制和多党制等形式。

以上所列举的资本主义的诸项政治制度是在资产阶级反对封建专制主义、维护自身利益和巩固自己的政治统治的过程中逐渐形成、发展和完善起来的，是资产阶级革命最重要的政治成果。资本主义政治制度的形成和发展在人类社会历史的发展进程中曾经起过重要的进步作用。这种进步作用表现在：第一，资本主义的政治制度作为上层建筑，在战胜封建社会自给自足的小生产的生产方式，保护、促进和完善资本主义生产方式方面起着重要作用，曾推动了社会生产力的大幅度发展，促进了社会进步。第二，由于资本主义的政治制度使人们摆脱了封建专制主义条件下的分封割据状态、等级压迫制度和人身依附关系，因而使人民群众享有了比在封建专制主义条件下更多的社会政治自由。第三，资本主义的政治制度在其历史发展进程中积累了相当丰富的政治统治和社会管理的经验，这对于社会进步同样具有十分重要的积极意义。

但是，由于资本主义政治制度本质上是资产阶级进行政治统治和社会管理的手段和方式，是为资产阶级专政服务的，因此它不可避免地有其阶级的和历史的局限性。其一，资本主义的民主是金钱操纵下的民主，实际是资产阶级精英统治下的民主。其二，法律名义上的平等掩盖着事实上的不平等。其三，资本主义国家的政党制是一种维护资产阶级统治的政治制度。其四，政党恶斗相互掣肘，决策效率低，激化社会矛盾。

因此，对于资本主义的政治制度应该坚持辩证批判的态度和分析方法。

（二）资本主义的意识形态及其本质

资本主义意识形态是在资本主义国家中占统治地位的、反映作为统治阶级的资产阶级利益和要求的各种思想理论和观念的总和。在资本主义国家中占统治地位的政治、经济、法律、哲学、伦理、历史、文学、宗教等大多数人文社会科学的理论、学说，都属于资本主义意识形态的范畴。其中一以贯之的核心思想，主要是私有制神圣不可侵犯观念和个人主义价值观。

作为资本主义国家意识形态的各种资产阶级的思想理论和观念，是资产阶级在长期的反对封建专制主义和宗教神学的斗争中逐步形成和发展起来的。而这些思想理论和观念后来成为资本主义占统治地位的意识形态，则是在资本主义国家产生之后由统治阶级在以往形成的资产阶级思想理论和观念的基础上自觉地建立起来的。资本主义国家的意识形态同时也构成了资本主义国家上层建筑的重要内容，为巩固资本主义的经济基础服务。

资本主义意识形态的本质，可以概括为以下两个方面：第一，资本主义意识形态是资本主义社会条件下的观念上层建筑，是为资本主义的经济基础服务的。第二，资本主义意识形态本质上是资产阶级的阶级意识的集中体现。对于资本主义的意识形态，应该用辩证的观点来分析。

真题精讲

有一则寓言讲道：狐狸把鱼汤盛在平底的盘子里，请仙鹤来与它一起"平等"地喝鱼汤，结果仙鹤一点也没喝到，全被狐狸喝了。这则寓言给人们的启示是：

尽管资产阶级宣布"法律面前人人平等",但是（　　　）。

　　A.法律名义上的平等掩盖着事实上的不平等

　　B.这种形式上的平等即资本主义制度的本质

　　C.它的实质是将劳资之间经济利益的不平等合法化

　　D.这种平等的权利是建立在财产不平等基础之上的权利

【答案】ACD

【解析】资本主义政治制度本质上是资产阶级进行政治统治和社会管理的手段和方式，是为资产阶级专政服务的，因此不可避免地有其历史的和阶级的局限性。法律名义上的平等掩盖着事实上的不平等，由于资本主义社会是建立在私有制和资本特权的基础上的，资本家和劳动者之间、富人与穷人之间存在着事实上的严重不平等，资本主义法律的实质是将这种不平等合法化，故A、C、D三项均正确。资本主义政治制度的本质是资产阶级专政，故B项错误。

 案例精选

◎ 案例一　顺丰控股 A 股首秀涨停

别了，鼎泰新材；来了，顺丰控股！

2月24日，鼎泰新材正式更名顺丰控股并在深交所敲钟上市，这意味着顺丰控股正式亮相资本市场。

高开、高走。开盘不到半个小时，顺丰控股就接近涨停。到上午10：52顺丰控股正式涨停并维持在55.21元，总市值达到2309.81亿元。拥有其股份64.58%的王卫持有的270192.71万股，总市值为1491.67亿元。此刻，顺丰控股总市值高居深市首位，比第二位的美的集团高230亿元，比第三位的万科A高295亿元。

2017年2月24日，继2016年圆通、中通、申通、韵达四大民营快递公司之后，国内快递业另一大巨头顺丰速运，正式在深圳证券交易所敲钟上市。顺丰控股近4个交易连续涨停，其在6个交易日内累涨逾60%。截至目前，该股总市值高达2794.7亿元，稳居深市市值第一，但流通市值仅为88.83亿元。在2016年度福布斯中国富豪排行榜中，王卫排名第四。据媒体统计，若连续收获2个涨停，即可超越马云，而4个涨停之后就可超越王健林成为中国首富。

创立于1993年的顺丰一直是民营快递行业的龙头企业。顺丰官网信息显示，顺丰速运成立于1993年，截至2015年7月，顺丰已拥有近34万名员工，1.6万台运输车辆，19架自有全货机及遍布中国内地、海外的12260多个营业网点。上市后的顺丰控股表示，将贯彻公司重资本、高科技、善用大数据的竞争战略，为消费者提供更

优质服务，给投资者更丰厚回报。未来在物流方面，将进一步完善中转配送网络，保障快递产品的及时率与安全性，同时，冷运业务与仓储配送业务也会继续扩张；信息流方面，将进一步提高顺丰控股的信息处理能力，并对无人机、车联网等下一代智能物流技术进行投入。除了顺丰，包括申通、中通、百世汇通、全峰等民营快递巨头也都先后传出谋划上市的消息。随着快递公司的迅速发展和壮大，穿梭在城市农村大街小巷的快递小哥日益成为人们生活和生产中越来越离不开的重要部分。

（资料来源：《深圳商报》2017 年 2 月 25 日第 A03 版）

案例评析

在资本主义经济体系中，存在着大量的、一个个相对独立的企业或资本，每个企业都在行使着资本的职能，从事着剩余价值的生产和实现，这些各自独立发挥资本职能的资本叫个别资本。个别资本不仅要从事生产活动，生产出剩余价值，同时也要从事流通活动，以实现凝结在商品中的价值和剩余价值，从而使资本主义生产过程能够反复进行，资本主义经济制度得以延续。

物流产业是国民经济的动脉系统，它连接经济的各个部门并使之成为一个有机的整体，其发展程度成为衡量一个国家现代化程度和综合国力的重要标志之一。20 世纪 80 年代，经济全球化格局已基本形成，物流费用在产品成本中的比重也随之大大提高，降低物流费用对提高产品竞争力的作用增大。

在计划经济时期条块分割的经济模式下，我国传统物流采取的是"大而全""小而全"的经营方式，是企业各自负责自己产品和原材料的购买与运输，各种运输方式自成体系，不能形成经济规模，造成了大量运力浪费与运力不足共存的现象，而且造成采购和运输成本高，人员和运力利用率低，同时各种物流方式互不关联，物流过程中的物耗惊人。落后的物流和巨大的库存占压资金，使我国企业资本周转极其缓慢，在传统的物流模式下，许多企业因为得不到火车"车皮"这个指标，致使产品运不出去，原材料送不进来。商品的异地流通不畅，也影响了整个国家的商品经济和市场经济的健康发展。

现代综合物流服务通过集中采购、集中运输、集中储存、集中管理等专业化、规模化的服务，可以有效地降低采购成本，极大地提高人员和车辆、仓库等物流设备和设施的利用率，从而减少企业物流支出，提高经济效益。现代物流产业的全过程是经过全程优化的，各环节之间也是无缝衔接的，这就大大地降低了物流费用，缩短了物流时间。

马克思主义政治经济学以资本主义经济关系为研究对象，与社会主义有着本质的区别，但资本主义经济与社会主义市场经济的运动有共性的东西，我们可以借鉴资本主义经济运行中积极有用的东西，树立现代经济观念。

◎案例二　皮尔发财梦的破灭

什么是资本？资本常以物的形式表现出来，如厂房、机器设备、原材料、燃料和辅助材料等。而这些生产资料一定是资本吗？马克思在《资本论》第25章（现代殖民地理论）中，为了说明这个道理，转述了一个叫威克菲尔德的英国经济学家描述的一个脍炙人口的故事，这就是不幸的皮尔的故事。

皮尔是一个非常有远见的英国资本家。他通过认真细致的考察，发现新荷兰（澳大利亚）的斯旺河物产富饶，所以他预测到那里投资，一定会为他带来丰厚的利润。于是他把价值5万镑的生活资料和生产资料从英国带到斯旺河去，并同时带去了工人阶级的3000名男工、女工和童工，企图在那里赚取剩余价值。可是，英国工人一到物产富饶、极易谋生的澳大利亚，就纷纷离开，结果皮尔先生竟连一个替他铺床或到河边打水的仆人也没有了。看来，即使拥有货币、生活资料、机器以及其他生产资料，但没有资本主义的生产关系，就丢失了雇佣工人这个补充物，货币、机器以及其他生产资料也就仅仅是一般的生产资料而已，它们不能成为资本。

马克思于是幽默而讽刺地说："不幸的皮尔先生，他什么都预见到了，就是忘了把英国的生产关系输出到斯旺河去！"

原来，资本不是物，"而是一定的、社会的、属于一定历史形态社会形态的生产关系，后者体现在一个物上，并赋予这个物以独特的社会性质"。"这是资产阶级的生产关系，是资产阶级社会的生产关系。""黑人就是黑人，只有在一定的关系下，他才成为奴隶。纺纱机是纺棉花的机器，只有在一定的关系下，它才成为资本。脱离了这种关系，它就不是资本了，就像黄金本身并不是货币，砂糖并不是砂糖的价格一样。"

（资料来源：思想政治理论课教学资源共享平台，2016年9月7日，略改动）

案例评析

资本常以机器、设备、原材料、燃料和辅助资料等生产资料及劳动力的形式表现出来，但生产资料和劳动力一定是资本吗？本案例中的故事，生动形象地回答了这个问题。即不能简单地把生产资料和劳动力等同于资本。资本不是物，资本是一个历史范畴，是在一定历史阶段上产生的、在物的外壳掩盖下的资本主义生产关系，是带来剩余价值的价值。它体现在某种物品或劳动力上，并赋予该物品或劳动力独特的社会性质。

随着社会主义市场经济体制改革进程的不断深入，我们有必要将资本概念宽泛化。一方面，我们要深刻理解马克思主义政治经济学对资本概念的基本界定；另一方面，要结合我国社会主义市场经济体制改革的实际，全面、客观地认识资本的一般属性，即在商品经济社会，资本具有垫支性、运动性、增值性等基本特征。在社会主义市场经济条件下，用于生产经营活动的生产资料和货币也是资本，也必须在运动中保值、增值，也存在资本市场和按资分配。

 习题演练

一、单项选择题

1.商品的本质因素是（　　）。

A.使用价值　　　　　　　　　B.价值

C.交换价值　　　　　　　　　D.价格

2.私有制基础上商品经济的基本矛盾是（　　）。

A.使用价值和价值的矛盾

B.具体劳动和抽象劳动的矛盾

C.私人劳动和社会劳动的矛盾

D.脑力劳动和体力劳动的矛盾

3.货币转化为资本的前提是（　　）。

A.商品的不等价交换　　　　　B.小生产者有人身自由

C.资本的原始累积　　　　　　D.劳动力成为商品

4.资本主义生产的实质是（　　）。

A.社会化大生产　　　　　　　B.国际化大生产

C.剩余价值生产　　　　　　　D.现代商品生产

5.资本家获得相对剩余价值是（　　）。

A.工作日绝对延长的结果

B.工人工资低于劳动力价值的结果

C.劳动力供过于求的结果

D.技术进步和生产率提高的结果

6.价值增殖过程是超过一定点而延长了的价值形成过程，这里的"一定点"是指（　　）。

A.必要劳动时间的终点

B.剩余劳动时间的起点

C. 工人补偿劳动力价值所需要的时间

D. 资本主义生产过程的起点

7. 加快资本周转，可以增加年剩余价值量和提高年剩余价值率，根本原因是（　　　）。

A. 预付的资本总量增加了

B. 实际发挥作用的可变资本增加了

C. 流通对生产的反作用

D. 剩余价值率提高了

8. 资本主义再生产的特点是（　　　）。

A. 简单再生产　　　　　　　　　B. 扩大再生产

C. 物质资料的再生产　　　　　　D. 生产关系的再生产

9. 资本集中的方式是（　　　）。

A. 资本积聚和资本积累

B. 竞争和剩余价值的资本化

C. 竞争和信用

D. 简单再生产和扩大再生产

10. 资本主义经济危机的本质特征是（　　　）。

A. 生产不足　　　　　　　　　　B. 生产相对过剩

C. 消费不足　　　　　　　　　　D. 失业增加

二、多项选择题

1. 商品经济得以产生的历史条件有（　　　）。

A. 私有制的出现

B. 社会生产力的发展和社会分工的出现

C. 剩余产品的出现

D. 生产资料和劳动产品属于不同的所有者

E. 阶级的形成

2. 关于所有制和所有权的关系，下列说法正确的有（　　　）。

A. 所有制是所有权的基础

B. 所有权是所有制的基础

C. 所有制决定着所有权，所有权是所有制的法律形态，它是反映着经济关系的意志关系

D. 同一种所有制可以有不同的所有权

3. 资本原始积累的主要途径有（　　　）。

A. 用暴力手段剥夺农民的土地

B.用暴力手段掠夺小生产者的工厂

C.用暴力手段掠夺货币财富

D.用暴力手段掠夺商人的财富

E.用暴力手段掠夺贵族的财富

4.商品的价值是（　　　）。

A.凝结在商品中无差别的人类一般劳动

B.商品的社会属性

C.由抽象劳动形成的

D.交换价值的基础

E.反映商品生产者之间的社会关系

5.决定和影响劳动生产率高低的要素有（　　　）。

A.劳动者的平均熟练程度

B.科学技术的发展程度及其在生产中的应用

C.生产过程的社会组织形式

D.生产资料的规模与效能

E.自然条件

6.资本家生产剩余价值的基本方法有（　　　）。

A.内涵扩大再生产

B.外延扩大再生产

C.绝对剩余价值的生产

D.相对剩余价值的生产

E.超额剩余价值的生产

7.加快资本周转对资本增殖的影响表现在（　　　）。

A.剩余价值率的提高

B.剩余价值率的降低

C.年剩余价值率的提高

D.预付资本量的增加

E.预付资本量的节省

8.货币的本质通过它的职能体现出来，货币有多种职能，其中最基本的职能是（　　　）。

A.价值尺度

B.流通手段

C.支付手段

D.贮藏手段

E.世界货币

9.生产商品的劳动二重性是指（　　　　）。

A.个别劳动

B.社会劳动

C.具体劳动

D.抽象劳动

E.私人劳动

10.一切商品都包含着使用价值和价值二因素，商品是使用价值和价值的统一。这表明（　　　　）。

A.缺少使用价值和价值任何一方面，都不能成为商品

B.没有使用价值，不能成为商品

C.没有价值，不能成为商品

D.有使用价值，但不是劳动产品，也不是商品

E.有使用价值，也是劳动产品，但只是供生产者自己消费，也不是商品

三、判断题

1.资本积累的一般规律是社会财富的占有呈现两极分化的趋势。（　　　　）

2.价值规律是在市场配置资源过程中体现它的客观要求和作用的。（　　　　）

3.产品分属不同所有者是商品经济产生的决定性条件。（　　　　）

四、简答题

1.价值规律的内容和作用是什么？

2.什么是商品的二因素？二者之间有什么关系？

3.生产商品的劳动二重性是什么？二者之间有什么关系？

4.为什么说经济危机是资本主义制度的必然产物？

五、材料分析题

吉林省辽源煤矿在日伪时期"万人坑"里，发现死难矿工牛世清尸骨上有一张欠债工票，上面记载1942年11月牛世清挖煤30天，月工资32.34元。据资料记载，当时公认每日产煤1.88吨，每吨煤市价22.65元，每吨煤的生产费用（包括支付工资在内）14.90元。

思考：1.资本家一个月在牛世清身上榨取剩余价值有多少？

2.剩余价值率是多少？

实践课堂

项目 一 读书有感——《资本论》

实践目的

马克思主义基本原理是对马克思主义基本理论的概括和总结。要真正深刻、准确地理解马克思主义的理论，需要回归马克思主义的经典著作。通过对《资本论》的深入研读，使学生深刻认识剩余价值的秘密、资本的本质、资本主义的基本矛盾及其发展的历史趋势等问题。

实践方案

1. 任课教师布置阅读任务，明确实践活动要求。

2. 将学生分为若干小组（每组 4 ~ 6 人），并选定一人为小组组长，负责小组各项工作。学生以小组为单位，课外认真阅读指定作品，阅读结束后小组组内就各自的阅读感悟进行探讨和交流。

3. 学生通过进一步搜集和整理相关资料，结合小组成员的讨论交流情况，撰写阅读报告。阅读报告内容应包含：①作品写作背景的介绍；②作品基本观点和思路的概述；③读后感。

4. 以小组为单位推选一名组员，代表小组在课堂上分享个人的读后感及本组的讨论交流情况。

5. 任课教师对学生发言进行点评，引导学生更深层次地理解本次实践活动的主题。

 参考资料

资料一：

马克思主义基本原理实践课
读书报告

院　　部：_____

专业班级：_____

姓　　名：_____

学　　号：_____

学　　期：＿＿＿＿＿＿＿＿＿＿＿＿＿＿＿＿

读书报告考核	
考核评价（符合标准的在对应的"□"里打"√"） 　　内容条理清晰，观点正确　　　优□　良□　中□　差□ 　　体会真切、感悟深刻　　　　　优□　良□　中□　差□ 　　有自己的独到想法和见解　　　优□　良□　中□　差□ 　　报告字数与格式符合规范　　　优□　良□　中□　差□ 　　其他　　　　　　　　　　　　优□　良□　中□　差□	考核成绩（满分100分）：
	教师签名： 　　　　年　月　日

读书报告
写作背景：
基本观点和思路：
读后感
题目：
正文：

教师点评	

资料二：

《资本论》简介

一、写作背景

19世纪，欧洲主要资本主义国家基本完成了产业革命。资本主义生产带来经济飞速发展的同时，其所固有的矛盾也日益显露出来，无产阶级反对资产阶级的斗争日益尖锐与复杂化。为了斗争的需要，为了给无产阶级提供强大的理论武器，马克思从 19 世纪 40 年代起开始着手研究政治经济学。他广泛阅读和收集有关的文献资料，深入研读了 1500 本以上的著作，做了大量的摘录和笔记，并在此研究的基础上，不断发展和完善他的理论。1867 年 9 月 14 日，《资本论》第一卷在德国汉堡正式出版，其余各卷在马克思逝世以后，由恩格斯整理出版。弗兰茨·梅林在《马克思传》里这样评价这部名著："通观马克思的这一著作的整体，可以说，包含着关于价值规律、工资和剩余价值学说的第一卷揭示了现代社会的基础；而二、三卷则展示了这一基础之上的各层建筑。或者，可以用另一种比喻来说，第一卷揭露了社会机体的制造生命汁液的心脏，而第二、三卷则说明了整个机体直到表皮的血液循环的营养。"

二、主要内容

《资本论》内容博大精深。它首先是马克思主义政治经济学的经典文献，是马克思政治经济学研究的高峰，阐明了资本主义产生、发展到灭亡的历史过程，揭示了资本主义必然被社会主义代替的客观规律。马克思根据其创立的剩余价值学说揭示了资本主义剥削的秘密，科学地论证了无产阶级必然要为实现无产阶级专政和消灭人剥削人的现象而斗争。《资本论》在主要揭示资本主义经济规律的同时，还科学地揭示了人类社会普遍适用的经济规律，如社会化大生产的共同规律，经济全球化和世界市场的规律，商品生产的一般规律等。同时，《资本论》还是一部伟大的科学社会主义著作。在历史上，有许多思想家和学者都曾梦想实现一个没有剥削没有压迫的美好社会，但由于不懂得历史发展的客观规律，这些主张都陷入了空想。只有马克思揭示了人类社会和资本主义社会的客观发展规律，才使空想社会主义变成了全世界工人阶级和劳动人民革命斗争的锐利武器。此外，《资本论》还被认为是一部马克思主义的百科全书。它包含着马克思在历史、法律、科学技术、教育、道德、宗教、文学、艺术等领域闪烁着天才火花的思想，它在各方面都蕴含着有待我们进一步挖掘的瑰宝。剩余价值理论是贯穿全书的一条主线，把握住这条主线，也就不难理解全书的结构了。

《资本论》全书共分四卷。第一卷的卷名是《资本的生产过程》，主要阐明在资本主义的直接生产过程中，剩余价值是怎样被生产出来的。第二卷的卷名是《资本的流通过程》，主要阐述通过流通怎样为剩余价值的生产准备条件，以及在生产完成之后怎样实现剩余价值。第三卷的卷名是《资本主义生产的总过程》，马克思在本卷中不仅考察资本主义生产过程和流通过程的统一，而且考察了资本运动过程中所呈现的各种具体形式，如产业资本、商业资本、借贷资本、银行资本等，并通过对资本运动的各种具体形式的分析，阐明了剩余价值怎样在资本主义各个剥削集团之间进行分配。第四卷的卷名是《剩余价值理论》，在这一卷，马克思围绕剩余价值理论这个中心，对资产阶级各派经济学说进行了系统的分析批判。

《资本论》的前三卷，马克思称为理论部分，主要论述了资本主义经济的运动规律，也就是通过阐明剩余价值的生产、实现和分配的规律，来论证资本主义制度如何发生、发展和必然走向灭亡。第四卷，马克思称为历史文献部分。这一部分主要是分析批判以攫取剩余价值为内容的资本主义经济运动在资产阶级经济学家著作中的歪曲反映。

三、历史意义

正如达尔文的《进化论》发现有机自然界的进化规律一样，马克思的《资本论》也发现了人类社会的进化规律。《资本论》是马克思用毕生精力著述的伟大的科学巨著，是人类历史上经验和智慧的结晶，是对国际工人运动斗争经验的总结。它的出版，宣判了资本主义制度的末日，为无产阶级革命指明了正确的方向，因此具有划时代的重要意义。

项目 二 视频赏析——《资本主义：一个爱情故事》

实践目的

通过观看视频，让学生深入了解资本主义社会暴露出来的种种弊端，资本主义其实没有想象中那么完美，进而坚定对中国特色社会主义道路的自信。

实践方案

1.任课教师宣布实践活动主题，明确实践要求。

2.任课教师组织学生在多媒体教室观看视频《资本主义：一个爱情故事》。

3.观看视频后，学生自主或由任课教师指定发言，谈谈自己的观后感。

4.任课教师对学生发言进行点评和总结，进一步引导学生运用所学的马克思主义的观点和方法理解、分析问题。

5.课后学生自选角度撰写观后感。

 相关链接：

《资本主义：一个爱情故事》

马克思主义基本原理实践课
观后感

院　　部：＿＿＿＿＿＿＿＿＿＿＿＿＿＿＿＿

专业班级：＿＿＿＿＿＿＿＿＿＿＿＿＿＿＿＿

姓　　名：＿＿＿＿＿＿＿＿＿＿＿＿＿＿＿＿

学　　号：＿＿＿＿＿＿＿＿＿＿＿＿＿＿＿＿

学　　期：＿＿＿＿＿＿＿＿＿＿＿＿＿＿＿＿

观后感考核	
考核评价（符合标准的在对应的"□"里打"√"） 　　感情真切、体悟深刻　　　　优□　良□　中□　差□ 　　层次明确、清晰　　　　　　优□　良□　中□　差□ 　　文字凝练、叙述简洁　　　　优□　良□　中□　差□ 　　其他　　　　　　　　　　　优□　良□　中□　差□	考核成绩（满分100分）：
	教师签名： 　　　　　　　年　月　日

观后感
题目：
正文：

续表

教师点评	

项目 三 社会调查——价格的秘密

实践目的

通过开展本次调查活动，使学生深刻认识价格是如何围绕价值进行波动的，正确认识价值规律在社会经济中的作用，学会用价值规律分析某些经济现象。

实践方案

1.任课教师宣布实践活动主题，明确实践要求。

2.将学生分为若干调查小组（每组 6～8 人），并指定一人为小组组长，负责小组组内各项工作。

3.各小组根据本次实践的基本要求，确定对哪种商品一定时期内的市场价格表现进行调查和统计，制订实践方案。方案经任课教师审核通过后方可实施。

4.每组撰写社会调查报告一份，并提交任课教师。报告应包括调查问卷、采访记录、照片等内容，不少于 5000 字。

5.各小组就各自的实践活动开展情况在课堂上进行讨论和交流。

6.各小组推选一名代表在课堂上进行汇报。

7.任课教师对学生本次实践活动进行综合点评，引导学生运用教材上的相关理论知识分析和解决问题，同时，对本次实践活动中集中存在的问题进行分析和纠正，表现好的方面给予肯定和鼓励。

趣文短篇

"羊吃人" 的圈地运动与资本的原始积累

资本原始积累是通过暴力使直接生产者与生产资料相分离，由此使货币财富迅速集中于少数人手中的历史过程。原始积累是资本主义生产方式的前提和起点。

对农民土地的剥夺，形成了整个原始积累的基础。这个过程，在不同的国家具有不同的特点，但最典型的形式是英国的"圈地运动"。"羊吃人"的圈地运动在英国的历史上，从 15 世纪末延续到 19 世纪上半叶，历时 300 余年之久。圈地运动使英国一半以上的土地变成了牧场。

在 15 世纪以前，英国的生产主要还是以农业为主。随着新航路的发现，国际间贸易的扩大，毛纺织业突然繁盛起来，使得羊毛的需求量逐渐增大，羊毛价格开始猛涨。英国本来是一个传统的养羊大国，这时除了满足国内的需要外，还要满足国外的羊毛需要。因此，养羊业与农业相比，就变得越来越有利可图。这时，一些有钱的贵族开始投资养羊业。

圈地运动首先是从剥夺农民的公共用地开始的。在英国，虽然土地早已有主，但森林、草地、沼泽和荒地这些公共用地则没有固定的主人。一些贵族利用自己的势力，首先在这里扩大羊群，强行占有这些公共用地。当这些土地无法满足贵族们日益扩大的羊群需要时，他们又开始采用各种方法，把那些世代租种他们土地的农民赶出家园，甚至把整个村庄和附近的土地都圈起来，变成养羊的牧场。

在圈地运动中，英国曾经颁布了一些企图限制圈地程度的法令，但 18 世纪后半叶，英国国会又通过了大量准许圈地的法令，使圈地合法化。同时，为了使被驱逐的农民很快地安置下来，英国还颁布了限制流浪者的法令，规定凡是有劳动能力的游民，如果不在规定的时间里找到工作，一律加以法办。通常，流浪的农民一旦被抓住，就要受到鞭打，然后被送回原籍。如果再次发现他流浪，就要割掉他的半只耳朵。第三次发现他仍在流浪，就要处以死刑。亨利八世和伊丽莎白两代国王统治时期，曾经处死了大批流浪农民。圈地运动使农民数量越来越少，失去土地的农民只好进入城市。为了活命，他们不得不进入生产羊毛制品的手工工场和其他产品的手工工场，且每天要工作十几个小时，成为资本家的廉价劳动力。

最初作为资本的货币财富的积累，同样是通过劫掠取得的。地理大发现之后，西欧国家向美洲、非洲和亚洲地区进行的领土扩张和殖民掠夺，为资本主义的迅速发展创造了条件。

从 15 世纪末到 17 世纪初，葡萄牙殖民者廉价从印度贩运香料、大米、糖、丝织品、宝石、珍珠；从印度尼西亚贩运香料、大米、珍贵木材；从中国和日本贩运茶叶和瓷器。商品运到欧洲，高价出售。例如胡椒，在里斯本的售价要比在印度的售价高 10 多倍。

16 世纪，西班牙殖民者在拉丁美洲强迫印第安人开采金矿、银矿。西班牙每年派出两支船队去运金银。1521—1544 年，平均每年运回黄金 2900 千克，白银 3 万多千克；1545—1560 年，平均每年运回黄金 5500 千克，白银 24.6 万千克。16 世纪末，世界贵重金属开采量中有 83% 归西班牙所有。殖民者还贩运可可、糖、烟草、棉花、宝石、珍珠等特产。在西印度群岛，他们残杀印第安人。殖民者初到海地时，那里大约有6万人口，到1548年就只剩下500人，古巴和牙买加的原有居民几乎灭绝。到16世纪中期，自墨西哥向南的美洲广大内陆地区，除巴西被葡萄牙占领外，基本上都变成了西班牙的殖民地。

西方殖民者在300多年里，仅从中南美洲就抢走了250万千克黄金，1亿千克白银。1783—1793年，英国仅利物浦一地就贩运了33万多黑人，奴隶贸易使非洲丧失的人口达1亿多。

公债也是原始积累的有力手段之一，它使货币转化为资本，又用不着承担风险。国家发行公债券，使充当政府和人民之间中介人的金融家大发横财。现代税收制度成为国债制度的补充，国债是依靠国家收入来支付利息等开支，而国家收入则来自对居民的课税。此外，国际信用制度也往往成为国家原始积累的源泉之一。

上述所有这一切，都使资本以及与之相适应的生产方式形成所需要的货币财富迅速增长，而这些原始积累都是通过暴力来实现的。正如马克思所说："资本来到世间，从头到脚，每个毛孔都滴着血和肮脏的东西。"

（资料来源：康菊花《马克思主义基本原理概论学习指导》，中国农业大学出版社2013年版，略改动）

第五章 资本主义的发展及其趋势

　　资本的垄断成了与这种垄断一起并在这种垄断之下繁盛起来的生产方式的桎梏，生产资料的集中和劳动的社会化，达到了同它们的资本主义外壳不能相容的地步。这个外壳就要炸毁了，资本主义私有制的丧钟就要响了。剥夺者就要被剥夺了。

——马克思

知识网络

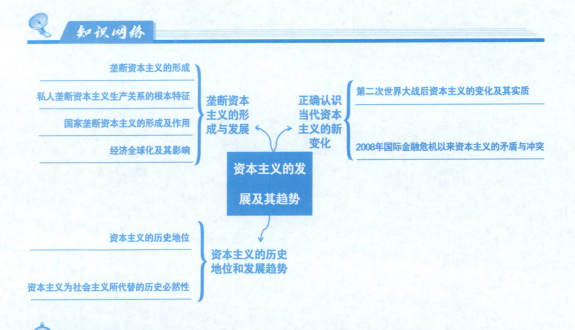

学习指南

⊙ 学习目标

　　了解资本主义从自由竞争发展到垄断的进程，科学认识国家垄断资本主义和经济全球化的本质，正确认识第二次世界大战以来资本主义的变化及其实质，以及 2008 年国际金融危机以来资本主义的矛盾与冲突，深刻理解资本主义的历史地位及其为社会主义所代替的历史必然性，坚定资本主义必然灭亡、社会主义必然胜利的信念。

⊙ 学习要点

　　垄断资本主义的形成，私人垄断资本主义生产关系的根本特征，国家垄断资本主义的特点和实质，经济全球化的表现及其影响，第二次世界大战后资本主义的变化及实质，2008 年国际金融危机以来资本主义的矛盾与冲突，资本主义的历史地位及其为社会主义所代替的历史必然性。

⊙ **学习难点**

垄断资本主义的形成，当代资本主义的变化，资本主义的历史地位和发展趋势。

 要点归纳

要点一：垄断资本主义的形成

（一）垄断的产生

所谓垄断，是指少数资本主义大企业为了获得高额利润，通过相互协议或联合，对一个或几个部门商品的生产、销售和价格进行操纵和控制。

垄断的产生有以下几个原因：第一，当生产集中发展到相当高的程度，极少数企业就会联合起来，操纵和控制本部门的生产和销售，实行垄断，以获得高额利润。第二，企业规模巨大，形成对竞争的限制，也会产生垄断。第三，激烈的竞争给竞争各方带来的损失越来越严重，为了避免两败俱伤，企业之间会达成妥协，联合起来，实行垄断。

（二）垄断的实现

垄断是通过一定的垄断组织形式实现的。垄断组织是指在一个或几个经济部门中，占据垄断地位的大企业联合。垄断组织的形式多种多样，而且在各个国家、各个时期也不相同。最简单、初级的垄断组织形式是短期价格协定，即几个企业在短期内订立一种或几种产品的售价协定，所有参加方必须遵守协定所规定的商品销售价格。这种垄断组织的稳定性是比较弱的，一旦市场情况发生变化，便会自行解体。尽管垄断组织的形式多种多样，且不断变化发展，但是它们在本质上是一样的，即通过联合实现独占和瓜分商品生产和销售市场，操纵垄断价格，以攫取高额垄断利润。

19世纪末20世纪初，垄断代替自由竞争并占据统治地位，垄断资本主义得以形成。这一时期的垄断资本主义主要以私人垄断资本为基础，所以又叫私人垄断资本主义。

（三）垄断条件下竞争的特点

1. 垄断资本主义阶段仍然存在竞争的主要原因

垄断是在自由竞争中形成的，是作为自由竞争的对立面产生的。但是，垄断并不能消除竞争，反而使竞争变得更加复杂和激烈。这是因为：①垄断没有消除产生竞争的经济条件；②垄断必须通过竞争来维持；③社会生产是复杂多样的，任何垄断组织都不可能把包罗万象的社会生产都包下来。

2. 垄断条件下的竞争与自由竞争的对比

	自由竞争	垄断条件下的竞争
竞争目的	获得更多的利润或超额利润，不断扩大资本的积累	获取高额垄断利润，并不断巩固和扩大自己的垄断地位和统治权力
竞争手段	主要运用经济手段，如通过改进技术、提高劳动生产率、降低产品成本	除了采取各种形式的经济手段外，还采取非经济的手段
竞争范围	主要是在经济领域，而且主要是在国内市场上进行的	国际市场上的竞争越来越激烈，不仅经济领域的竞争多种多样，而且还扩大到经济领域以外进行竞争

（四）金融资本与金融寡头

金融资本：银行垄断资本和工业垄断资本，通过金融联系、资本参与和人事参与，密切地融合在一起，产生的一种新型的垄断资本。

金融寡头：操纵国民经济命脉，并在实际上控制国家政权的少数垄断资本家或垄断资本家集团。

金融寡头控制社会的方式：一是金融寡头在经济领域中的统治主要是通过"参与制"实现的；二是在政治上对国家机器的控制，主要是通过同政府的"个人联合"来实现的；三是金融寡头还通过建立政策咨询机构等方式对政府的政策施加影响，并通过掌握新闻出版、广播电视、科学教育、文化体育等上层建筑的各个领域，左右国家的内政外交及社会生活。

 真题精讲

在资本主义社会里，银行垄断资本和工业垄断资本密切地融合在一起，产生

了一种新型的垄断资本，即金融资本。在金融资本形成的基础上，产生了金融寡头。金融寡头操纵、控制社会的主要方式有（　　　）。

  A. 通过"参与制"实现其在经济领域中的统治

  B. 通过同政府的"个人联合"实现其对国家机器的控制

  C. 通过政策咨询机构影响和左右内外政策

  D. 通过新闻媒体实现国民思想意识的一元化

【答案】ABC

【解析】金融寡头是指操纵国民经济命脉，并在实际上控制国家政权的少数垄断资本家或垄断资本家集团。金融寡头在经济中的统治，主要是通过"参与制"来实现的；在政治上主要是通过同政府的多种途径的"个人联合"来实现的。金融寡头还通过建立政策咨询机构等方式对政府的政策施加影响，并通过掌握新闻科教文化等来左右和影响内政外交及社会生活。因此，正确选项为 A、B、C。选项 D，资本主义是建立在阶级对立基础上的社会，不可能实现国民思想意识一元化。

（五）垄断利润和垄断价格

1. 垄断利润

垄断利润：垄断资本的实质在于获取垄断利润，垄断利润是垄断资本家凭借其在社会生产和流通中的垄断地位而获得的超过平均利润的高额利润。

垄断利润的来源：归根到底来自无产阶级和其他劳动人民所创造的剩余价值。一是来自对本国无产阶级和其他劳动人民剥削的加强；二是由于垄断资本可以通过垄断高价和垄断低价来控制市场，使得它能获得一些其他企业特别是非垄断企业的利润；三是通过加强对其他国家劳动人民的剥削和掠夺从国外获取利润；四是通过资本主义国家政权进行有利于垄断资本的再分配，从而将劳动人民创造的国民收入的一部分变成垄断资本的收入。

垄断利润的实现：垄断资本所获得的高额利润，归根到底来自无产阶级和其他劳动人民所创造的剩余价值。

2. 垄断价格

垄断价格：垄断组织在销售或购买商品时，凭借其垄断地位规定的、旨在保证获取最大限度利润的市场价格。其公式是：垄断价格 = 成本价格 + 平均利润 + 垄断利润。

垄断价格的形式：垄断价格包括垄断高价和垄断低价两种形式。垄断高价是指垄断组织出售商品时规定的高于生产价格的价格，垄断低价是指垄断组织在购买非垄断企业所生产的原材料等生产资料时规定的低于生产价格的价格。

  垄断价格的产生没有否定价值规律，它是价值规律在垄断资本主义阶段作用的具体体现。

要点二：垄断资本主义的发展

（一）国家垄断资本主义的形成及作用

国家垄断资本主义：国家政权和私人垄断资本融合在一起的垄断资本主义。

1.国家垄断资本主义形成的原因

国家垄断资本主义是科技进步和生产社会化程度进一步提高的产物，是资本主义基本矛盾进一步尖锐化的必然结果。

首先，社会生产力的发展，要求资本主义生产资料在更大范围内被支配，从而促进了国家垄断资本主义的产生；其次，经济波动和经济危机的深化，要求国家垄断资本主义的产生；最后，缓和社会矛盾，协调利益关系，要求国家垄断资本主义的产生。

2.国家垄断资本主义的主要形式

一是国家所有并直接经营的企业；二是国家与私人共有、合营企业；三是国家通过多种形式参与私人垄断资本的再生产过程，包括国家向私人垄断企业订货，提供津贴和补助；四是宏观调节，主要是国家运用财政政策、货币政策等经济手段，对社会总供给和总需求进行调节，以实现经济快速增长、充分就业、物价稳定和国际收支平衡的基本目标；五是微观规制，主要是国家运用法律手段规范市场秩序，限制垄断，保护竞争，维护社会公众的合法权益。微观规制主要有三种类型：其一，反托拉斯法；其二，公共事业规制；其三，社会经济规制。

3.国家垄断资本主义的作用

国家垄断资本主义是垄断资本主义的新发展，它对资本主义经济的发展产生了积极的作用。

首先，国家垄断资本主义的出现在一定程度上有利于社会生产力的发展；其次，国家对经济的干预在一定程度上适应了社会化大生产的要求，有利于缓解资本主义生产的无政府状态，促进社会经济较为协调地发展；再次，通过国家的收入再分配手段，使劳动人民生活水平有所改善和提高；最后，在国家垄断资本主义的参与和干预下，各主要资本主义国家的产业现代化水平迅速提高，加快了这些国家国民经济的现代化进程。

4.国家垄断资本主义的实质

国家垄断资本主义的出现并没有根本改变垄断资本主义的性质。国家垄断资本主义的出现是资本主义经济制度内的经济关系调整，并没有从根本上消除资本主义的基本矛盾。国家垄断资本主义有各种不同的具体形式，其实质都是私人垄断资本利用国家机器来为其发展服务的手段，是私人垄断资本为了维护垄断统治和获取高额垄断利润，而与国家政权相结合的一种垄断资本主义形式。

（二）金融垄断资本的发展

20 世纪 70 年代初，由于资本主义发展不平衡的加深和国际货币体系内在矛盾的激化，布雷顿森林体系崩溃。随后，西方国家普遍走上了金融自由化和金融创新的道路。

金融垄断资本形成的条件：金融自由化与金融创新是金融垄断资本得以形成和壮大的重要制度条件，推动着资本主义经济的金融化程度不断提高。

在金融垄断资本的推动下，垄断资本主义的金融化程度不断提高：金融业在国民经济中的地位大幅上升，金融资本在资本主义国家国民生产总值和利润总额中所占的比例越来越大；金融资本的急剧膨胀；制造业就业人数严重减少，以金融为核心的服务业就业人数逐步增加；虚拟经济越来越脱离实体经济。金融垄断资本的发展，一方面促进了资本主义的发展，另一方面也造成了经济过度虚拟化，导致金融危机频繁发生，不仅给资本主义经济，也给全球经济带来灾难。

20 世纪 70 年代以来，西方资本主义国家的金融资本急剧膨胀，这一方面促进了资本主义的发展，另一方面也造成了经济过度虚拟化，致使金融危机频繁发生。西方资本主义金融资本快速发展壮大的重要制度条件是（　　）。

A. 金融自由化与金融创新　　　　B. 技术创新与大力发展互联网金融
C. 全面私有化与放松金融监管　　D. 去工业化与大力发展现代服务业

【答案】A
【解析】金融自由化与金融创新是金融垄断资本得以形成和壮大的重要制度条件，推动着资本主义经济的金融化程度不断提高。因此，正确选项为 A。选项 C，"全面私有化"说法错误，私有制是资本主义制度的基础，但并不意味着所有的资本主义国家都是全面私有化的，这种表述不是当代资本主义的特征。选项 B、D，"互联网金融"和"现代服务业"都是结果，应该是先有金融资本快速发展壮大的需求，才会引致技术创新、互联网金融和现代服务业的快速发展。

（三）垄断资本在世界范围的扩展

1. 垄断资本向世界范围扩展的主要经济动因

将国内过剩的资本输出，以便在国外谋求高额利润；将部分非要害的技术转移到国外，以取得在别国的垄断优势，攫取高额垄断利润；争夺商品销售市场；确保原材料和能源的可靠来源。

这些经济上的动因与垄断资本主义在政治上、文化上、外交上的利益紧密联系在一起，交织发挥作用，共同促进了垄断资本向世界范围的扩展。

2. 垄断资本向世界范围扩展的基本形式

三种基本形式：借贷资本输出；生产资本输出；商品资本输出。

从输出资本的来源看，主要有两类：私人资本输出；国家资本输出。

3. 垄断资本向世界范围扩展的后果

对于资本输出国来讲，资本输出为其带来了巨额利润，带动和扩大了商品输出，大大改善了国际收支状况，对资本输出国的经济命脉形成控制。

对于资本输入国主要是发展中国家来讲，资本输入对其经济和社会发展产生了一定的积极作用，如吸收了资金，引进了较先进的机器设备和工艺技术，培训了技术和管理人员，利用外贸和技术办厂，促进经济发展，增加了就业，扩大了外贸等。资本输入也给发展中国家带来一定程度的不利影响，如付出了较大的经济代价和环境资源代价，冲击本国民族工业，债务加重，对国际资本依赖性增强等。

（四）垄断资本国际化条件下的垄断组织

1. 国际垄断同盟的建立

各资本主义国家的垄断组织通过订立协议建立起国际垄断资本的联盟，即国际垄断同盟，以便在世界范围形成垄断，并在经济上瓜分世界。国际垄断同盟在经济上瓜分世界是通过垄断组织间的协议实现的，而协议的订立、瓜分的结果又以经济实力为后盾和基础。

2. 早期的国际垄断同盟的形式

早期的国际垄断同盟主要是国际卡特尔，即若干垄断资本主义国家的生产或经营某种产品的垄断组织，通过订立国际卡特尔协议，垄断和瓜分这种产品的世界市场，规定垄断价格，谋求垄断利润。

3. 当代国际垄断同盟的形式

当代国际垄断同盟的形式以国家垄断资本主义的国际联盟为主。国家垄断资本主义的国际联盟是由一些资本主义国家的政府出面缔结协定所组成的国际经济集团，如西方七国集团、欧盟等。国家垄断资本主义的国际联盟使联盟中各国经济的一体化程度大大增强，在一定程度上促进了生产和资本的集中，刺激了生产的发展，使各国间有可能保持和平与稳定的关系。

4. 国际经济调节体系

国际垄断资本还建立起国际经济调节体系，以加强国际协调。国际经济协调的具体形式包括各种国际经济组织、国际经济协议以及地区性的经济组织和集团等。第二次世界大战以来，从事国际经济协调、维护国际经济秩序的国际性协调组织主要有三个，即国际货币基金组织、世界银行和世界贸易组织。

（五）垄断资本主义的基本特征和实质

垄断资本主义的基本特征：垄断组织在经济生活中起决定作用；在金融资本的基础上形成金融寡头的统治；资本输出有了特别重要的意义；瓜分世界的资本家国际垄断同盟已经形成；最大资本主义列强已把世界上的领土分割完毕。

垄断资本主义的实质：垄断资本凭借垄断地位，获取高额垄断利润。为了获得高额垄断利润，垄断资本对内通过"参与制"和"个人联合"谋求从经济到政治对整个国家的统治；对外运用经济的、政治的甚至战争的手段进行扩张，谋求对整个世界经济和政治的控制。第二次世界大战后，虽然列宁指出垄断资本主义的基本经济特征在表现形式上发生了一些变化，但其基本内容及其实质并没有发生根本变化。

要点三：经济全球化及其后果

（一）经济全球化的表现

经济全球化：在生产不断发展、科技加速进步、社会分工和国际分工不断深化、生产的社会化和国际化程度不断提高的情况下，世界各国、各地区的经济活动越来越超出某一国家和地区的范围而相互联系、相互依赖的过程。

经济全球化的表现：生产全球化；贸易全球化；金融全球化。

（二）经济全球化的动因

一是科学技术的进步和生产力的发展为经济全球化提供了坚实的物质基础和根本的推动力。特别是20世纪70年代以来的信息技术革命，加快了信息传送的速度，极大降低了信息传送的成本，推动了经济全球化的迅速发展。

二是跨国公司的发展为经济全球化提供了适宜的企业组织形式，大大地促进了各种生产要素在全球的流动和国际分工，并由此极大地推动了经济全球化进程。

三是各国经济体制的变革是经济全球化的体制保障。

（三）经济全球化的影响

积极作用：经济全球化为发展中国家提供先进技术和管理经验；经济全球化为发展中国家提供更多的就业机会；经济全球化推动发展中国家国际贸易发展；经济全球化促进发展中国家跨国公司的发展。

负面影响：发达国家与发展中国家在经济全球化过程中的地位和收益不平等、

不平衡；加剧了发展中国家资源短缺和环境污染恶化；一定程度上增加经济风险。

 真题精讲

20世纪80年代以来，随着冷战的结束，分割的世界经济体系也随之被打破，技术、资本、商品等真正实现了全球范围的流动，各国之间的经济联系日益密切，相互合作、相互依存大大加强，世界进入经济全球化迅猛发展的新时代。促使经济全球化迅猛发展的因素有（　　　）。

　　A.科学技术的进步和生产力的快速发展
　　B.出现了适宜于全球化的企业组织形式
　　C.企业不断进行的技术创新与管理创新
　　D.各国经济体制变革供给出的有利制度条件

【答案】ABD

【解析】导致经济全球化迅猛发展的因素：科学技术的进步和生产力的快速发展为经济全球化提供了坚实的基础和根本的推动力，故选项A正确。跨国公司的发展为经济全球化提供了适宜的企业组织形式，促进了各生产要素在全球的流动和国际分工，推动了经济全球化的进程，故B选项正确。各国经济体制的变革是经济全球化的体制保障，故D选项正确。选项C，逻辑颠倒，企业为了适应经济全球化，需要不断进行技术创新与管理创新，而不是企业进行技术创新与管理创新就可以促进经济全球化。

要点四：第二次世界大战后资本主义的变化及其实质

（一）变化的主要表现

第二次世界大战后，资本主义经济政治都发生了变化。这些变化主要表现在：第一，生产资料所有制的变化。第二，垄断资本形式的变化。第三，劳资关系和分配关系的变化。第四，社会阶层和阶级结构的变化。第五，经济调节机制和经济危机形态的变化。第六，政治制度的变化。

国家资本所有制：生产资料由国家占有并服务于垄断资本的所有制形式。

国家资本所有制的主要特点：国家作为出资人，拥有国有企业的所有权和控制权，国有企业的重要职能是推行政府的社会政策和经济政策，为私人垄断资本的发展提供服务和保障。国家资本所有制就其性质而言，仍然是资本主义形式，体现着资本家剥削雇佣劳动者的关系。

法人资本所有制：资本主义生产资料所有制发展的新形式。法人资本所有制是法人股东化的产物。

法人资本所有制有两种形式：一种是企业法人资本所有制，另一种是机构法人资本所有制。法人资本所有制在性质上是一种基于资本雇佣劳动的垄断资本集体所有制，体现了资本剥削雇佣劳动的关系。

从历史发展的角度看，资本主义生产资料所有制是不断演进和变化的。当今资本主义社会居主导地位的资本所有制形式是（　　）。

A. 私人资本所有制

B. 法人资本所有制

C. 私人股份资本所有制

D. 垄断资本私人所有制

【答案】B

【解析】当代资本主义变化的表现之一是生产资料所有制的变化。第二次世界大战后，资本主义所有制发生了变化，法人资本所有制崛起并成为居主导地位的资本所有制形式，故 B 项正确。私人资本所有制是资本主义发展初期的所有制形式，故 A 项错误。19 世纪末 20 世纪初，随着股份公司的发展，私人股份资本所有制取代个体资本所有制成为居主导地位的所有制形式，故 C 项错误，D 项不符合题意，故排除。

（二）劳资关系和分配关系的变化

随着社会生产力的发展和工人阶级反抗力量的不断壮大，资本家及其代理人开始采取一些缓和劳资关系的激励制度，促使工人自觉地服从资本家的意志。

缓和劳资关系的激励制度：职工参与决策；终身雇佣；职工持股。此外，普及化、全民化的社会福利制度，在一定程度上满足劳动者的安全和保障需求，保证他们维持最低生活水平，改善其生活状况，劳动者工资水平也有所提高。

伴随着生产力发展、科技进步及阶级关系调整，当代资本主义社会的劳资关系和分配关系发生了很大变化。其中，资本家及其代理人为缓和劳资关系所采取的激励制度有（　　）。

A. 职工参与决策制度

B. 职工终身雇佣制度

C.职工选举管理者制度

D.职工持股制度

【答案】ABD

【解析】随着社会生产力的发展和工人阶级反抗力量的不断壮大，资本家及其代理人开始采取一些缓和劳资关系的激励制度：职工参与决策制度、职工终身雇佣制度以及职工持股制度。故A、B、D三项均正确。选项C，在资本主义社会中，资本主义生产资料私有制决定了工人始终处于从属地位，从而无权选择企业的管理者，故C项错误。

（三）社会阶层和阶级结构的变化

一是资本家的地位和作用发生了很大的变化。资本所有权和经营权发生分离，拥有所有权的资本家一般不再直接经营和管理企业，而是靠拥有的企业股票等有价证券的利息收入为生。

二是高级职业经理成为大公司经营活动的实际控制者。

三是知识型和服务型劳动者的数量不断增加，劳动方式发生了新变化。

 真题精讲

与第二次世界大战之前的资本主义相比，当代资本主义生产关系中的社会阶层、阶级结构发生了许多变化，主要表现在（　　　）。

A.高级职业经理成为资本主义社会大公司经营活动的实际控制者

B.资本家由从前的直接生产经营者变成了以利息为生的食利者

C.职工持股和参与决策使得劳动者成为资本家集团的重要力量

D.知识型和服务型劳动者数量随科技革命不断深入而持续地增加

【答案】ABD

【解析】在当代资本主义生产关系中，社会阶层、阶级结构发生了变化。一是资本家的地位和作用发生了很大的变化。资本所有权和经营权发生分离，拥有所有权的资本家一般不再直接经营和管理企业，而是靠拥有的企业股票等有价证券的利息收入为生。二是高级职业经理成为大公司经营活动的实际控制者。三是知识型和服务型劳动者的数量不断增加，劳动方式发生了变化。故A、B、D三项均正确。当代资本主义发生的变化是在资本主义制度基本框架内的变化，并不意味着资本主义生产关系的根本性质发生了变化。选项C，职工持股和参与决策只是资本家及其代理人采取的缓和劳资关系的制度，并不能说明劳动者成为资本家集团的重要力量。

（四）经济调节机制和经济危机形态的变化

1. 经济调节机制的变化

第二次世界大战后，资本主义国家为尽快恢复国民经济，在继续发挥市场机制主导性作用的同时，开始对经济进行全面干预。国家承担起了实现经济增长和充分就业、保持经济稳定、提高社会福利水平以及维护市场秩序等重要职能。从20世纪70年代起，随着资本主义经济陷入"滞胀"和新自由主义思潮的泛滥，西方国家普遍走上强化市场调节、弱化政府干预的道路。

2. 经济危机呈现新特点

去工业化和产业空心化日趋严重，产业竞争力下降；经济高度金融化，虚拟经济与实体经济严重脱节；财政严重债务化，债务危机频繁爆发；两极分化和社会对立加剧；经济增长乏力，发展活力不足，周期性危机与结构性危机交织在一起；金融危机频发，全球经济屡受打击。

（五）政治制度的变化

政治制度出现多元化的趋势，公民权利有所扩大。

在法制建设中，资本主义国家通过宪法和法律，使国家权力的行使、政权结构的布局以及国家权力结构中各种权力主体的活动均被纳入法制范围。

改良主义政党在政治舞台上的影响日益扩大，成为第二次世界大战后西方资本主义国家政治生活中十分引人注目的现象。

要点五：变化的原因和实质

（一）资本主义变化的原因

首先，科学技术革命和生产力的发展，是当代资本主义发生变化的根本推动力量；其次，工人阶级争取自身权利和利益的斗争，是推动当代资本主义发生变化的重要力量；再次，社会主义制度初步显示的优越性对当代资本主义产生了重要影响；最后，主张改良主义的政党对资本主义制度的改革，也对当代资本主义变化发挥了重要作用。

真题精讲

与第二次世界大战前的资本主义相比，当代资本主义在许多方面已经并正在发生着深刻的变化。正确分析这些变化发生的原因，有利于我们科学而全面地认识当代资本主义社会。导致当代资本主义变化发生的根本推动力量是（　　）。

A.改良主义政党对资本主义制度的改革

B. 工人阶级争取自身权利的斗争

C. 科学技术革命和生产力的发展

D. 社会主义制度的优越性对资本主义的影响

【答案】C

【解析】当代资本主义发生变化的主要原因：首先，科学技术革命和生产力的发展，是资本主义变化的根本推动力量；其次，工人阶级争取自身权利斗争的作用，是推动资本主义变化的重要力量；再次，社会主义制度初步显示的优越性对资本主义产生了重要影响；最后，主张改良主义的政党对资本主义制度的改革，也对资本主义的变化发挥了重要作用。虽然 A、B、C、D 都是导致当代资本主义发生变化的原因，但是只有科学技术革命和生产力的发展是根本推动力量。

（二）资本主义变化的实质

当代资本主义发生的变化从根本上说是人类社会发展一般规律和资本主义经济规律作用的结果。

当代资本主义发生的变化是在资本主义制度基本框架内的变化，并不意味着资本主义生产关系的根本性质发生了变化。

这一切表明，虽然当代资本主义发生了一些变化，但是这些变化并没有改变资本主义制度的本质，并没有克服资本主义的基本矛盾，也没有改变马克思主义关于资本主义的基本论断的科学性，根源于资本主义基本矛盾的金融危机和经济危机依然是资本主义不可克服的痼疾。

（三）2008 年国际金融危机以来资本主义的矛盾与冲突

由美国次贷危机引发的 2008 年国际金融危机是自 20 世纪 30 年代大萧条以来最为严重的全球性经济危机。在这场危机的影响下，西方国家的经济生活、政治生活和社会民生等方面都出现了各种问题：经济发展"失调"；政治体制"失灵"；社会融合机制"失效"。

要点六：资本主义的历史地位和发展趋势

（一）资本主义的历史地位

与封建社会相比，资本主义显示了巨大的历史进步性：一是资本主义将科学技术转变为强大的生产力；二是资本追求剩余价值的内在动力和竞争的外在压力推动了社会生产力的迅速发展；三是资本主义的意识形态和政治制度作为上层建筑在战胜封建社会自给自足的小生产的生产方式，保护、促进和完善资本主义生产方式方面起着重要作用，从而推动了社会生产力的迅速发展，促进了社会进步。

资本主义的历史进步性并不能掩盖其自身的局限性，其表现：一是资本主义基本矛盾阻碍社会生产力的发展；二是资本主义制度下财富占有两极分化，引发经济危机；三是资本家阶级支配和控制资本主义经济和政治的发展和运行，不断激化社会矛盾和冲突。

（二）资本主义为社会主义所代替的历史必然性

1. 资本主义的内在矛盾决定了资本主义必然被社会主义所代替

第一，资本主义基本矛盾"包含着现代的一切冲突的萌芽"；第二，资本积累推动资本主义基本矛盾不断激化并最终否定资本主义自身；第三，国家垄断资本主义是资本社会化的更高形式，将成为社会主义的前奏；第四，资本主义社会存在着资产阶级和无产阶级两大阶级之间的矛盾和斗争。

2. 社会主义代替资本主义是一个长期的历史过程

首先，任何社会形态的存在都有相对稳定性，从产生到衰亡都要经过相当长的时间跨度；其次，资本主义发展的不平衡性决定了过渡的长期性；最后，当代资本主义的发展，还显示出生产关系对生产力容纳的空间，说明资本主义为社会主义所代替尚需长期的过程。

尽管资本主义在全世界被社会主义所取代是一个相当长的历史过程，并且这个过程可能出现这样那样的曲折，但资本主义为社会主义所取代的总趋势则是必然的历史走向。

 真题精讲

资本主义必然为社会主义所代替，并不意味着资本主义将在短期内自行消亡。资本主义向社会主义的过渡必然是一个复杂的、长期的历史过程，其原因在于（   ）。

    A. 任何社会形态的存在都有绝对稳定性

    B. 当代资本主义的发展还显示出生产关系对生产力容纳的空间

    C. 资本主义社会具有一定的自我调节能力

    D. 资本主义的发展具有不平衡性

【答案】BCD

【解析】当今世界仍然存在资本主义国家，这一事实说明当代资本主义生产关系的发展还有可以容纳生产力发展的空间，故 B 选项正确。资本主义被社会主义取代是一个长期的过程。原因在于资本主义社会具有一定的自我调节能力，这在一定程度上缓解了资本主义的基本矛盾，故 C 选项正确。资本主义发展的不平衡性决定了过渡的长期性，从世界范围看资本主义向社会主义过渡，必将是一个由个别国家逐步向更多国家扩展的相当长的历史过程，故 D 选项正确。选项 A，任何社会形态的存在都有相对稳定性，而不是绝对稳定性，故排除。

 案例精选

◎案例一　一位外国学者眼中的当代资本主义新变化

法国学者让·克洛德·德洛奈，是法国马恩河谷大学教授、弗朗索瓦·佩鲁研究所主任。该研究所成立于 1990 年，主要研究方向是当代资本主义。

当代资本主义有哪些主要变化？

克洛德·德洛奈：资本主义正处在新的起点上。20 世纪后半叶，不是资本主义处境艰难，而是民主运动处境艰难。资本主义在经历了经济和政治危机之后，出现了反弹。当然，我并不认为资本主义可以永世长存。但是资本主义作为制度，的确具有某种积极的效用，虽然它有极其野蛮和非人道的一面。经验告诉我们，从科学的角度看，必须慎重地对资本主义作出结论。既不能轻易对资本主义产生的动力和运动作出结论，也不能轻易对资本主义表现出的矛盾以及对超越这些矛盾的办法作出结论。资本主义仍在发展，就像地平线一样，我们每前进一步，都有新的视野。

资本主义目前处在什么发展阶段，这个阶段又有什么特点？

克洛德·德洛奈：我所说的当代资本主义是指 20 世纪 80 年代以来的资本主义，我把它称作金融垄断资本主义。它有以下几个特点：

（1）生产资本的全球化。资本主义在生产领域，尤其是自 20 世纪 90 年代以来，实现了全球化。资本主义制度的全球化已经有几个世纪了，但是生产资本的全球化却是不久前的事。这是对 17 世纪以来欧洲形成的民族国家形式的局部超越。生产资本从部门和领土的角度，向全球扩张并互相渗透。

（2）资本主义经济的金融化。伴随着资本生产的全球化，出现了资本主义经济的金融化，银行、保险金融市场在质和量两个方面的扩张等。金融的这种新的作用，并不是为了保证为本国投资融资，而是为了把世界储蓄集中起来。其目的在于：使各国之间能够相互借贷有利于生产资本的对外扩张；使金融资本家能够尽快从大规模投资中解脱出来，从而进行金融投机。总之，资本主义金融化就是为了保证资本的流动性。这种流动性是空前的，甚至企业也成为大量的、经常的交易对象，这是前所未有的。

（3）世界垄断寡头，即跨国公司的形成。在当代金融资本框架下的全球化的有力推动下，资本主义企业实现了空前规模的积聚。来自各个不同国家的资本相互渗透和并购，最终形成了巨大的全球垄断寡头，即产量超过中等国家国民生产总值的巨大的跨国公司。

（4）全球金融垄断资本主义形成。这里所说的全球金融垄断资本主义是指金融资本与世界范围内的产业资本、商业资本、服务资本、保险资本和各种投资资本的复合体。各国的私人垄断资本和国家垄断资本融合成全球的私人垄断资本。

（5）高技术资本主义的形成。上述资本主义的深刻变化都是与大规模的科学技术变化相联系的，都是以信息革命为核心的高科技革命为基础的。信息技术深入所有生产部门，其中包括服务部门，推动了生产过程的自动化和连续化。大量信息的储存、"实时"的分析和处理远程的交换、迅速的决策极大地提高了劳动生产率。此外，生物技术、基因工程等开辟了新的产业领域。高技术资本主义改变了发达国家的产业结构，从而引起了就业结构和社会结构的变化。

这些变化是否意味着资本主义的本质也有所改变？

克洛德·德洛奈：当然，今天的资本主义已不同于狄更斯、雨果时代的资本主义，但是资本主义的本质并没有发生变化。

在当代资本主义社会仍然存在过度剥削收入和贫富差距的扩大、雇佣劳动的弹性和不稳定性、失业率居高不下、社会福利的减少等。在经济全球化条件下，由于劳动市场的全球化，世界垄断寡头使全世界劳动者的经济利益处在直接的对立甚至敌对之中。它们利用第三世界国家对发展的要求，使用各种手段，例如利用企业外迁，来压制发达国家的工人运动。当前，资本与劳动的对立不仅没有消失，反而更加剧烈了，而且扩大到了全世界。从理论上看，用以说明资本主义剥削的劳动价值理论和剩余价值理论并没有过时，除了自然禀赋，在劳动创造的价值之外我看不出还有什么其他经济财富的源泉。不同的是，在世界金融寡头掀起的激烈竞争条件下，市场价格发生严重扭曲，越来越偏离价值，消费者更加难以了解"实际价格"。在所谓资本主义"软"竞争体系中，马克思所描述的"均衡价格"作用下降，经济当事人的原生态的经济权力则起着举足轻重的作用。世界金融寡头关心的不是产品中实际花费了多少劳动，而是关心他们所支付的劳动的价格。他们把效益的风险转移给承包商，并分散到全世界。他们所关心的是跨国公司全球战略下的利润最大化。

根据我们的观察，在资本主义社会出现了一些社会主义因素，如果您同意这种说法，是否可以具体说明一下出现了哪些社会主义因素？

克洛德·德洛奈：我把资本主义社会出现的社会主义因素划分为两类：一类是主观因素，另一类是客观因素。所谓客观因素是指社会生活的一般条件，其中主要是经济条件的社会化。这种社会化的程度在不断提高，它是复杂社会的基础。

另外，我们看到资本主义制度又千方百计地用私有化对抗社会化，这是一场激烈的斗争。这又引出了社会主义的主观因素问题，我认为在这方面出现了倒退。首先苏联式社会主义的失败沉重打击了社会主义的意识形态，其次资本的全球化在世界范围造就了新的依附于西方资本主义统治阶级的新的社会阶级，因为资本主义的扩张也就是资本家阶级的扩张。反观传统的无产阶级，它的数量大大减少了，社会地位也降低了，而新的雇佣劳动者阶级又受到个人主义意识形态的影响和追求直接物质利益的诱惑。这个问题的确切提法是，我们应该使人们意识到，追求直接的物质利益和幸福绝不能以别人的幸福和痛苦为代价，而我们这个世界穷人实在太多了。

社会主义的主观因素和客观因素必须结合起来，社会主义才能取得成功，两者缺一不可。19世纪英国资本主义最发达，马克思曾经设想英国是新的经济和政治关系的摇篮。按照马克思的推理，20世纪美国应该成为社会主义的摇篮，但这仅仅是梦想。尽管美国的经济和科学技术十分发达，但它并没有向社会主义过渡的迹象。

您怎样看待资本主义与社会主义的关系？

克洛德·德洛奈：它们之间是一种辩证的关系。从理论、政治、意识形态上看，这两种社会形态是互不相容的。苏联社会主义垮台以后，美国领导人不断对古巴等小的社会主义国家施加经济和政治压力，而对于中国这样的大国又不得不小心谨慎，但是他们无时无刻不想在这些国家建立使他们满意的社会制度。但从实际来看，社会主义又必须同资本主义打交道，因为像中国和越南这样的社会主义国家需要西方发达国家的资本、技术和经验来进行社会主义建设。它们只有通过市场经济才能过渡到社会主义。社会主义不能在资本主义废墟上建成，正如资本主义不能在封建主义的废墟上建成一样。

作为长期研究资本主义的学者，您如何看待人类社会的前途和命运？

克洛德·德洛奈：在这个问题上，我是一个理性的乐观主义者。对待人类社会的前途和命运仅仅抱有希望是不够的，还必须有所行动。马克思主义是批判的文化，它一方面指出人类社会存在的问题和矛盾，另一方面指出人类社会最终可以找到和平和理性的发展道路。人是政治动物，人可以自己作出决定，人类社会的命运掌握在人类自己手中，而不是掌握在某种天命的意志手中。人类社会的前途和命运是和马克思主义的前途和命运联系在一起的。马克思主义的文化告诉我们如何思想，如何生活，如何对待自己，如何对待他人，它为我们提供了一种共同的语言、理性的语言。马克思主义的世界主义有两个层次。它的第一个层次告诉我们，各国人民和各国文化是天然平等的；它的第二个层次告诉我们，在这个平等的基础上，世界人民能够对话、理解和沟通。我们对待人类社会的前途和命运既要保持清醒的头脑，又要保持坚定的信心。

（资料来源：《美术观察》2006 年第 12 期，略改动）

案例评析

本案例通过介绍一位外国学者对当代资本主义的认识，启发我们从新的视角进一步认识当代资本主义的新变化及资本主义发展的历史地位和发展趋势。

第一，关于当代资本主义的新变化。克洛德·德洛奈认为，资本主义正处在新的起点上，而且资本主义仍在发展；他还从生产资本的全球化、资本主义经济的金融化、世界垄断寡头、全球金融垄断资本主义形成、高技术资本主义的形成等方面概括了当代资本主义的新特征。立足以上分析，克洛德·德洛奈一方面明确指出，今天的资本主义已不同于以往的资本主义，另一方面充分论证了资本主义的本质并没有发生变化的观点。

他的这些观点阐述了当代资本主义新变化，鲜明突出了经济全球化对当代资本主义发展的影响，深刻分析了资本主义变化的实质。

第二，关于资本主义的历史地位和发展趋势。首先，克洛德·德洛奈对当代资本主义社会出现的社会主义因素进行了独到的分析；其次，论证了当代资本主义与社会主义之间相互依存的辩证关系；最后，明确指出，我们对待人类社会的前途和命运既要保持清醒的头脑，又要保持坚定的信心。

克洛德·德洛奈对人类社会前途的乐观理性的观点对我们很有启发。一方面，我们应懂得，资本主义制度与社会主义制度需要长期和平共处，从资本主义向社会主义过渡是一个长期的过程；另一方面，资本主义的内在矛盾决定了资本主义必然为社会主义所代替。

◎ 案例二 "如果他们打喷嚏，美国绝对会感冒"

有一个形象的比喻，说"如果他们打喷嚏，美国绝对会感冒"。这里的"他们"指的就是美国大名鼎鼎的十大财团，正是这几个为数不多的财团控制着美国经济、政治、文化等各个领域。

19 世纪初，美国开始了产业革命，到 1890 年，美国工业总产值超过了英、法、德等国，跃居世界第一。工业的蓬勃发展加速了生产和资本的集中。集中发展到一定阶段，就自然而然走到垄断。1893 年经济危机，一些企业被兼并，一批垄断企业因而产生，如 1901 年创立的美国钢铁公司就是这次企业兼并的产物。它是美国第一家"十亿美元公司"，控制 700 多家企业，垄断了全国钢的生产，年产量占全国总产量的65%。

在工业生产迅速集中的过程中，银行资本也更为集中。19世纪末，纽约出现了金融实力雄厚的3家人寿保险公司和2家商业银行（纽约第一国民银行和纽约花旗银行）。它们各自控制着几十家商业银行和保险公司，形成了强大的金融垄断组织，开始与工业资本融合，洛克菲勒财团和摩根财团就是这样诞生的。20世纪初，洛克菲勒财团和摩根财团已控制了美国全部国民财富1200亿美元的1/3左右。

在两次世界大战中，美国财团获得惊人的发展，由此产生的垄断达到了空前的高度。具体表现在：

（1）生产的高度集中。据美国《幸福》杂志的统计，1954—1969年美国500家最大的工矿企业的产品销售额，在产品的总销售额中所占的份额从46%增加到65%；雇用人数在全国雇员总数中所占份额从46%增加到71%；全国工矿产品销售总额的2/3集中在只占企业总数的0.1%的大企业手里。这500家最大的工矿企业约有86%属于十大财团。

（2）资本越来越集中。1901年首次出现"十亿美元公司"时，银行资本、工业资本均已相当集中，并已开始融合。第二次世界大战后，资本集中程度更高。金融界在20世纪80年代竟出现了千亿美元的银行，如第一花旗银行和美洲银行。

财团的垄断势力随着各财团的经济实力迅速膨胀而日益加强，控制着美国政治、经济及社会生活的各个方面。财团除靠所属企业积累资金、扩大企业的生产能力之外，还依靠企业的兼并而扩大规模。自第二次世界大战到20世纪70年代末，曾掀起3次企业兼并的高潮，每经过一次兼并，财团的经济实力就得到一次增强，更加提高了它们对国民经济的垄断程度。美国经济的各个部门，无不受到各大财团的控制和支配。

战后美国垄断财团经历了深刻的变化，最显著的是：

财团经营多样化。美国财团最初是按经济部门发展起来的，具有专业化的特点。例如，洛克菲勒财团以石油起家，摩根财团依靠钢铁发展起来，杜邦财团则是依赖化学发迹的。但至第二次世界大战后，尤其自20世纪70年代以来，由于科学技术的日新月异及财团之间的竞争加剧，各大财团转向经营多样化，成为综合性的财团。随着经营多样化的发展，各财团所控制的工商企业五花八门，各色俱全，彼此之间的利害不尽相同，甚至互相冲突，使财团无法代表它们各自的利益，更难进行统一的指挥，只好放松控制，所以今天的财团内部的关系日趋松散。

财团互相渗透。它们派遣人员互兼董事，使财团之间的关系错综复杂，界限不易划清。过去美国的大公司、大企业一般只受一家财团的控制，近年来，经过各财团的渗透，一家公司往往变成由几家财团共同控制的公司。

财团资本进一步国际化。美国财团不仅要将美国经济置于它们的统治下，而且还要向国外扩张势力，在国际范围内建立它们的垄断地位。战后以来，美国各财团大力扩大它们的经济活动范围，由一国扩展为多国。由于资本的进一步国际化，跨国公司不但获得迅速发展，而且在世界经济活动中的地位越来越重要，美国各大财团所控制的大公司、大企业、大银行，几乎没有例外地都已成为名副其实的跨国公司。

公司的经营权和所有权逐渐分离。"能人主义"在美国工矿企业中生下了根，各大公司经理不再实行代代相传的世袭制，而是选贤与能，聘请掌握生产技术而又擅长经营管理的"能人"当经理，财团的家族色彩日益淡薄。

各大财团不但凭借其雄厚的金融资本和工业资本，掌握着美国国民经济的命脉，而且还利用它们的金融家、企业家及经济学家，组织各种委员会、协会、同业公会等公众团体，针对当前美国的财政、金融、外贸等经济问题，发表调查报告或研究论文，提出有利于财团的各种建议意见，以左右政府的决策。垄断财团通过操纵总统竞选和国会改选的途径，争夺政府要职和国会席位，从而左右政府的内政外交，成为美国真正的统治集团。由于各大财团在海外的利益不断膨胀，因而对政府的外交政策特别关心，千方百计对政府施加影响。

（资料来源：洪晓楠、杨慧民《"马克思主义基本原理概论"课教学案例解析》，高等教育出版社 2008 年版）

案例评析

美国财团是美国金融资本的简称，指由极少数金融寡头所控制的巨大银行和巨大企业结合而成的垄断集团，通常由一个或几个家族集合而成。分析美国金融财团的产生和发展，可以深刻认识金融资本及金融寡头形成的必然性及其对社会的统治。

19 世纪末 20 世纪初，随着第二次产业革命引发的工业生产技术的巨大发展，生产和资本的集中在美国迅速发展，促进了垄断的形成。经济危机的连续爆发和信用的发展则加速了垄断的进程。在工业生产迅速集中的过程中，银行资本也更为集中并走向垄断。工业垄断资本和银行垄断资本通过金融联系、资本参与和人事参与等方式相互融合，产生了一种新型的垄断资本——金融资本，在金融资本形成的基础上，产生了金融寡头。

掌握各大财团的金融寡头不仅操纵着国民经济命脉，而且还通过直接出马或派送代理人到政府或议会的方式掌握政权。金融寡头还通过建立政策咨询机构等方式对政府的政策施加影响，通过掌握新闻出版、广播电视、科学教育、文化体育等上层建筑的各个领域，来左右国家的外交及社会生活。总之，美国财团是美国社会的实际统治者。

习题演练

一、单项选择题

1. 国家垄断资本主义的产生和发展，从根本上说是（　　　）。

A. 国内市场竞争的结果

B. 国际竞争激烈化的结果

C. 垄断统治加强的结果

D. 社会化和资本主义私人占有制之间矛盾发展的结果

2. 第二次世界大战后，发达资本主义国家的发展进入国家垄断资本主义的新阶段，这意味着（　　　）。

A. 发达资本主义国家的政府担当调控国家宏观经济的重要职能

B. 国家垄断资本掌控经济生活

C. 所有重要的经济部门实行国有化

D. 国家垄断重于私人垄断

3. 当代资本主义国际垄断组织的主要形式是（　　　）。

A. 国际卡特尔

B. 混合联合企业

C. 跨国公司

D. 国际康采恩

4. 金融资本是由（　　　）。

A. 产业资本和商业资本融合或混合生长而成的

B. 银行资本和工业资本融合或混合生长而成的

C. 垄断的银行资本和垄断的工业资本融合或混合生长而成的

D. 垄断银行资本和银行资本融合或混合生长而成的

5. 在垄断资本主义阶段占统治地位的资本是（　　　）。

A. 工业资本　　　　　　　　　　B. 农业资本

C. 银行资本　　　　　　　　　　D. 金融资本

6. 在垄断资本主义的各个基本经济特征中最根本的特征是（　　　）。

A. 国家垄断同盟的形成

B. 资本输出具有重要的意义

C. 垄断在经济生活中占统治地位

D. 瓜分世界领土，形成殖民体系

7. 资本主义由自由竞争阶段进入垄断阶段，最根本的标志在于（　　　）。

A.垄断代替自由竞争在经济生活中占统治地位

B.资本输出代替商品输出在经济生活中占统治地位

C.银行资本代替工业资本在经济生活中占统治地位

D.国家垄断代替私人垄断在经济生活中占统治地位

8.1929—1933年资本主义经济危机之后，为国家垄断资本主义奠定理论基础的是（　　）。

A.马歇尔的《经济学原理》

B.萨缪尔森的《经济学》

C.李嘉图的《政治经济学及赋税原理》

D.凯恩斯的《就业、利息和货币通论》

9.国家垄断资本主义的发展（　　）。

A.改变了经济的资本主义性质

B.符合垄断资本家的整体利益

C.代表了个别资本家的利益

D.消灭了私人垄断资本主义的基础

10.国家垄断资本主义发展的基础是（　　）。

A.国有垄断资本

B.资产阶级国家

C.私人垄断资本

D.资本输出

二、多项选择题

1.19世纪末20世纪初，垄断资本主义得以形成。垄断资本主义的发展包括两种基本形式，它们是（　　）。

A.私人垄断资本主义

B.国家垄断资本主义

C.初级的垄断资本主义

D.高度发达的垄断资本主义

2.私人垄断资本主义向国家垄断资本主义过渡（　　）。

A.是资本主义生产社会化的客观要求

B.是资本主义基本矛盾发展的必然结果

C.在一定程度上促进了资本主义生产的发展

D.能够从根本上解决资本主义的基本矛盾

3.垄断资本主义的基本经济特征包括（　　）。

A.垄断组织在经济生活中起决定作用

B. 资本输出有了特别重要的意义

C. 在金融资本的基础上形成金融寡头的统治

D. 垄断使竞争趋于缓和

4. 垄断资本要求国家干预经济生活的原因是（　　　）。

A. 社会化大生产要求国民经济协调发展，需要国家参与经济调节

B. 国内垄断资本需要国家支持以加强竞争的能力

C. 社会化大生产需要巨额投资，要求国家直接经营或资助

D. 生产过剩问题日趋严重，需要借助国家力量以扩大国内外市场

5. 国家垄断资本主义的基本形式有（　　　）。

A. 国营企业

B. 国私合营企业

C. 国家与私人垄断资本在国际范围内的结合

D. 国家调节经济

6. 国家垄断资本主义对资本主义经济发展的作用是（　　　）。

A. 在一定程度上促进了社会生产力的发展

B. 解决了垄断资本主义内在矛盾的深化与尖锐

C. 从根本上解决了失业问题

D. 加快了国民经济的现代化进程

7. 垄断与竞争并存的原因是（　　　）。

A. 垄断不能消除商品经济的竞争基础

B. 科技进步和创新不断激发新的竞争

C. 中小企业仍然大量存在

D. 垄断组织不能囊括一切商品生产

8. 第二次世界大战后，垄断资本主义的特征获得了新的内容和表现形式，主要有（　　　）。

A. 混合联合公司成为垄断组织的主要形式

B. 跨国公司成为生产和资本国际化的主要组织形式

C. 私有垄断资本普遍采用股份公司的企业组织形式

D. 由国家出面组建的国际垄断组织的出现

9. 垄断价格是（　　　）。

A. 垄断资本家取得垄断利润的主要手段

B. 垄断资本家凭借垄断地位规定的商品价格

C. 成本价格加平均利润

D. 成本价格加垄断利润

10. 垄断利润是（   ）。

A. 凭借垄断地位获得的利润

B. 超过平均利润的高额利润

C. 通过资本自由转移而形成的一种利润

D. 垄断资本所有权在经济上的实现形式

三、判断题

1. 必须看到，当今困扰世界的很多问题，都是经济全球化造成的。（   ）

2. 第二次世界大战后，市场经济依然是唯一的经济调节机制。（   ）

3. 国家垄断资本主义的实质是通过国家的力量，保证垄断资产阶级获得高额垄断利润，以维护资本主义制度。（   ）

四、简答题

1. 什么是垄断？垄断条件下的竞争有什么特点？

2. 金融资本和金融寡头的含义是什么？

3. 垄断利润的来源是什么？

4. 国家垄断资本主义的形式主要有哪些？

五、论述题

1. 试述当代资本主义的变化及变化的原因。

2. 论述社会主义代替资本主义是一个长期的历史过程。

 实践课堂

项目一　师生互换——西方抗击疫情的表现

实践目的

2020 年伊始，一场突如其来的新型冠状病毒疫情席卷了世界上多数国家和地区，本次实践组织学生对西方抗击疫情的情况进行研究和分析，进行师生角色互换，有助于加深学生对资本主义的本质及规律的认识和理解，提高学生运用马克思主义基本原理分析问题的能力。

实践方案

1. 任课教师宣布实践内容，明确本次实践活动的实践要求以及所要达到的预期效果。

2.将学生分为若干小组。小组成员要有明确分工，各司其职，相互配合。

3.主持演讲的学生以小组为单位共同制作PPT，并联系任课教师试讲。试讲过程中，任课教师对试讲效果及PPT制作水平作出及时评价并提出修改意见；学生根据任课教师的意见进行修改，并联系任课教师再次试讲。只有学生的试讲得到任课教师的认可后，方能上台演讲。

4.课堂演讲：学生演讲；任课教师和全体同学参与提问和探讨。演讲结束后每位学生必须对演讲者的演讲效果作出现场评价，并给出成绩，任课教师作总结性点评。

参考资料

马克思主义基本原理实践课
师生互换

院　　部：＿＿＿＿＿＿＿＿＿＿＿＿＿＿＿

专业班级：＿＿＿＿＿＿＿＿＿＿＿＿＿＿＿

姓　　名：＿＿＿＿＿＿＿＿＿＿＿＿＿＿＿

学　　号：＿＿＿＿＿＿＿＿＿＿＿＿＿＿＿

学　　期：＿＿＿＿＿＿＿＿＿＿＿＿＿＿＿

师生互换考核	
考核评价（符合标准的在对应的"□"里打"√"） 　　讲授的激情、表达的思路　　优□ 良□ 中□ 差□ 　　专业、行为语言的规范　　优□ 良□ 中□ 差□ 　　讲授的重难点与节奏把握　　优□ 良□ 中□ 差□ 　　和同学们的互动　　优□ 良□ 中□ 差□ 　　其他　　优□ 良□ 中□ 差□	考核成绩（满分100分）： 教师签名： 　　　　年　月　日

小组成员			
姓名	学号	组内分工	心得体会

师生互换报告
题目：
正文：
教师点评

项目 二　视频赏析——《资本主义向垄断过渡》

实践目的

通过观看视频，让学生深入了解资本主义从自由竞争到垄断的进程，正确认识国家垄断资本主义的本质，同时与当代资本主义进行比较，深刻认识当代资本主义的变化。

实践方案

1. 任课教师宣布实践活动主题，明确实践要求。

2. 任课教师组织学生在多媒体教室观看视频《资本主义向垄断过渡》。

3. 观看视频后，学生自主或由任课教师指定发言，谈谈自己的观后感。

4. 任课教师对学生发言进行点评和总结，进一步引导学生运用所学的马克思主义的观点和方法理解、分析问题。

5. 课后学生自选角度撰写观后感。

相关链接：

《资本主义向垄断过渡》

马克思主义基本原理实践课
观后感

院　　部：＿＿＿＿＿＿＿＿＿＿＿＿＿＿＿＿＿＿

专业班级：＿＿＿＿＿＿＿＿＿＿＿＿＿＿＿＿＿＿

姓　　名：＿＿＿＿＿＿＿＿＿＿＿＿＿＿＿＿＿＿

学　　号：＿＿＿＿＿＿＿＿＿＿＿＿＿＿＿＿＿＿

学　　期：＿＿＿＿＿＿＿＿＿＿＿＿＿＿＿＿＿＿

观后感考核	
考核评价（符合标准的在对应的"□"里打"√"） 　　感情真切、体悟深刻　　　　优□ 良□ 中□ 差□ 　　层次明确、清晰　　　　　　优□ 良□ 中□ 差□ 　　文字凝练、叙述简洁　　　　优□ 良□ 中□ 差□ 　　其他　　　　　　　　　　　优□ 良□ 中□ 差□	考核成绩（满分100分）：
	教师签名： 　　　　　年　月　日

观后感
题目：
正文：

续表

教师点评	

项目 三 PPT 制作——后疫情时代的国际秩序和全球治理

实践目的

组织学生围绕"后疫情时代的国际秩序和全球治理"进行 PPT 制作，正确认识资本主义发展的变化以及发展趋势，深刻理解全球治理政策，后疫情时代的人类命运掌握在各国人民的手中，只要我们作出正确选择，全球治理必将在历经变革后完善升级，国际秩序必将在时代潮流中破浪前行。

实践方案

1.任课教师宣布 PPT 主题方向，明确本次实践活动所要达到的预期效果。

2.将学生分为若干小组。学生以小组为单位，制作 PPT。

3.学生通过图书馆、网络等途径搜集整理相关资料，结合小组成员的资料并构思如何呈现。

4.以小组为单位，推选发言代表，就各自小组的制作成果，进行展示及课堂讨论交流。

5.任课教师对学生在实践中遇到的问题答疑解惑。

6.任课教师对此次实践活动做活动总结。

 趣文短篇

洛克菲勒与美国历史上的第一个托拉斯

洛克菲勒财团是美国十大财团之一，是以洛克菲勒家族的石油垄断为基础，通过不断控制金融机构，把势力范围伸向国民经济各部门的美国最大的垄断集团。创始人 J.D.洛克菲勒以石油起家，1863 年在克利夫兰开办炼油厂，1870 年以该厂为基础，扩大组成俄亥俄标准（原译美孚）石油公司，又很快垄断了美国的石油工业，并以其获得的巨额利润，投资于金融业和制造业，经济实力发展迅猛。资产总额在 1935 年仅 66 亿美元，至 1960 年增至 826 亿美元，25 年中增长了 11.5 倍。其后又继续获得巨大发展，1974 年资产总额增达 3305 亿美元，超过摩根财团，跃居美国十大财团首位。至此，美国最大的石油公司有 16 家，其中有 8 家属于洛克菲勒财团。

洛克菲勒财团是以银行资本控制工业资本的典型。它拥有一个庞大的金融网，以大通曼哈顿银行为核心，下有纽约化学银行、都会人寿保险公司以及公平人寿保险公司等百余家金融机构。通过这些金融机构，直接或间接控制了许多工矿企业，在冶金、化学、橡胶、汽车、食品、航空运输、电讯事业等各个经济部门以及军火工业中占有重要地位。在它控制下的军火公司有麦克唐纳·道格拉斯公司、马丁·马里埃塔公司（与梅隆财团共同控制）、斯佩里·兰德公司和威斯汀豪斯电气公司（与梅隆财团共同控制）等。洛克菲勒财团还单独或与其他财团共同控制着联合航空公司、泛美航空公司、美国航空公司、环球航空公司和东方航空公司 5 家美国最大的航空公司。

洛克菲勒财团不但在经济领域里占统治地位，在政府中也安插了一大批代理人，左右着美国政府的内政外交政策。它通过洛克菲勒基金会、洛克菲勒兄弟基金会等组织，向教育、科学、卫生以至艺术和社会生活各方面渗透，以扩大其影响。

但是，洛克菲勒财团在 20 世纪 80 年代开始，经济实力日益衰退，地位也随之下降，已为摩根财团所超过。主要是因为美国财团互相渗透，洛克菲勒财团所属的大企业（如埃克森公司等）和大银行（如大通曼哈顿银行等），都已受到别的财团的渗透而成为共同控制的企业。

（资料来源：康菊花《马克思主义基本原理概论学习指导》，中国农业大学出版社 2013 年版，略改动）

第六章

社会主义的发展及其规律

社会主义从来都是在开拓中前行的。

——习近平

知识网络

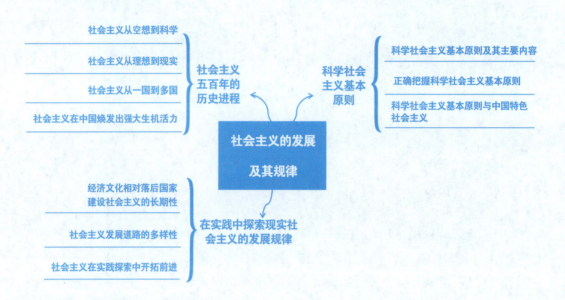

社会主义从空想到科学

社会主义从理想到现实

社会主义从一国到多国

社会主义在中国焕发出强大生机活力

社会主义五百年的历史进程

科学社会主义基本原则

科学社会主义基本原则及其主要内容

正确把握科学社会主义基本原则

科学社会主义基本原则与中国特色社会主义

社会主义的发展及其规律

经济文化相对落后国家建设社会主义的长期性

社会主义发展道路的多样性

社会主义在实践探索中开拓前进

在实践中探索现实社会主义的发展规律

学习指南

⊙ 学习目标

从总体上了解社会主义五百年的发展历程，把握科学社会主义基本原则，认识经济文化相对落后国家建设社会主义的必然性和长期性，明确社会主义发展道路的多样性，遵循社会主义在实践中开拓前进的发展规律，以昂首奋进的姿态推进社会主义事业走向光明未来。

⊙ 学习要点

社会主义五百年历史进程，科学社会主义基本原则，科学社会主义基本原则与中国特色社会主义经济文化相对落后国家建设社会主义的长期性，社会主义发展道路的多样性，社会主义在实践中开拓前进。

⊙ **学习难点**

科学社会主义基本原则，社会主义发展道路的多样性。

 **要点归纳**

要点一：社会主义五百年的历史进程

（一）从空想到科学

1. 空想社会主义的产生和发展

空想社会主义产生于 16 世纪初期，到 19 世纪上半叶达到顶峰。空想社会主义的发展经历了三个阶段，即 16—17 世纪的早期空想社会主义、18 世纪的空想平均共产主义、19 世纪初期批判的空想社会主义。

2. 空想社会主义的代表人物和著作

空想社会主义的开山之作是 1516 年英国人托马斯·莫尔写作的《乌托邦》一书。意大利的康帕内拉于 1602 年在监狱里写出了《太阳城》，进一步描绘了一个财产公有、共同劳动和人人平等的理想社会。

18 世纪，法国的摩莱里和马布利分别在《自然法典》和《论法制或法律的原则》中，论述了从私有制过渡到公有制的必然性，并以法律条文的形式阐述了理想社会的纲领和原则。

19 世纪初期以圣西门、傅立叶、欧文为代表的空想社会主义是科学社会主义的直接思想来源。以三大空想社会主义者为代表的空想社会主义学说，在理论上致力于社会制度的分析。他们对资本主义旧制度的辛辣批判，包含着许多击中要害的见解；对社会主义新制度的描绘，闪烁着诸多天才的火花。

3. 空想社会主义的局限性

空想社会主义"没有能够指出真正的出路。它既不会阐明资本主义制度下雇佣奴隶制的本质，又不会发现资本主义发展的规律，也不会找到能够成为新社会的创造者的社会力量"。空想社会主义不成熟的理论，是同不成熟的资本主义生产状况、不成熟的阶级状况相适应的。空想社会主义虽然"提供了启发工人觉悟的极为宝贵的材料"，但并不是科学的思想体系。

4. 科学社会主义的创立

马克思、恩格斯适应社会的需要，在新的历史条件下创立了唯物史观和剩余价值学说，为实现社会主义从空想到科学的飞跃奠定了坚实的理论基础。

标志：1848 年 2 月，马克思、恩格斯为世界上第一个无产阶级政党"共产主义者联盟"所写的党纲《共产党宣言》的发表，标志着科学社会主义的产生。

真题精讲

1516 年，英国人托马斯·莫尔发表了《乌托邦》一书，标志着空想社会主义的诞生。1848 年，马克思、恩格斯发表了《共产党宣言》，标志着科学社会主义的产生，社会主义实现了从空想到科学的历史性飞跃。科学社会主义超越空想社会主义之处在于（　　）。

A. 找到了实现理想社会的现实道路

B. 对未来社会进行了细致的描绘

C. 揭示了资本主义必然灭亡的经济根源

D. 对资本主义进行了无情的批判

【答案】AC

【解析】空想社会主义的局限性主要表现在，空想社会主义者憧憬取代资本主义的理想社会，却找不到通往理想社会的现实道路；只看到了资本主义必然灭亡的命运，却未能揭示资本主义必然灭亡的经济根源。因此，正确选项为 A、C。选项 B，科学社会主义对未来社会的一般特征做了阐述，但是没有对"细节"进行描绘，因此，"细致的描绘"是错误的说法。选项 D，对资本主义进行批判是空想社会主义和科学社会主义的共同态度，而本题设问科学社会主义超越空想社会主义之处，故排除。

（二）从理想到现实

1. 第一国际与巴黎公社

1848 年欧洲革命后，资本主义在各国得到了迅速发展，无产阶级力量不断壮大。到 19 世纪 50 年代末 60 年代初，各国工人运动重新活跃起来，并表现出加强国际联系的愿望。1864 年，国际工人协会（第一国际）应运而生。第一国际促进了马克思主义的传播和与国际工人运动的结合，初步确立了马克思主义在工人运动中的指导地位。

1871 年爆发的巴黎公社革命，是第一国际精神的产儿，是无产阶级夺取政权的第一次伟大尝试。

 真题精讲

马克思主义政党是科学社会主义与工人运动相结合的产物，是工人阶级的先锋队。这表明（　　）。

A. 马克思主义政党即工人阶级本身

B.马克思主义政党以工人阶级为基础

C.马克思主义政党的阶级性是工人阶级先进性的根本前提

D.马克思主义政党的先进性决定了工人阶级的先进性

【答案】B

【解析】马克思主义政党是工人阶级的先锋队，说明马克思主义政党的阶级基础是工人阶级，因此，正确选项为B。选项A，表述错误，马克思主义政党是由工人阶级先进分子组成的，但它不等同于工人阶级本身，也与工人阶级的群众性组织有明确的区别。选项C、D，表述错误，先有工人阶级，后有马克思主义政党，因此，是工人阶级的先进性决定了马克思主义政党的先进性。

2.十月革命胜利与第一个社会主义国家的建立

1917年11月7日（俄历10月25日），列宁和布尔什维克党领导彼得格勒工人以及士兵群众，通过武装起义推翻了资产阶级临时政府，取得了十月社会主义革命的胜利。

十月革命胜利的历史意义：第一，十月革命实现了社会主义从理想到现实的伟大飞跃，开辟了人类历史的新纪元。它从根本上推翻了人剥削人、人压迫人的制度，建立起世界上第一个人民当家作主的社会主义国家。第二，十月革命的胜利，特别是列宁关于殖民地半殖民地民族解放的思想，极大地推动了受帝国主义、殖民主义欺凌压迫的国家人民的觉醒，促进了民族解放力量的崛起，有力推动了殖民地半殖民地国家的民族解放运动，加速了世界范围内帝国主义殖民体系的整体瓦解，深刻改变了国际力量对比和世界格局。

（三）从一国到多国

1.列宁领导的苏维埃俄国对社会主义道路的探索

列宁领导的苏维埃俄国对社会主义道路的探索，大体上经历了三个时期：第一，进一步巩固苏维埃政权时期；第二，外国武装干涉和国内战争时期，即战时共产主义时期；第三，由战时共产主义转变为新经济政策时期。1921年3月，俄共（布）召开十大，毅然决定从战时共产主义政策过渡到实行以发展商品经济为主要特征的新经济政策。这一决定表明，列宁的社会主义建设思想发生了重大转变，对俄国这样一个小农经济占优势的国家如何走向社会主义又有了新的认识，标志着列宁正在探索一条符合俄国国情的建设社会主义的道路。

2.列宁探索社会主义建设的理论成果

在俄国社会主义革命取得胜利的初期，特别是实行新经济政策期间，列宁对苏维埃俄国如何建设社会主义进行了深刻的理论思考，提出了许多精辟的论述：把建设社会主义作为一个长期探索、不断实践的过程；把大力发展生产力、提高劳动生产率放在首要地位;在多种经济成分并存的条件下,利用商品、货币和市场发展经济;利用资本主义建设社会主义。

列宁还指出了马克思主义执政党建设的极端重要性,阐明了思想建设和文化建设的重要意义,提出了加强国家政权建设和发扬社会主义民主的一系列措施。列宁努力把马克思主义基本原理同俄国的具体实际相结合,探索出一条适合俄国国情的社会主义道路。这是列宁对马克思主义的重大贡献,也是他留给后人的最宝贵的思想遗产。

3. 苏联模式

1936 年 12 月,在苏维埃第八次非常代表大会通过的宪法中,宣布苏联已经建成了社会主义。在这个过程中,形成了建设社会主义的苏联模式。苏联模式是特定历史条件下的产物,它并不是社会主义的唯一模式。

真题精讲

1921 年 3 月,俄共(布)召开十大,决定从战时共产主义政策过渡到新经济政策。在实施新经济政策期间,列宁对苏维埃俄国如何建设社会主义进行了深刻的理论思考,提出了许多精辟的论述,其主要内容包括(   )。

A. 可以利用资本主义来建设社会主义

B. 把大力发展生产力、提高劳动生产率放在首要地位

C. 把建设社会主义作为一个长期探索、不断实践的过程

D. 允许多种经济成分并存,可以利用商品、货币和市场发展经济

【答案】ABCD

【解析】在俄国社会主义革命取得胜利的初期,特别是实行新经济政策期间,列宁对苏维埃俄国如何建设社会主义进行了深刻的理论思考,提出了许多精辟的论述。首先,把建设社会主义作为一个长期探索、不断实践的过程。其次,把大力发展生产力、提高劳动生产率放在首要地位。再次,在多种经济成分并存的条件下,利用商品、货币和市场发展经济。最后,利用资本主义,建设社会主义。列宁努力把马克思主义基本原理同俄国的具体实际相结合,探索出一条适合俄国国情的社会主义道路。这是列宁对马克思主义的重大贡献,也是他留给后人的最宝贵的思想遗产。因此,选项 A、B、C、D 均正确。

4. 社会主义发展到多个国家

第二次世界大战结束后,社会主义在世界范围内获得大发展,在欧洲、亚洲、拉丁美洲,先后有一批国家走上社会主义道路。中国革命的胜利,是继十月革命之后 20 世纪最重大的事件。

要点二：科学社会主义基本原则

（一）科学社会主义基本原则及其主要内容

科学社会主义基本原则：社会主义事业发展规律的集中体现，是马克思主义政党领导人民进行社会主义革命、建设、改革的基本遵循。马克思、恩格斯在创立科学社会主义理论并用以指导国际工人运动的过程中，逐步形成了科学社会主义基本原则。这些原则在后来的社会主义革命和建设中得到了证实、丰富和发展。

科学社会主义的主要内容：第一，资本主义必然灭亡、社会主义必然胜利；第二，无产阶级是最先进最革命的阶级，肩负着推翻资本主义旧世界、建立社会主义和共产主义新世界的历史使命；第三，无产阶级革命是无产阶级进行斗争的最高形式，以建立无产阶级专政的国家为目的；第四，社会主义社会要在生产资料公有制基础上组织生产，以满足全体社会成员的需要为生产的根本目的；第五，社会主义社会要对社会生产进行有计划的指导和调节，实行按劳分配原则；第六，社会主义社会要合乎自然规律地改造和利用自然，努力实现人与自然的和谐共生；第七，社会主义社会必须坚持科学的理论指导，大力发展社会主义先进文化；第八，无产阶级政党是无产阶级的先锋队，社会主义事业必须始终坚持无产阶级政党的领导；第九，社会主义社会要大力解放和发展生产力，逐步消灭剥削和消除两极分化，实现共同富裕和社会全面进步，并最终向共产主义社会过渡。

（二）正确把握科学社会主义基本原则

第一，必须始终坚持科学社会主义基本原则，反对任何背离科学社会主义基本原则的错误倾向；第二，要善于把科学社会主义基本原则与本国实际相结合，创造性地回答和解决革命、建设、改革中的重大问题；第三，紧跟时代和实践的发展，在不断总结新鲜经验中进一步丰富和发展科学社会主义基本原则。

 真题精讲

习近平总书记指出："当代中国的伟大社会变革，不是简单延续我国历史文化的母版，不是简单套用马克思主义经典作家设想的模板，不是其他国家社会主义实践的再版，不是国外现代化发展的翻版。"这对我们理解科学社会主义基本原则的启示是（　　）。

A.科学社会主义是人类优秀文化传统的历史延续

B.科学社会主义与资本主义生产方式没有必然的联系

C.科学社会主义绝不是一成不变的教条

D.科学社会主义在不同的时代具有不同的内容和形式

【答案】ACD

【解析】科学社会主义不是凭空诞生的，它是人类优秀文化传统的历史延续。科学社会主义不是一成不变的教条，它必须随着时代的变化而向前发展，并且会因为每个国家的国情不同，而呈现出不一样的内容和形式。因此，正确选项为A、C、D。选项B，科学社会主义是在同资本主义的斗争中诞生的，因此，必然跟资本主义生产方式有着重要的联系，故排除。

（三）科学社会主义基本原则与中国特色社会主义

中国特色社会主义是根植于中国大地、反映中国人民意愿、适应中国和时代发展进步要求的科学社会主义，集中体现了科学社会主义基本原则与当代中国实际、中华优秀传统文化的有机统一。

在新时代新征程将中国特色社会主义继续推向前进，一定要以全面建设社会主义现代化国家和实现中华民族伟大复兴的事业为中心，着眼于科学社会主义基本原则的新运用，着眼于中国特色社会主义建设新经验对科学社会主义的新贡献，在坚持和发展中国特色社会主义事业中实现实践创新与理论创新的良性互动。

要点三：在实践中探索现实社会主义的发展规律

（一）经济文化相对落后国家建设社会主义的长期性

第一，生产力发展状况的制约；第二，经济基础和上层建筑发展状况的制约；第三，国际环境的严峻挑战；第四，马克思主义执政党对社会主义发展道路的探索和对社会主义建设规律的认识，需要一个长期的过程。

（二）社会主义发展道路的多样性

1. 原因

第一，各个国家的生产力发展状况和社会发展阶段决定了社会主义发展道路具有不同的特点；第二，历史文化传统的差异性是造成不同国家社会主义发展道路多样性的重要条件；第三，时代和实践的不断发展，是造成社会主义发展道路多样性的现实原因。

真题精讲

列宁指出："一切民族都将走向社会主义，这是不可避免的，但是一切民族的走法却不会完全一样，在民主的这种或那种形式上，在无产阶级专政的这种或那种形态上，在社会生活各方面的社会主义改造的速度上，每个民族都会有自己的特点。"这一论述从历史唯物主义的高度揭示了各民族发展道路的多样性的内涵。下列关于社会主义发展道路多样性特点的正确观点有（　　）。

  A.各国生产力发展状况和社会发展阶段决定了社会主义发展道路具有不同的特点

  B.历史文化传统的差异性是造成不同国家社会主义发展道路多样性的重要条件

  C.各国民族因素和地理环境的不同是造成社会主义发展道路多样性的决定因素

  D.时代和实践的不断发展是造成社会主义发展道路多样性的现实原因

【答案】ABD

【解析】在社会历史的发展进程中，生产力状况、历史文化传统、民族因素和地理环境、时代和实践的特点等都会对社会发展产生影响。而在这些因素中，生产力的发展状况是决定性因素，其他因素都只是影响因素。因此，正确选项为A、B、D。选项C，表述错误，民族因素和地理环境是社会历史发展的重要影响因素，而不是决定性因素。

2. 探索符合本国国情的发展道路

第一，探索社会主义发展道路，必须坚持对待马克思主义的科学态度；第二，探索社会主义发展道路，必须从当时当地的历史条件出发，坚持"走自己的路"；第三，探索社会主义发展道路，必须充分吸收人类一切文明成果。

实践证明，不同国家试图用同样的"一条道路""一种模式"发展社会主义是行不通的。发展社会主义既不能照搬苏联社会主义的模式，更不能照搬西方资本主义国家的模式。照搬别国模式从来不能成功，这是一个被历史反复证明了的颠扑不破的真理。

真题精讲

自第一个社会主义国家建立以来，社会主义事业的发展并不是一帆风顺的。社会主义发展道路的多样性以及发展过程中的前进性和曲折性的实践告诉我们（　　）。

  A.坚持社会主义，不等于要坚持某种单一的社会主义模式

  B.发展社会主义，不等于不学习西方资本主义的文明成果

  C.改革或抛弃某种社会主义模式，不等于改掉或抛弃社会主义

  D.某种社会主义模式的失败，不等于整个社会主义事业的失败

【答案】ABCD

【解析】社会主义发展过程中，由于各国国情的特殊性，以及历史和现实的、国内和国际的各种因素相互作用，社会主义的发展道路必然呈现出多样性的特点。实践证明，坚持社会主义，不等于坚持某种单一的社会主义模式；改革或抛弃其

种社会主义模式，不等于改掉或抛弃社会主义；某种社会主义模式的失败，不等于整个社会主义事业的失败；发展社会主义，不等于不学习西方资本主义的文明成果。因此，本题正确选项是 A、B、C、D。

（三）社会主义在实践探索中开拓前进

1. 在实践中开拓前进是社会主义事业发展的必然要求

习近平总书记指出："社会主义从来都是在开拓中前进的。"这是对社会主义历史进程的全面总结，也是对社会主义事业发展的深刻启示。

首先，社会主义是亿万人民群众的伟大实践；其次，社会主义实践是一个不断探索的过程；再次，实践探索中出现某种曲折并不改变社会主义的前进趋势；最后，推进社会主义实践发展必须有开拓奋进的精神状态。

2. 社会主义在实践中开拓前进必须遵循客观规律

社会主义在实践中开拓前进必须遵循人类社会发展规律。

社会主义在实践中开拓前进必须遵循社会主义建设规律。

社会主义在实践中开拓前进必须遵循共产党执政规律。

共产党执政规律具有丰富的理论内涵和实践要求。执政最根本的是人心向背。

3. 以自信担当、开拓奋进的姿态走向社会主义光明未来

首先，正确认识 21 世纪世界社会主义的形势；其次，充分估计中国特色社会主义的成功实践对世界社会主义发展的意义；最后，坚定信心，振奋精神，以开拓奋进的姿态走向社会主义光明未来。

 案例精选

◎ 案例一　中国新型政党制度是对人类政治文明的重大贡献

《共产党宣言》指出，"过去的一切运动都是少数人的或者为少数人谋利益的运动。无产阶级的运动是绝大多数人的，为绝大多数人谋利益的独立的运动"。从中国土壤中生长出来的新型政党制度，继承并创造性地发展了马克思主义政党理论，吸收了中国传统文化中天下为公、兼容并蓄、求同存异、和衷共济的优秀思想，突破了西方政党制度利益代表的局限，具有广泛性、包容性等鲜明特征。中国共产党作为执政党，始终坚持以人为中心的根本立场，始终代表中国最广大人民的根本利益。自诞生之日起，除了国家、民族、人民的利益之外，中国共产党没有任何特殊利益。早在 1941 年，毛泽东同志就强调，"共产党是为民族、为人民谋利益的政党，它本身决无私利可图"。习近平总书记多次指出，人民对美好生活的向往，就是我们奋斗的目标。中国共产党始终以不变的人民情怀、宽阔的政治胸襟、丰富的政治智慧、高超的领导能力，为新型政党制度的发展寻锚定向，确保了制度的广泛性和参与性。二者的结合，在最大限度地代表最广大人民根本利益的同时，统筹兼顾了社会各阶层各方面的具体利益，找到了最大公约数，画出了最大同心圆。正如欧洲左翼党副主席莫拉指出的，中国共产党领导下的新型政党制度，维护了包括全体人民在内的广泛利益，为世界左翼力量和广大发展中国家提供了宝贵经验，指明了方向。

新中国成立后，中国共产党秉持天下为公的精神，以海纳百川的宽阔胸襟，坚持与各民主党派在共同的思想基础上进行开诚布公的合作，并以宪法、法律和制度形式赋予民主党派稳定、合法的参政权。各民主党派作为对中国共产党和社会主义有着高度认同的中国特色社会主义参政党，在中国共产党的领导下，全身心投入新中国建设和中国特色社会主义伟大事业中，成为中国共产党的好参谋、好助手、好同事。历经革命、建设、改革的洗礼，中国共产党与各民主党派始终坚持长期共存、同舟共济、肝胆相照、荣辱与共，超越了传统政党的竞争共存关系，形成了基于共同价值理念和奋斗目标的、牢不可破的政党命运共同体，共同创造、实践并发展了具有中国特色的新型政党制度，凝聚起促进国家发展、共谋民族复兴的强大合力。希腊左联党国际关系书记布尔诺斯指出，中国新型政党制度具有鲜明的兼容性，将各种政治力量纳入体制框架之中，形成了团结合作的关系，为政治稳定和国家发展提供了"安全阀"。麦考马克、卡普兰等美国知名学者坦承，中国新型政党制度强调的是合作，西方政党制度强调的是制衡。在新型政党制度中，各党派相互协商，达成共识，为了国家富强、人民幸福的目标共同奋斗。苏丹阿拉伯——中国友好协会联合会表示，中国新型政党制度把政党之间的争权变成了相互依存、彼此合作的良性关系，有效避免了政治分裂和尖锐对立，为世界提供了可借鉴的中国特色社会主义实践模式。

（资料来源：《求是》2018年第16期，有改动）

案例评析

中国特色社会主义取得的伟大成就，使中国这个世界上最大的发展中国家在短短30多年里摆脱贫困并跃升为世界第二大经济体，创造了人类社会发展史上的奇迹。中国特色社会主义的成功，不仅在中华人民共和国发展史上和中华民族发展史上具有重大意义，而且在世界社会主义发展史上和人类社会发展史上也具有重大意义。中国特色社会主义进入新时代，意味着近代以来久经磨难的中华民族迎来了从站起来、富起来到强起来的伟大飞跃，迎来了实现中华民族伟大复兴的光明前景；意味着科学社会主义在21世纪的中国焕发出强大生机活力，在世界上高高举起了中国特色社会主义伟大旗帜；意味着中国特色社会主义道路、理论、制度、文化不断发展，开拓了发展中国家走向现代化的途径，给世界上那些既希望加快发展又希望保持自身独立性的国家和民族提供了全新选择，为解决人类问题贡献了中国智慧和中国方案。总之，中国特色社会主义是科学社会主义在当代中国的成功实践，充分表明了社会主义在世界上人口最多的国家成功开辟出通向繁荣昌盛的正确道路，鲜明地展现了社会主义的优越性，标志着世界社会主义正在开拓新的历史征程。

◎案例二　依靠学习走向未来

我们党历来重视抓全党特别是领导干部的学习，这是推动党和人民事业发展的一条成功经验。在每一个重大转折时期，面对新形势新任务，我们党总是号召全党同志加强学习；而每次这样的学习热潮，都能推动党和人民事业实现大发展大进步。改革开放伊始，党中央就强调，实现四个现代化是一场深刻的伟大的革命。在这场伟大的革命中，我们是在不断地解决新的矛盾中前进的。因此，全党同志一定要善于学习，善于重新学习。同过去相比，我们今天学习的任务不是轻了，而是更重了。这是由我们面临的形势和任务决定的。

当前，全党面临的一个重要课题，就是如何正确认识和妥善处理我国发展起来后不断出现的新情况新问题。现在，我们遇到的问题中，有些是老问题，或者是我们长期努力解决但还没有解决好的问题，或者是有新的表现形式的老问题，但大量是新出现的问题。新问题每时每刻都在出现，而且多数又是我们过去不熟悉或者不太熟悉的。出现这样的状况，是由世情、国情、党情的发展变化引起的。不论是新问题还是老问题，不论是长期存在的老问题还是改变了表现形式的老问题，要认识好、解决好，唯一的途径就是增强我们自己的本领。增强本领就要加强学习，既把学到的知识运用于实践，又在实践中增长解决问题的新本领。

实现党的十八大提出的各项目标任务，应对复杂多变的国际形势，把握改革发展稳定大局，做好方方面面的工作，对我们的本领提出了新的要求。我们党在革命、建设、改革各个历史时期都遇到了种种艰难险阻，我们的事业成功都是经过艰辛探索、艰苦奋斗取得的。想一帆风顺推进我们的事业，想顺顺当当实现我们的奋斗目标，那是不可能的。可以预见，在今后的前进道路上，来自各方面的困难、风险、挑战肯定还会不断出现，关键看我们有没有克服它们、战胜它们、驾驭它们的本领。

从总体上看，与今天我们党和国家事业发展的要求相比，我们的本领有适应的一面，也有不适应的一面。特别是随着形势和任务不断发展，我们适应的一面正在下降，不适应的一面正在上升。如果不抓紧增强本领，久而久之，我们就难以胜任领导改革开放和社会主义现代化建设的繁重任务。延安时期，我们党就注意到"本领恐慌"问题。当时，党中央曾明确指出，我们的队伍里有一种恐慌，不是经济恐慌，也不是政治恐慌，而是本领恐慌。过去学的本领只有一点点，今天用一些，明天用一些，渐渐告罄了。我们现在是不是也面临这样一种状态呢？我看是的。很多同志有做好工作的真诚愿望，也有干劲，但缺乏新形势下做好工作的本领，面对新情况新问题，由于不懂规律、不懂门道、缺乏知识、缺乏本领，还是习惯于用老思路老套路来应对，蛮干盲干，结果是虽然做了工作，有时做得还很辛苦，但不是不对路子，就是事与愿违，甚至搞出一些南辕北辙的事情来。这就叫新办法不会用，老办法不管用，硬办法不敢用，软办法不顶用。我看这种状态，在党内相当一个范围、相当一个时期都是存在的。因此，全党同志特别是各级领导干部，都要有本领不够的危机感，都要努力增强本领，都要一刻不停地增强本领。只有全党本领不断增强了，"两个一百年"的奋斗目标才能实现，中华民族伟大复兴的中国梦才能梦想成真。

本领不是天生的，是要通过学习和实践来获得的。当今时代，知识更新周期大大缩短，各种新知识、新情况、新事物层出不穷。有人研究过，18世纪以前，知识更新速度为90年左右翻一番；20世纪90年代以来，知识更新加速到3至5年翻一番。近50年来，人类社会创造的知识比过去3000年的总和还要多。还有人说，在农耕时代，一个人读几年书，就可以用一辈子；在工业经济时代，一个人读十几年书，才够用一辈子；到了知识经济时代，一个人必须学习一辈子，才能跟上时代前进的脚步。如果我们不努力提高各方面的知识素养，不自觉学习各种科学文化知识，不主动加快知识更新、优化知识结构、拓宽眼界和视野，那就难以增强本领，也就没有办法赢得主动、赢得优势、赢得未来。因此，全党同志特别是各级领导干部都要有加强学习的紧迫感。

（资料来源：人民网，2013年3月1日）

案例评析

推进社会主义实践发展必须有开拓奋进的精神状态。社会主义事业是马克思主义政党领导人民群众创造历史伟业的实践过程，是一个不断迎接挑战、克服困难而奋勇前进的过程。要想不断推进社会主义的实践发展，就必须有马克思主义改变世界的实践品格，必须有共产党人的高度组织性和先锋模范作用，必须有人民群众的历史主动性和首创精神。在革命时期，要有不怕牺牲、冲锋陷阵的斗争意志和英勇精神，以不屈不挠、可歌可泣的斗争去争取革命的胜利。我们要坚定社会主义理想信念，坚持以马克思主义为指导，不断学习、开拓前进，克服发展中的困难和挑战。

习题演练

一、单项选择题

1. 科学社会主义创立的理论基础是（　　　）。

A. 英国古典政治经济学

B. 德国古典哲学

C. 唯物史观和剩余价值学说

D. 空想社会主义学说

2. 社会主义由空想到科学的标志是（　　　）。

A.《共产党宣言》的发表

B. "共产主义者同盟"的建立

C. 空想社会主义理想的破灭

D. 无产阶级革命的胜利

3. 列宁提出社会主义可能在一国或数国首先取得胜利观点的依据是（　　　）。

A. 无产阶级是最先进、最革命的阶级的原理

B. 帝国主义时代资本主义政治经济发展不平衡的规律

C. 资本主义国家无产阶级与资产阶级斗争的规律

D. 资本主义必然灭亡、社会主义必然胜利的规律

4. 坚持四项基本原则的核心是（　　　）。

A. 坚持社会主义道路　　　　　　B. 坚持马列主义、毛泽东思想

C. 坚持党的领导　　　　　　　　D. 坚持人民民主专政

5. 美苏冷战全面展开的标志是（　　　）。

A. 马歇尔计划　　　　　　　　　B. 杜鲁门主义

C. 两大阵营的形成　　　　　　　D. 丘吉尔的铁幕演说

6. 列宁对社会主义革命学说的重大贡献是（　　　）。

A. 提出了新经济政策

B. 提出了战时共产主义政策

C. 提出了社会主义革命将首先在一国或数国取得胜利的理论

D. 提出了利用国家资本主义过渡到社会主义的理论

7. 科学社会主义的核心内容是（　　　）。

A. 无产阶级专政和社会主义民主　　B. 国家政权

C. 生产资料公有制　　　　　　　　D. 唯物史观

8. 社会主义优越性的根本表现是（　　　）。

A. 扩大改革开放，成为社会的主人

B. 不断发展生产，增加社会财富

C. 公有制为主体和共同富裕

D. 实行按劳分配，改善人民生活

9. 无产阶级革命取得胜利的根本保证是（　　　）。

A. 无产阶级政党的正确领导

B. 建立革命的统一战线

C. 人民群众革命积极性的极大提高

D. 国家政权问题

10. 空想社会主义的开山之作是（　　　）。

A.《乌托邦》　　　　　　　　　B.《太阳城》

C.《自然法典》　　　　　　　　D.《论法制或法律的原则》

二、多项选择题

1. 19世纪空想社会主义代表人物是（　　　）。

A. 圣西门　　　　　　　　　　B. 黑格尔

C. 欧文　　　　　　　　　　　D. 傅立叶

2. 空想社会主义者（　　　）。

A. 对资本主义的弊病进行了深刻的揭露和猛烈的抨击

B. 揭示了资本主义灭亡的客观必然性

C. 对未来社会作出了天才的设想

D. 发现了变革社会的革命力量

3.《共产党宣言》的发表标志着科学社会主义的产生，社会主义实现了从空想到科学的历史性飞跃。科学社会主义超越空想社会主义之处在于（　　　）。

A. 找到了实现理想社会的现实道路

B. 对未来社会进行了细致的描绘

C. 揭示了资本主义必然灭亡的经济根源

D. 对资本主义进行了无情的批判

4. 列宁指出的具备革命形势的主要特征是（　　　）。

A. 被压迫阶级的贫苦和灾难超乎寻常地加剧

B. 统治阶级遭受危机，不可能照旧不变地维持自己的统治

C. 多数工人充分认识到革命的必要性，并且抱有为革命牺牲的决心

D. 建立了无产阶级政党

5.《共产党宣言》提出的无产阶级取得政治统治地位以后的任务是（　　　）。

A. 用革命的暴力镇压资产阶级的反抗

B. 一步步地夺取资产阶级的全部资本，彻底消灭私有制

C.把全部生产资料集中在国家手中，使国家有计划地组织生产

D.大力发展生产力，尽快增加生产力的总量

6.马克思对阶级斗争学说的新贡献是（   ）。

A.发现了社会上的阶级斗争，提出了阶级斗争学说

B.提出了人类社会史就是阶级斗争史的学说

C.发现阶级和阶级斗争的存在只同生产发展的一定历史阶段相联系

D.指出阶级斗争必然导致无产阶级专政

7.马克思主义关于无产阶级革命形式的基本观点有（   ）。

A.暴力革命是无产阶级革命的唯一形式

B.暴力革命是主要的基本形式

C.在任何情况下都要争取革命的和平发展

D.无产阶级革命有暴力和和平两种形式

8.社会主义发展史上的两次飞跃是（   ）。

A.社会主义由空想到科学的发展

B.早期空想社会主义到空想平均共产主义的发展

C.空想平均共产主义到批判的空想社会主义的发展

D.社会主义由理论到实践的发展

9.社会主义社会的主要特征有（   ）。

A.剥削制度的消灭和在生产资料所有制上坚持以公有制为主体

B.按劳分配

C.大力发展社会主义市场经济

D.实行无产阶级专政

10.要探索符合本国国情的社会主义发展道路，就要（   ）。

A.以马克思主义理论为指导

B.从本国国情出发

C.吸收一切人类文明成果

D.以发达国家为样板

三、判断题

1.生产资料公有制是社会主义经济制度的根基，社会主义国家任何时候都不能放弃。（   ）

2.社会主义的发展道路不是单一的，而是多样性的。（   ）

3.十月革命的胜利证实了列宁的一国胜利论。（   ）

四、简答题

1.简述科学社会主义基本原则的主要内容。

2.简述经济落后国家建设社会主义的长期性。

3.简述社会主义道路多样化的原因。

4.为什么说社会主义在实践中不断开拓前进？

五、论述题

1.如何把握科学社会主义基本原则？

2.如何探索符合本国国情的社会主义道路？

 实践课堂

项目 一 人物访谈——访谈优秀共产党员

实践目的

通过对优秀共产党员的访谈，使学生围绕所学的社会主义的发展及其规律的理论，提出自己的问题和疑惑，进而从优秀共产党员那里得到解答和指引。同时，通过聆听优秀共产党员对世界社会主义运动以及我国社会主义革命、建设和改革的感悟，树立并坚定社会主义必胜的信心。

实践方案

1.任课教师宣布实践活动主题，明确实践要求。

2.拟定访谈对象，确定访谈的可行性。确定可行性时主要考虑两个方面：一方面是拟定的访谈对象是否接受访谈。访谈者与访谈对象的关系、访谈对象的性格、访谈的话题、访谈的时间和地点等因素均会影响到访谈对象是否接受访谈。另一方面是访谈者自己能否进行访谈。访谈者是否具备访谈的知识、经验、技巧，访谈者是否具备访谈时间，均影响到访谈者能否进行访谈。如访谈者不具备单独开展访谈的能力，任课教师需对访谈者进行相关培训。

3.访谈准备。

（1）准备详细的访谈提纲。要根据访谈的目的和理论假设，准备详细的访谈提纲，并将其具体化为一个个访谈问题。访谈的问题既要能涵盖本次访谈主题所涉及的范畴，又要有层次性，提问的方式、用词的选择、问题的范围要适合被访者的知识水平和习惯，简单明了，通俗易懂。

（2）了解被访者。访谈前尽可能收集有关被访者的资料，要对其经历、个性、地位、职业、专长、兴趣等有所了解，了解得越清楚，访谈时就越有针对性；要分析被访者能否提供有价值的材料；要考虑如何取得被访者的信任和合作。

（3）确定访谈的方式与进程。为了使访谈规范，并能获得实效，需事先安排访谈行程，将访谈人员、被访者、访问日期及时间作适当的安排。访谈时间最好是被访者工作、学习不太繁忙，并且心情比较舒畅的时候。访谈的地点和场合的选择要从被访者方便的角度考虑，要有利于被访者准确地回答问题，要有利于形成畅所欲言的访谈气氛。

（4）准备访谈所需的材料与工具。访谈前要对访谈内容所涉及领域的相关知识有充分的了解，对有关材料作充分的准备，如访谈记录表、各种证明材料、证件、录音机、录音笔、摄像机等。

4.实施访谈。访谈者在接近访问者时，首先要做自我介绍，必要时可出示身份证明，然后说明来访的目的及为什么进行这次访谈，进而强调本次访谈的重要性，请求对方的支持与合作。取得被访者同意后，就可以开始访谈了。访谈过程中，要做好访谈记录。

5.访谈结束。结束访谈是访谈的一个十分重要的阶段和步骤，绝不是无足轻重的。因此，在做访谈前准备时需做充分准备，要提前进行考虑和设计，并能视具体情况作出灵活调整。

6.访谈结果处理。对访谈记录进行整理，以便对访谈记录进行分析。对于访谈录音记录的整理，应按照时间顺序将声音信号变为文字信号进行记录，应严格按照访谈时的原话进行整理，而不能任意省略。整理访谈录音记录时，对于访谈双方同时出现的语句、访谈对象语气的变化、节奏的变化、访谈对象的动作、访谈对象的表情等，均应以括号或其他形式加以标注。对于访谈手头记录的整理，应根据访谈时记录的要点回忆当时的情境、当时的对话，根据回忆最大限度地补齐记录。由于人的记忆会随着时间的流逝而急剧衰减，所以访谈手头记录的整理是访谈之后最重要的事情。

7.访谈结果分析。对访谈的结果进行分析，主要是为了解决以下问题：第一，访谈对象的表述有哪些是可信的，有哪些是不可信的，理由是什么；第二，访谈对象的陈述哪些方面可以证明访谈之前的理论假设，哪些方面不能证明这些理论假设，哪些方面可以证否这些理论假设；第三，访谈所得到的结论可以在多大范围内适用，理由是什么。

8.撰写访谈报告。在对访谈结果进行分析并得出结论之后，就需要撰写访谈报告，以便使更多的人了解访谈的结论。访谈报告需要回答以下问题：对于访谈计划的回顾；对于访谈过程的描述；对于访谈结果的分析和陈述。

9. 任课教师审阅并筛选优秀的访谈报告，安排其作者进行课堂分享。

10. 任课教师对本次实践活动进行综合点评，对于活动中集中存在的问题进行分析和纠正。

参考资料

资料一：

马克思主义基本原理实践课
人物访谈

院　　部：_____

专业班级：_____

姓　　名：_____

学　　号：_____

学　　期：_____

人物访谈考核	
考核评价（符合标准的在对应的"□"里打"√"） 　访谈前准备　　　　　优□ 良□ 中□ 差□ 　访谈过程中的表现　　优□ 良□ 中□ 差□ 　访谈报告撰写　　　　优□ 良□ 中□ 差□ 　其他　　　　　　　　优□ 良□ 中□ 差□	考核成绩（满分100分）：
	教师签名： 　　　　　年　月　日

受访人基本信息					
姓名		性别		籍贯	
毕业时间		毕业院校		专业	
任职单位			任职岗位		
过往人生经历简述					

访谈报告
题目：
正文：
教师点评

资料二：

访谈中技巧的应用和应注意的事项

一、访谈中技巧的应用

在访谈过程中，有效地进行提问、追问、倾听和回应，合理运用辅助手段，对于访谈能否取得成功具有重要的作用。

（一）提问、追问、倾听和回应的技巧

提问，是访谈中的关键环节。访谈问题多种多样，一般分为三类，即开放型和封闭型、具体型和抽象型、清晰型和含混型。开放型问题，没有固定的答案，允许被访谈者自由作出回答，提问常出现"什么""如何""为什么""怎么样"这样的词语；封闭型问题，对回答方式和内容有严格限制，往往只需回答"是"或"否"。具体型问题，就是询问一些具体事件或细节；抽象型问题，是指对一个事件进行比较笼统的、整体的陈述。清晰型问题，结构简单明确，容易被理解；含混型问题，语句构成复杂，包含多重意义和提问者个人倾向。思想政治理论课实践教学一般采用开放型、具体型和清晰型的问题。

追问，就是访谈者针对访谈对象前面说的某件事、观点、概念作进一步询问。追问也需要技巧，应当合理地把握追问的时机和分寸。一般来讲，不要在访谈开始就频繁追问，而是应尽量给对方自由表达的空间，通过他们所讲的内容结合访谈目的，再逐步追问。追问的分寸要掌握好，在一些敏感话题上采取迂回的策略。有的问题可以先记录下来，等双方形成信任、融洽的关系时，再详细追问。在追问过程中，访谈者要对对方的话语保持高度的敏感性，随时捕捉对方有意或无意抛出的话语信息，不断调整自己预先设计好的问题。

倾听，是访谈中的一项重要的无形的工作，对于访谈者来说，在倾听时要遵守一定的原则：一是不轻易打断对方的谈话；二是要能容忍沉默。总之，访谈者要注意倾听对方谈话，更要关注和思考对方说话的动机，耐心地感知对方的内心世界。当对方沉默不语时，访谈者不要急于打破这种状态，而是要具体问题具体分析。

回应，包括言语回应和非言语回应。回应在很大程度上影响着受访者谈话的内容和范围，对整个访谈的开展起到引导和限定的作用。当访谈者已经听到对方的谈话并希望其继续说下去时，采用"认可"式的回应方式，如"噢""对""是吗""很好"，或是点头、微笑、鼓励的目光和肢体语言等，与之产生共鸣。但是，不要过多回应，以防打断对方的思路。对受访者所说的话进行重组和总结，也是一种回应的方式。这样可以帮助对方厘清思路，引导对方继续进行相关陈述。

（二）合理地采用辅助手段

访谈过程中，借助一定的辅助手段，可以在一定程度上提高访谈的实效。在使用录音、录像和拍照等来辅助访谈的记录工作之外，还可以使用视频、照片、绘画和分类卡片等辅助手段，它们可以刺激受访者的感觉器官，帮助他们从各种角度看待正在谈论的问题。视频可以调动对方多种感官的积极性；照片可以唤起对方的记忆，产生联想；绘画可以给对方以视觉感受，激发其情感反应；分类卡片可以帮助对方对某些概念进行命名和分类，厘清思路等。

二、访谈过程中应注意的事项

（一）营造访谈氛围的注意事项

（1）选择一个能令受访者感到安全的环境进行访谈。

（2）访谈不能迟到。

（3）访谈前先自我介绍。

（4）感谢受访者能抽空接受访谈，简明扼要地向受访者说明访谈的目的及所需时间。

（5）事先告知受访者在访谈过程中会做记录，并说明记录这些数据信息的用途。

（6）如有必要，可向受访者重申访谈内容会严格保密。

（二）交谈时的注意事项

（1）注意力要集中，表示对受访者的尊敬。

（2）要让受访者有交谈的意愿，不要咄咄逼人。

（3）要多为受访者考虑。

（4）要保持适当的眼神接触。

（5）灵活应对，不完全拘泥于访谈提纲，在适当的时候也可完全抛弃访谈提纲。

（6）要注意把握时间，可视情况选择提纲中的问题。

（三）探究问题时的注意事项

（1）尽可能少说，鼓励对方提供更多信息。

（2）通过点头或中性词语表达自己的态度。

（3）明确要陈述真实的案例或具体的事实。

（4）逐字重复，检验理解是否正确。

（5）保证对一个问题进行充分讨论后再转入下一个问题。

（四）聆听时的注意事项

（1）用心聆听并用关键词总结听到的信息，要广泛地联想。

（2）细心聆听，从长篇大论中收集有价值的信息。

（3）要注意受访者的潜台词，或找出没有用语言表达出来的线索。

（4）不断地总结、归纳并及时与受访者核实。

（五）应对特殊情况时的注意事项

1. 受访者紧张焦虑

（1）解释此次访谈的目的及受访者将获得的益处，打消其顾虑。

（2）要与受访者建立相互信任的关系。

2. 受访者滔滔不绝

（1）避免提开放式问题，将其分解成具体的小问题。

（2）尽可能提一些具体明确的问题。

（3）提醒受访者时间有限。

3. 受访者态度不好，充满敌意

（1）与其建立相互信任的关系，找出共同语言及共同经历。

（2）避免提封闭式问题，利用开放式问题引导思路。

（3）对受访者提出认可，予以肯定，鼓励对方交谈。

（六）结束访谈时的注意事项

（1）访谈结束时，应及时总结要点。

（2）提出最后一个开放式问题："有没有什么没有谈到的问题是您想补充的？"

（3）为今后进一步采访留有余地。

（4）谢谢受访者，表示此次的访谈很有意义。

（5）访谈结束后，要立即整理访谈纪要。

项目 二 课堂讨论——生在"种花家"

实践目的

通过开展本次课堂辩论活动，使学生更深刻地感悟社会主义给我们带来安稳生活的幸福感，对生在中国、长在中国感到荣幸和自豪，此生无悔入华夏，来生愿在种花家。

实践方案

1. 任课教师宣布讨论主题并提出活动要求。

2. 将学生分为若干小组（每组 4～6 人），并选定一人为小组组长，负责小组各项工作。

3. 各小组围绕讨论主题搜集和整理资料。

4. 以小组为单位在课堂上围绕讨论主题展开讨论。组内讨论后，推选一位小组组员作为代表在课堂上发言。组内讨论时，组长指派一位组员作为记录员记录组员发言摘要和小组讨论情况。

5. 任课教师对学生发言进行点评，引导学生更深层次地理解本次讨论主题。

6. 以小组为单位，结合课堂讨论中他人的发言，撰写并提交一篇关于"生在种花家"的课堂讨论报告。

参考资料

马克思主义基本原理实践课
课堂讨论

院　　部：_____

专业班级：_____

姓　　名：_____

学　　号：_____

学　　期：_____

课堂讨论考核	
考核评价（符合标准的在对应的"□"里打"√"） 　　讨论主题明确、态度积极　　　优□　良□　中□　差□ 　　观点正确鲜明、说服力强　　　优□　良□　中□　差□ 　　角度新颖、同学认可度高　　　优□　良□　中□　差□ 　　报告字数与格式符合规范　　　优□　良□　中□　差□ 　　其他　　　　　　　　　　　　优□　良□　中□　差□	考核成绩（满分100分）： 教师签名： 　　　年　月　日

小组成员			
姓名	学号	组内分工	心得体会

课堂讨论报告
题目：
正文：
教师点评

项目 三 专题讲座——马克思主义思想在当代中国的新发展

实践目的

通过专题讲座，使学生认识、了解并确立正确的价值观，认识社会生活的本质；使学生了解马克思主义思想在当代中国的新发展。

实践方案

1.提前一天通知学生，指明活动内容、时间、地点。

2.听讲座时应保持安静、不能玩手机、不能中途离场。

3.学生听完讲座就各自的感悟进行探讨和交流，撰写讲座报告。

4.任课教师对学生在实践中遇到的问题进行答疑解惑。

5.任课教师对此次实践活动做活动总结。

 趣文短篇

莫尔与《乌托邦》的世界

托马斯·莫尔（1478—1535）生于伦敦的一个法学家庭，毕业于牛津大学，曾当过律师、国会议员、财政副大臣、国会下院议长、大法官。1535年因反对亨利八世兼任教会首脑而被处死。尽管他不是一位正统的天主教信徒，却非常罕见地获得了左右翼的一致推崇，左翼发现了他的共产主义理想，右翼发现了他对天主教的忠诚。他在英国历史上最伟大的100个名人评选中名列第37位。

而莫尔的名字之所以流传至今，毫无疑问要归功于他那部虚构的《乌托邦》（全名是《关于最完美的国家制度和乌托邦新岛的既有益又有趣的金书》）。在这本书中，他运用对话体裁，以游记的形式，借一位虚构的航海家拉斐尔·希斯拉德之口，描述了自己理想中的最完美的社会制度。

在一个名叫乌托邦的海岛上，有54座城市均匀地分布于广阔的乡村之间。这些城市在公有制的基础上彼此密切联系，统一组织生产和消费。每个城市分成四个相同的区，居住着6000户居民，每户居民的人口都在10～16名之间。城市所有适龄人口都要劳动，除少数被选拔专门从事科学研究者外，其余人每天工作6小时，产品交给公共仓库；由各户户主任取所需，而不必用货币或其他物品交换。居民们按每30户一厅的规模集中用膳，最美味的食品由老年人首先食用，然后大家再平均分配。

在乡村，每户不少于40人，外加两名奴隶。这些奴隶由罪犯和自愿前来的外国人构成，从事屠宰、扫街等职业。

城市之间互通有无，但是同样不需要用货币来交换。他们把大量的剩余产品运到国外，换回自己缺少的铁和大量的金银。金银的主要用途是雇用外国人为乌托邦作战。除此之外，它们就用作制造便器和惩罚罪犯的链锁了。

莫尔对未来社会的理想描述是建立在对现实社会的深刻批判基础上的。莫尔用大量篇幅揭露了英国资本原始积累时期"圈地运动"给劳动人民带来的深刻苦难。他这样骂道："你们的绵羊本来是那么驯服，吃一点点就满足，现在据说很贪婪很凶蛮，甚至要把人吃掉，把你们的田地、家园、城市要踩蹒完啦。""羊吃人"，这就是莫尔对当时英国状况的形象概括。

莫尔对穷苦的劳动人民予以深切的同情，他用悲愤的笔触写道：在社会底层的那些种田的、拉车的、做零活的、赶货车的、干苦工的，他们终日胼手胝足像牛马一样地劳作，可是他们的生活连牛马都不如。莫尔认为，这种极少数人享乐、大多数人痛苦的社会是不公正的，它完全违背了人类的道德。他借乌托邦人之口针锋相对地提出，人人都有过快乐生活的权利，人类的全部或最大的幸福就是快乐。莫尔明确地把追求快乐作为社会的道德准则。

在理想生活如何实现的问题上，莫尔提出了非常深刻的思想，他写道："任何地方私有制存在，所有的人凭现金价值衡量所有的事物，那么，一个国家就难以有正义和繁荣……我深信，如不彻底废除私有制，产品不可能公平分配，人类不可能获得幸福。私有制存在一天，人类中绝大一部分，也是最优秀的一部分将始终背上沉重而甩不掉的贫困灾难担子。"

在莫尔的全部空想社会主义理论中，其建立公有制的社会的思想是最有价值的部分，并对后来的空想社会主义理论产生了十分深刻的影响。19世纪法国著名空想社会主义者埃蒂耶纳·卡贝把《乌托邦》誉为人类第一部描述公产制度如何运用于整个国家，而且是个庞大的国家的论述。

然而，《乌托邦》之所以是空想，源于消灭家庭的公有制的荒谬主张、保留奴隶的落后思想、存在国王的传统方式，这种不成熟的理论正是托马斯·莫尔那个时代经济社会条件不成熟的体现。

(资料来源：国家人文历史网，2019年1月1日，略改动)

第七章

共产主义崇高理想及其最终实现

代替那存在着阶级和阶级对立的资产阶级旧社会的，将是这样一个联合体，在那里，每个人的自由发展是一切人的自由发展的条件。

——马克思、恩格斯

知识网络

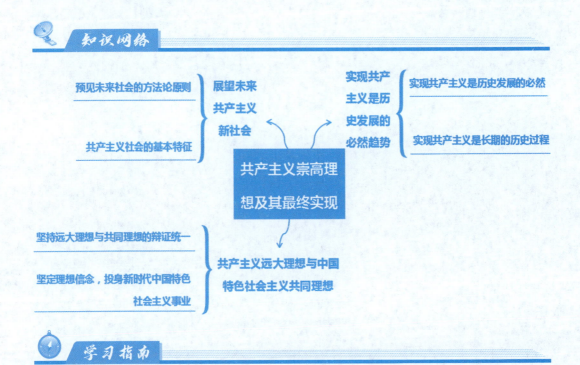

学习指南

⊙ 学习目标

学习和掌握预见未来社会的科学方法论原则，把握共产主义社会的基本特征，深刻认识实现共产主义的历史必然性和长期性，把握共产主义远大理想与中国特色社会主义共同理想的辩证关系，坚定理想信念，积极投身新时代中国特色社会主义伟大事业。

⊙ 学习要点

预见未来社会的科学方法论原则，共产主义社会的基本特征，共产主义理想实现的必然性，共产主义理想实现的长期性，共产主义远大理想与中国特色社会主义共同理想的关系。

⊙ **学习难点**

共产主义社会的基本特征，共产主义远大理想与中国特色社会主义共同理想的关系。

要点归纳

要点一：预见未来社会的方法论原则

立足于人类社会的一般发展规律指明社会发展方向 ｜ 立足于通过剖析旧世界来阐发新世界的特点 ｜ 立足于揭示未来社会一般特征而非细节描述 ｜ 立足于社会主义发展的历史经验深化对共产主义的认识

（一）在揭示人类社会发展一般规律的基础上指明社会发展的方向

马克思、恩格斯站在无产阶级立场上，运用科学的方法，致力于研究人类社会特别是资本主义社会，第一次揭示了人类社会发展的一般规律和资本主义社会发展的特殊规律，从而对共产主义社会作出了科学的展望。马克思、恩格斯认为，人类社会的发展像自然界的发展一样，具有自己客观的规律，科学揭示这些规律，就能为正确理解过去、把握现在和展望未来提供向导。

（二）在剖析资本主义旧世界的过程中阐发未来新世界的特点

马克思、恩格斯关于未来社会的预测，是在科学地批判和剖析资本主义社会的过程中作出的。从历史上看，人们对未来社会的设想，往往起因于对现实问题的感受和看法。马克思、恩格斯对资本主义批判的高明之处在于，他们不是只看到资本主义社会的弊端，而是进一步揭示出弊端的根源，揭示出资本主义发展中自我否定的力量，发现资本主义的矛盾运动中孕育着的新社会因素，并以此作出对未来社会特点的预见。

（三）在社会主义社会发展中不断深化对未来共产主义社会的认识

现实中的社会主义社会本来就是共产主义社会的初级阶段，虽然它距离未来社会的高级阶段即典型的共产主义社会尚远，但从社会性质上来说是一致的。因此，在对未来共产主义社会的认识上，从社会主义中得到的启示应该比从资本主义社会中得到的启示更多、更直接、更有教益。

（四）立足于揭示未来社会的一般特征，而不可能对各种细节作具体描绘

马克思、恩格斯在展望未来社会时，总是只限于指出未来社会发展的方向、原则和基本特征，而把具体情形留给后来的实践去回答，体现了马克思主义者对待预见未来的科学态度。

要点二：共产主义社会的基本特征

共产主义是人类社会发展史上一种崭新的社会制度，是最美好的人类社会。马克思主义经典作家揭示了共产主义社会的基本特征，可以概括为以下几个方面。

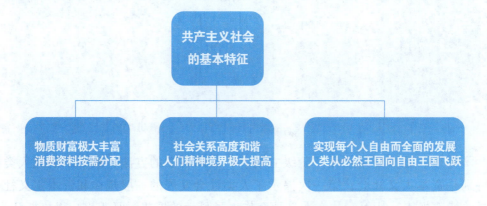

（一）物质财富极大丰富，消费资料按需分配

第一，社会生产力高度发展，产品极大丰富，是实现共产主义的必要条件。

第二，生产力的高度发展又是共产主义社会本身的一个重要特征。

第三，适应高度发展的社会化大生产的需要，共产主义社会在生产关系上将彻底废除私有制，实行普遍的生产资料公有制。

第四，与生产资料的社会占有相适应，共产主义社会将按照自然资源的情况和社会成员的需要，对生产进行有计划的组织和管理。

第五，在共产主义社会，个人消费品的分配方式是"各尽所能，按需分配"，最终实现人类在分配上的真正平等。

（二）社会关系高度和谐，人们精神境界极大提高

第一，在共产主义社会，阶级将会消亡，阶级剥削和压迫不复存在，阶级斗争也随之消失。

第二，在共产主义社会，国家也将消亡，作为阶级压迫工具的军队、警察、监狱等将失去作用。

第三，在共产主义社会，战争也将不复存在。

第四，在共产主义社会，由于社会生产力的巨大发展，工业与农业、城市与乡村、脑力劳动与体力劳动的差别——"三大差别"必然归于消失。

第五，在共产主义社会，不仅社会是和谐的，而且社会与自然之间也将达成和谐。

第六，与社会生产力的高度发展和社会关系的高度和谐相联系，人们的精神境界得到极大提高。这是共产主义新人的重要体现。

（三）实现每个人自由而全面的发展，人类从必然王国向自由王国飞跃

第一，实现人的自由而全面的发展，是马克思主义追求的根本价值目标，也是共产主义社会的根本特征。

第二，在共产主义社会，人的发展是自由而全面的发展，是建立在个体高度自由自觉基础上的全面发展。

第三，旧式分工的消除为人的自由而全面的发展创造了条件。到共产主义社会，旧式分工得以消除，人们将摆脱"奴隶般地服从于分工"的情形。

第四，自由时间的大大延长为人的自由而全面的发展提供了广阔的前景。人的自由而全面的发展，一方面是在多样化的生产劳动过程中实现的，另一方面是在生产劳动之外的大量自由时间中实现的。

第五，在共产主义社会，劳动不再是单纯的谋生手段，而成为"生活的第一需要"。那时，劳动能力和劳动时间不再是分配消费品的尺度，因而劳动摆脱了谋生的压力，成为发挥人的才能和力量的活动。

第六，共产主义社会实现了人类解放，人类将最终从支配他们生活和命运的异己力量中解放出来，实现从必然王国向自由王国的飞跃，开始自觉地创造自己的历史。

共产主义社会无疑是非常美好的，但是按照马克思主义预测未来的一贯立场、观点和方法，共产主义社会本身也不会是一个没有任何矛盾的社会，不会是一种不需要也不能够进一步改善和发展的静止状态。我们深信，共产主义社会将是一个在更高的基础上不断发展和前进的社会。它不是人类历史的终结，而是人类自由自觉历史的开端。

 真题精讲

马克思主义是关于无产阶级和人类解放的科学，实现共产主义是全人类解放的根本体现。人类解放包括（　　　）。

A.从自然界的压迫下解放出来

B.从客观规律的制约下解放出来

C. 从旧的社会关系的束缚下解放出来

D. 从旧的传统观念的禁锢下解放出来

【答案】ACD

【解析】全人类彻底解放包含着深刻和丰富的内容：一是人类从自然界的奴役下解放出来，摆脱盲目的自然力的支配，成为自然界的主人；二是人类从旧的社会关系束缚下解放出来，摆脱一切剥削压迫和旧式分工的束缚，成为社会关系的主人；三是人类从剥削阶级的思想观念下解放出来，摆脱传统观念和传统思维方式的束缚，成为社会意识的主人。故选项 A、C、D 均正确。规律是客观的，客观性是规律的根本特点，它的存在不以人的意志为转移，这在任一阶段的社会都一样，故选项 B 错误。

要点三：实现共产主义是历史发展的必然

共产主义一定能够实现，这是由人类社会的发展规律所决定的。人类社会从低级到高级的发展，既是一个社会形态发展和交替的过程，也是一个客观必然的历史进程。

（一）共产主义理想的实现是历史发展的必然

人类对美好境界的追求，从广义上讲有两类：一类是具有客观必然性，经过努力可以实现的理想；另一类是完全脱离客观发展规律而陷入虚幻，从而根本不可能实现的空想。共产主义理想是能够实现的理想，它与一切空想和幻想有着本质的区别。共产主义理想作为一种社会思想，是在对人类社会发展规律认识的基础上设想的社会发展目标。而且，共产主义理想的实现是靠社会的发展和进步，靠人民群众的实践。

共产主义理想一定会实现，是以人类社会发展规律以及资本主义社会的基本矛盾发展为依据的。马克思主义不仅从社会形态交替规律上对共产主义理想实现的必然性作了一般性的历史观论证，而且通过对资本主义社会的具体剖析，作了具体实证的阐明。马克思深入研究资本主义社会，特别是研究资本主义的经济运动，揭示了资本主义生产方式的特点，论证了资本主义发展的自我否定的趋势；揭示了生产社会化与生产资料资本主义私人占有之间的基本矛盾，论证了资本主义的历史暂时性；揭示了资本主义剥削的秘密与资本主义的非正义性，论证了工人阶级推翻旧世界、建设新世界的历史使命；揭示了工人阶级和资产阶级斗争的发展规律和趋势，论述了工人阶级解放斗争胜利的必然性。

社会主义运动的实践，特别是社会主义国家的兴起和不断发展，已经并正在用事实证明共产主义理想实现的必然性。

（二）实现共产主义是人类最伟大的事业

社会发展的规律是在人们的活动中形成的，是人们社会活动的规律，它的实现和发挥作用离不开人们的社会活动，特别是离不开人们自觉创造历史的活动。在共产主义实现的历史必然性中就包含着无产阶级和广大人民群众对共产主义理想的追求。

实现共产主义理想是广大人民群众的共同愿望。广大人民群众是社会的大多数，他们对理想社会的愿望和追求能够汇成一股巨大的力量。

实现共产主义是工人阶级解放斗争的最终目标。无产阶级是先进生产力的代表，深受资产阶级的剥削和压迫，为争取自身的解放进行了不懈的斗争。马克思主义的创立及其与工人运动的结合，特别是马克思主义政党的产生，使无产阶级有了科学的理论指导和坚强的领导核心，走上了实现自身历史使命的更加自觉的道路。

工人阶级的解放与全人类的解放是完全一致的。工人阶级特殊的社会地位和历史使命，决定了它只有解放全人类才能使自己最后得到彻底解放。争取共产主义社会制度的最终实现，不仅是无产阶级彻底解放的标志，也是全人类得到解放的根本要求和体现。

真题精讲

关于共产主义理想实现的必然性，马克思主义除了从社会形态更替规律上作了一般性的历史观论证外，还通过对资本主义社会的深入实证的剖析，科学地论证了（　　　）。

A.资本主义的历史暂时性

B.资本主义发展的自我否定的趋势

C.资本主义灭亡的具体途径和方式

D.工人阶级推翻旧世界、建设新世界的历史革命

【答案】ABD

【解析】马克思主义展望未来社会的一个重要原则就是在剖析资本主义社会旧世界中阐发未来新世界的特点，不仅看到了资本主义的弊端，还进一步揭示出弊端的根源，揭示出资本主义发展中自我否定的力量，指出资本主义的历史暂时性，发现资本主义的矛盾运动中孕育着的新社会因素，并得出工人阶级推翻旧世界建设新世界的历史使命。因此，正确选项为A、B、D。选项C，关于"资本主义灭亡的具体途径和方式"，马克思并没有进行科学论证，他在展望未来社会时立足于揭示未来社会的一般特征，而不可能对各种细节作具体描绘。

要点四：实现共产主义是长期的历史过程

共产主义一定要实现，共产主义一定能够实现，但共产主义的实现是一个很长的甚至是充满曲折的历史过程。

（一）资本主义的灭亡和向社会主义的转变是一个长期的过程

资本主义作为一个社会形态，其走向灭亡是一个长期的历史过程。也就是说，资本主义在它所能容纳的全部生产力发挥出来之前是决不会灭亡的。无产阶级通过革命夺取政权，实现从资本主义向社会主义的转变，也需要一个过渡时期。这是一个不以人的意志为转移、不能省略、不可随意缩短的过渡时期。而且在完成资本主义向社会主义的转变以后，还要经历一个很长的社会主义发展阶段，最后才能逐步走向共产主义。在任何国家，实现共产主义都不能超越社会主义发展阶段。现存的资本主义国家将来不论发达到何种程度，当其实现根本性制度变革的时候，也只能首先进入共产主义社会的低级阶段即社会主义社会，而不可能直接达到共产主义社会的高级阶段。

（二）社会主义社会的充分发展和最终向共产主义过渡需要很长的历史时期

在全世界实现共产主义，首先将取决于社会主义国家的巩固和发展，取决于这些国家所经历的社会主义建设的历史进程。共产主义只有在社会主义社会充分发展和高度发达的基础上才能实现。我国现在尚处在社会主义社会的初级阶段，对于整个社会主义时期究竟会有多长，究竟要经历哪些发展阶段，何时才能达到共产主义社会，尚需要随着历史的发展进一步认识和探索。历史经验证明，对社会主义的长期性应有充分的估计，决不能超越阶段急于迈向共产主义，否则会欲速不达，带来严重的后果。历史经验也证明，在社会主义的发展过程中，还存在遭受严重挫折甚至发生资本主义复辟的可能性，对此也必须始终保持头脑清醒。

要点五：坚持远大理想与共同理想的辩证统一

理想是指引人们奋斗方向的航标，也是推动人们前进的强大精神动力。一个社会不能没有理想，一个人也不能没有理想。个人的理想必须同社会发展进步的大趋势相一致。共产主义理想是建立在科学基础上的社会理想，是人类最伟大的社会理想。在坚持和发展中国特色社会主义的实践中，我们不但要坚定中国特色社会主义的共同理想，而且要进一步树立共产主义远大理想。

（一）坚持和发展中国特色社会主义是中华民族通向共产主义的必由之路

走中国特色社会主义道路，是中国革命、建设、改革事业的经验总结，是中华民族为了实现自身的伟大复兴作出的重大抉择。中国特色社会主义道路也是中华民族最终走向共产主义的必由之路。只有沿着这条道路前进，中国的社会主义建设才能取得成功，社会主义制度的优越性才能得到充分体现，社会主义社会才能在充分发展和高度发达的基础上，逐步迈向共产主义社会。

（二）正确认识和把握共产主义远大理想与中国特色社会主义共同理想的关系

坚定社会主义和共产主义理想信念，必须正确认识共产主义远大理想与中国特色社会主义共同理想的关系。

第一，从时间上看，远大理想与共同理想的关系是最终理想与阶段性理想的关系。共产主义远大理想的实现需要许多代人的接续奋斗，在这个接续奋斗的过程中，会有一些阶段性的理想。只有通过实现一个一个的阶段性理想，才能最终实现共产主义远大理想。

第二，从层次上看，远大理想与共同理想的关系是最高纲领与最低纲领的关系。共产主义是我们的最高理想和最高纲领没有变，而且也不会变，但在当前，坚定中国特色社会主义共同理想，进一步推进中国特色社会主义事业，就是我们党的最低纲领的要求。

第三，从范围来看，远大理想与共同理想的关系也是全人类理想与全体中国人民理想的关系。共产主义远大理想体现的是全人类解放的共性，是面向全人类的。而中国特色社会主义共同理想，主要是面向中国人民和中华民族成员的，体现了"中国特色"。

要点六：坚定理想信念，投身新时代中国特色社会主义事业

青年是祖国的未来、民族的希望。青年兴则国家兴，青年强则国家强。青年一代有理想、有本领、有担当，国家就有前途，民族就有希望。一代青年有一代青年的历史际遇。当前，中国特色社会主义进入新时代。这一崭新的时代，为当代青年特别是当代大学生提供了施展人生才华的极为有利的历史际遇。

新时代的青年，必须坚定理想信念。理想信念是精神上的"钙"，是人的精神支柱和精神脊梁，是鼓舞人们前进和奋斗的强大精神动力。当代大学生要坚定理想信念，自觉做中国特色社会主义共同理想的坚定信仰者、忠诚实践者。

当代青年要积极投身新时代中国特色社会主义事业，勇做担当中华民族伟大

复兴大任的时代新人。我们的国家正在走向繁荣富强，我们的民族正在走向伟大复兴，我们的人民正在走向更加幸福美好的幸福生活。展望未来，我国青年一代肩负历史重任，必将大有可为，也必将大有作为。

 案例精选

◎ 案例一　在实现中国梦的生动实践中放飞青春梦想

党的十八大描绘了全面建成小康社会、加快推进社会主义现代化的宏伟蓝图，发出了向实现"两个一百年"奋斗目标进军的时代号召。根据党的十八大精神，我们明确提出要实现中华民族伟大复兴的中国梦。现在，大家都在谈论中国梦，都在思考中国梦与自己的关系、自己为实现中国梦应尽的责任。

——中国梦是历史的、现实的，也是未来的。中国梦凝结着无数仁人志士的不懈努力，承载着全体中华儿女的共同向往，昭示着国家富强、民族振兴、人民幸福的美好前景。

——中国梦是国家的、民族的，也是每一个中国人的。国家好、民族好，大家才会好。只有每个人都为美好梦想而奋斗，才能汇聚起实现中国梦的磅礴力量。

——中国梦是我们的，更是你们青年一代的。中华民族伟大复兴终将在广大青年的接力奋斗中变为现实。

在革命、建设、改革各个历史时期，中国共产党始终高度重视青年、关怀青年、信任青年，对青年一代寄予殷切期望。中国共产党从来都把青年看作是祖国的未来、民族的希望，从来都把青年作为党和人民事业发展的生力军，从来都支持青年在人民的伟大奋斗中实现自己的人生理想。

现在，我们比历史上任何时期都更接近实现中华民族伟大复兴的目标，比历史上任何时期都更有信心、更有能力实现这个目标。行百里者半九十。距离实现中华民族伟大复兴的目标越近，我们越不能懈怠，越要加倍努力，越要动员广大青年为之奋斗。

展望未来，我国青年一代必将大有可为，也必将大有作为。这是"长江后浪推前浪"的历史规律，也是"一代更比一代强"的青春责任。广大青年要勇敢肩负起时代赋予的重任，志存高远，脚踏实地，努力在实现中华民族伟大复兴的中国梦的生动实践中放飞青春梦想。

第一，广大青年一定要坚定理想信念。"功崇惟志，业广惟勤。"理想指引人生方向，信念决定事业成败。没有理想信念，就会导致精神上"缺钙"。中国梦是全国各族人民的共同理想，也是青年一代应该牢固树立的远大理想。中国特色社会主义是我们党带领人民历经千辛万苦找到的实现中国梦的正确道路，也是广大

青年应该牢固确立的人生信念。

广大青年要坚持用邓小平理论、"三个代表"重要思想、科学发展观武装头脑，把理想信念建立在对科学理论的理性认同上，建立在对历史规律的正确认识上，建立在对基本国情的准确把握上，不断增强道路自信、理论自信、制度自信，增强对坚持党的领导的信念，永远紧跟党高高举起中国特色社会主义伟大旗帜。

第二，广大青年一定要练就过硬本领。学习是成长进步的阶梯，实践是提高本领的途径。青年的素质和本领直接影响着实现中国梦的进程。古人说："学如弓弩，才如箭镞。"说的是学问的根基好比弓弩，才能好比箭头，只要依靠厚实的见识来引导，就可以让才能很好发挥作用。青年人正处于学习的黄金时期，应该把学习作为首要任务，作为一种责任、一种精神追求、一种生活方式，树立梦想从学习开始、事业靠本领成就的观念，让勤奋学习成为青春远航的动力，让增长本领成为青春搏击的能量。

广大青年要坚持面向现代化、面向世界、面向未来，增强知识更新的紧迫感，如饥似渴学习，既扎实打牢基础知识又及时更新知识，既刻苦钻研理论又积极掌握技能，不断提高与时代发展和事业要求相适应的素质和能力。要坚持学以致用，深入基层、深入群众，在改革开放和社会主义现代化建设的大熔炉中，在社会的大学校里，掌握真才实学，增益其所不能，努力成为可堪大用、能担重任的栋梁之材。

第三，广大青年一定要勇于创新创造。创新是民族进步的灵魂，是一个国家兴旺发达的不竭源泉，也是中华民族最深沉的民族禀赋，正所谓"苟日新，日日新，又日新"。生活从不眷顾因循守旧、满足现状者，从不等待不思进取、坐享其成者，而是将更多机遇留给善于和勇于创新的人们。青年是社会上最富活力、最具创造性的群体，理应走在创新创造前列。

广大青年要有敢为人先的锐气，勇于解放思想、与时俱进，敢于上下求索、开拓进取，树立在继承前人的基础上超越前人的雄心壮志，"以青春之我，创建青春之国家，青春之民族"。要有逢山开路、遇河架桥的意志，为了创新创造而百折不挠、勇往直前。要有探索真知、求真务实的态度，在立足本职的创新创造中不断积累经验、取得成果。

第四，广大青年一定要矢志艰苦奋斗。"宝剑锋从磨砺出，梅花香自苦寒来。"人类的美好理想，都不可能唾手可得，都离不开筚路蓝缕、手胼足胝的艰苦奋斗。我们的国家，我们的民族，从积贫积弱一步一步走到今天的发展繁荣，靠的就是一代又一代人的顽强拼搏，靠的就是中华民族自强不息的奋斗精神。当前，我们既面临着重要发展机遇，也面临着前所未有的困难和挑战。梦在前方，路在脚下。自胜者强，自强者胜。实现我们的发展目标，需要广大青年锲而不舍、驰而不息的奋斗。

广大青年要牢记"空谈误国、实干兴邦",立足本职、埋头苦干,从自身做起,从点滴做起,用勤劳的双手、一流的业绩成就属于自己的人生精彩。要不怕困难、攻坚克难,勇于到条件艰苦的基层、国家建设的一线、项目攻关的前沿,经受锻炼,增长才干。要勇于创业、敢闯敢干,努力在改革开放中闯新路、创新业,不断开辟事业发展新天地。

第五,广大青年一定要锤炼高尚品格。中国特色社会主义是物质文明和精神文明全面发展的社会主义。一个没有精神力量的民族难以自立自强,一项没有文化支撑的事业难以持续长久。青年是引风气之先的社会力量。一个民族的文明素养很大程度上体现在青年一代的道德水准和精神风貌上。

广大青年要把正确的道德认知、自觉的道德养成、积极的道德实践紧密结合起来,自觉树立和践行社会主义核心价值观,带头倡导良好社会风气。要加强思想道德修养,自觉弘扬爱国主义、集体主义、社会主义思想,积极倡导社会公德、职业道德、家庭美德。要牢记"从善如登,从恶如崩"的道理,始终保持积极的人生态度、良好的道德品质、健康的生活情趣。要倡导社会文明新风,带头学雷锋,积极参加志愿服务,主动承担社会责任,热诚关爱他人,多做扶贫济困、扶弱助残的实事好事,以实际行动促进社会进步。

为实现中华民族伟大复兴的中国梦而奋斗,是中国青年运动的时代主题。共青团要在广大青少年中深入开展"我的中国梦"主题教育实践活动,为每个青少年播种梦想、点燃梦想,让更多青少年敢于有梦、勇于追梦、勤于圆梦,让每个青少年都为实现中国梦增添强大青春能量。要用中国梦打牢广大青少年的共同思想基础,教育和帮助青少年树立正确的世界观、人生观、价值观,永远热爱我们伟大的祖国,永远热爱我们伟大的人民,永远热爱我们伟大的中华民族,坚定跟着党走中国道路。要用中国梦激发广大青少年的历史责任感,发扬"党有号召、团有行动"的光荣传统,在党和国家工作大局中找准自身工作的切入点和结合点,组织动员广大青少年支持改革、促进发展、维护稳定。要积极为广大青少年实现梦想提供服务,切实改进作风,深入基层、走进青年,想青年之所想,急青年之所急,代表和维护青少年普遍性利益诉求,努力为广大青少年成长成才创造良好环境。

青年模范人物是广大青少年学习的榜样,肩负着更多社会责任和公众期望,在青少年中乃至全社会都有着很强的示范带动作用。希望青年模范们再接再厉、严于律己、锐意进取,用自身的成长历程、精神追求、模范行动为广大青少年作好表率。

青年兴则国家兴,青年强则国家强。我们党自成立之日起,就始终代表广大青年、赢得广大青年、依靠广大青年。各级党委和政府要充分信任青年、热情关心青年、严格要求青年,为青年驰骋思想打开更浩瀚的天空,为青年实践创新搭建更广阔的舞台，为青年塑造人生提供更丰富的机会，为青年建功立业创造更有利的条件。各级领导干部要关注青年愿望、帮助青年发展、支持青年创业，做青年朋友的知心人，做青年工作的热心人。

人的一生只有一次青春。现在，青春是用来奋斗的；将来，青春是用来回忆的。人生之路，有坦途也有陡坡，有平川也有险滩，有直道也有弯路。青年面临的选择很多，关键是要以正确的世界观、人生观、价值观来指导自己的选择。无数人生成功的事实表明，青年时代，选择吃苦也就选择了收获，选择奉献也就选择了高尚。青年时期多经历一点摔打、挫折、考验，有利于走好一生的路。要历练宠辱不惊的心理素质，坚定百折不挠的进取意志，保持乐观向上的精神状态，变挫折为动力，用从挫折中吸取的教训启迪人生，使人生获得升华和超越。总之，只有进行了激情奋斗的青春，只有进行了顽强拼搏的青春，只有为人民作出了奉献的青春，才会留下充实、温暖、持久、无悔的青春回忆。

我坚信，在党的领导下，只要全国各族人民紧密团结，脚踏实地、开拓进取，到本世纪中叶，我们必将建成富强民主文明和谐的社会主义现代化国家，我国广大青年必将同全国各族人民一道共同见证、共同享有中国梦的实现！

（资料来源：人民网，2013年5月4日）

案例评析

新时代的青年，必须坚定理想信念。习近平总书记指出："青年时代树立正确的理想、坚定的信念十分紧要，不仅要树立，而且要在心中扎根，一辈子都能坚持为之奋斗。"理想信念是精神上的"钙"，是人的精神支柱和精神脊梁，是鼓舞人们前进和奋斗的强大精神动力。理想信念动摇是最危险的动摇，理想信念滑坡是最危险的滑坡。心中有信仰，脚下才会有力量。当代大学生要坚定理想信念，自觉做中国特色社会主义共同理想的坚定信仰者、忠诚实践者。为此，就要深入学习马克思主义基本原理及马克思主义中国化理论成果，特别是学习习近平新时代中国特色社会主义思想，让真理武装我们的头脑，让真理指引我们的理想，让真理坚定我们的信仰。要坚持学而信、学而用、学而行，把学习成果转化为不可撼动的理想信念，转化为正确的世界观、人生观、价值观，用理想之光照亮奋斗之路，用信仰之力开创美好未来。

◎ 案例二　方法论：空想社会主义的致命伤

空想社会主义为什么不能成为科学的理论？主要是由于空想社会主义者从

纯理性的角度出发，他们"既不会阐明资本主义制度下雇佣奴隶制的本质，又不会发现资本主义发展的规律，也不会找到能够成为新社会主义的创造者的社会力量"。所以，他们不主张采用阶级斗争的手段去改造资本主义社会，而是幻想通过向统治者和有产阶级呼吁和平的方式来实现他们的社会主义计划，等等。

这是目前在教科书和教学过程中对空想社会主义缺陷的一般共识。应该说，空想社会主义存在这些缺陷是毋庸置疑的。但实际上，仅注意到以上这些缺陷是不够完全的，至少还存在着一个不能忽视的重要方面，这就是方法论上的错误。可以说，方法论上的错误也是导致空想社会主义理论不能成为科学的一大缺陷。

空想社会主义者是怎么设想未来的理想社会的呢？它的创始人托马斯•莫尔认为，未来的理想社会在一个岛上，共有54座城市，首都居中央，实行公有制，不分男女都要劳动，每天6小时工作，睡眠8小时，每30户每年民主选举一名行政长官，这个美好的社会叫乌托邦。

把公有制推广到实行公妻制，每天仅工作4小时，且十分注重精神上的奖励，所有的建筑物墙壁上都绘着很美丽的图表来说明科学的发展情况……这些则是另一位空想社会主义先驱康帕内拉在其著作《太阳城》中所描绘的理想社会。

而被列宁誉为成长时期的无产阶级的"象征、表现和先声"的19世纪三大空想社会主义者是如何描绘未来的理想社会的呢？

圣西门认为未来的理想社会主义实行的是"实业制度"，在这个制度下的实业家除了工人、农民外，还包括工厂主、农场主、商人和银行家。显而易见，他的学说里，"资产阶级的倾向还有一定的影响"。

以"和谐制度"为基础，并由一个最基层组织"法郎吉"构成的理想社会主义则是另一个天才的空想社会主义者夏尔•傅立叶的设想。在这个和谐的社会中，每个居民可按照自己的兴趣在同一天参加七八种工作，每次工作时间最多不超过一个半至两个小时。据说，这样做可以使劳动从负担变成一种享受。"法郎吉"的全体成员都住在一所比法国王宫还要宏伟而又漂亮的公共大厦内，大厦中央为公共的机关、食堂、图书馆、交易所、教堂等，两边是工厂、旅社和住宅，但"它不主张废除私有制"。

即使不仅有理论而且堪称空想共产主义实践家的罗伯特•欧文也给未来的理想社会规定了一个基层组织——共产主义公社。这个公社是由"农、工、商、学结合起来的大家庭"。对这个未来的公社大家庭的一切细节，他都从技术上进行了规定，并附上平面图、正面图和鸟瞰图等。

从以上的各种设想中不难看出，所有的空想社会主义者对未来的理想社会的一切，包括各种细节特征在内，都给予了十分具体详尽的描绘，力图给人们留下一个"连各种细节的安排甚至从专家的眼光也很少有什么可以反对的"感性具体的印象，但恰恰是这种详尽描绘理想社会的方法，使得他们的理想社会陷于空想。

为什么这种详尽描绘未来理想社会的方法是错误的、不科学的呢？因为未来社会的进程是发展着的，况且离我们很远。对于理想社会的面貌对于未来的一切，任何人哪怕是天才也无法给予恰如其分的描绘和规划。恩格斯在谈到关于未来的家庭、夫妻关系时曾讲过：未来家庭的一切只有到了那时才能给予详尽的说明，目前只能给予一种原则的说明。因此，处于资本主义时代的空想社会主义者怎么能够对未来理想社会的一切，包括社会成员的组成、人们劳动时间的长短等作出规定呢？至于连未来城市的布局、建筑物的墙壁上画着什么也作出具体的安排，那更是一种空想。

科学社会主义的创始人马克思和恩格斯对未来的理想社会的设想，撇开对细节特征的具体描绘，而仅仅对其本质特征给予原则的、科学的和抽象的描述。他们认为，在未来的共产主义社会中，"迫使个人奴隶般地服从分工的情形已经消失，从而脑力劳动和体力劳动的对立也随之消失之后；劳动已经不仅仅是谋生的手段，而且本身成了生活的第一需要之后；在随着个人的全面发展，他们的生产力也增长起来，而集体财富的一切源泉都充分涌流之后——只有在那个时候，才能完全超出资产阶级权利的狭隘眼界，社会才能在自己的旗帜上写上：各尽所能，按需分配"！从这些描述中，尽管见不到人们的具体生活劳动和城市布局的安排，却深刻地、生动地反映着共产主义的本质。未来理想社会旗帜上写着的这貌似简单而且极为抽象的八个字，实际上有着极其丰富的内涵。假如不把劳动作为生命的第一需要，社会的各个成员能自觉自愿地做到"各尽所能"吗？让每个人的聪明才智都得以全面的发挥、发展，在剥削制度的社会没有也不可能做到这一点，即使在社会主义社会里，压制打击、摧残人才的事件也时有发生，而只有到了共产主义社会才有可能提供"各尽所能"的环境和条件。没有极高度的生产力、极丰富的社会产品，"按需分配"又从何谈起？而个人的全面发展则是生产力高度发达、让集体财富的一切源泉都充分涌流的前提。另外，如果没有高度的思想觉悟和道德水准，再加上公有制的保证，怎么可能消除至今还存在着的"拜金""拜物主义"的现象，并真正实现"人们的头脑和智力的差别，根本不应该引起胃和肉体需要的差别，换句话说：活动上、劳动上的差别不会引起占有和消费方面的任何不平等、任何特权"的"按需分配"之原则呢？所以，可以这样认为：言简意赅的"各尽所能、按需分配"中蕴含着高度的物质文明和精神文明，深刻地反映了共产主义社会的本质。

为什么在对未来理想社会进行设想，连各种细节特征也给予详尽具体描绘的方法论是错误的，而仅仅原则地、抽象地描述了未来理想社会的本质特征这一方法论则是正确的呢？因为这种抽象，撇开了事物的细节特征的描述，表面上看离事物很远，但实际上，正如列宁指出的那样："物质的抽象、价值的抽象及其他等等，一句话，那一切科学的、正确的、郑重的、不是荒唐的抽象，都更深刻、更正确、更完全地反映着自然。"

这就是具体描绘与科学抽象的辩证法。

（资料来源：道客巴巴，2015 年 7 月 14 日）

案例评析

　　1516 年，英国著名政治家莫尔写成并出版了《乌托邦》一书，构想了人类社会发展的新的理想蓝图，开启了世界社会主义思想的萌芽。随后，16 世纪的闵采尔，17 世纪的维拉斯、温斯坦莱，18 世纪的摩莱里、马布利、巴贝夫，19 世纪的圣西门、傅立叶、欧文、布朗基等代表人物，都先后不同程度地对现存社会制度即资本主义制度作过一定程度的批判，对未来理想社会的蓝图作过细致描绘。然而，在社会主义发展的历史进程中，这些著名人物的社会主义理论还仅仅停留在空想阶段。

　　为什么空想社会主义不能成为科学的理论？我们可以从多个方面找到原因。但是，不容忽视的是，方法论上的错误也是导致空想社会主义理论不能成为科学的一大根源。

　　马克思和恩格斯看到了空想社会主义者这一方法论上的缺陷。他们不把描绘共产主义社会当作自己的主要任务，而是致力于对现实社会及其发展趋势的研究。他们在对资本主义及其发展趋势的研究中，当然也会谈到未来社会。但是，当马克思、恩格斯展望未来社会时，总是只限于指出未来社会发展的方向、原则和基本特征，而把具体情形留给未来的实践去回答，这是真正的科学态度。正是在这种科学态度的指引下，1848 年马克思、恩格斯完成并发表了《共产党宣言》。《共产党宣言》的发表，标志着科学社会主义的诞生。从此，社会主义结束了它空想的阶段，发展到一个崭新的历史时期，实现了人类思想史上一次巨大飞跃。

　　可见，正确的方法论对科学学说的创立具有何等重要的作用！

 习题演练

一、单项选择题

1. 人类历史发展的必然趋势，马克思主义最崇高的社会理想是（　　）。

A. 实现共产主义　　　　　　　B. 共同富裕

C. 和谐　　　　　　　　　　　D. 物质极大丰富

2. 共产主义社会的物质基础是（　　）。

A. 比资本主义社会高的社会生产力

B. 与发达资本主义国家相同的社会生产力

C. 远远高于以往一切社会的高度发达的社会生产力

D. 高新技术发达的生产力

3. 在展望未来社会的问题上，马克思主义与空想社会主义的根本区别是（   ）。

A. 展望的内容是否正确

B. 展望的目的和动机是否正确

C. 有没有预见性

D. 立场、观点和方法是否科学

4. 共产主义理想之所以是能够实现的社会理想，是因为它是（   ）。

A. 具有客观可能性的   B. 人类向往的美好境界

C. 具有客观必然性的   D. 人类不断追求的目标

5. 在论述资本主义灭亡和共产主义胜利必然性以及这种必然性实现的时间和条件时，马克思先后提出了"两个必然"和"两个决不会"的思想，这两个思想之间的关系是（   ）。

A. 相互矛盾的

B. 后者否定前者

C. 各自独立的

D. 有内在联系，前者讲客观必然性，后者讲必然性实现的时间和条件

6. 中华民族走向共产主义的必由之路是建设（   ）。

A. 发达的社会主义   B. 真正的社会主义

C. 民主的社会主义   D. 中国特色社会主义

7. 采用"通过批判旧世界来发现新世界"方法的是（   ）。

A. 空想社会主义   B. 马克思主义

C. 唯物主义   D. 唯心主义

8. 在人的发展和社会发展的关系问题上，马克思主义认为（   ）。

A. 前者是个人理想，后者是社会的目标

B. 前者体现了个人价值，后者体现了社会价值

C. 前者和后者是彼此独立的历史发展过程

D. 前者和后者互为前提和基础

9. 我们是最低纲领与最高纲领的统一论者。党的最高纲领是（   ）。

A. 实现共产主义   B. 构建和谐社会

C. 实现"天下为公"   D. 实现大同世界

10. 实现了人的"自由个性"的发展，是（   ）。

A. 资本主义社会以前的人的生存状态

B. 资本主义社会之中的人的生存状态

C.社会主义社会之中的人的生存状态

D.共产主义社会之中的人的生存状态

二、多项选择题

1.马克思主义经典作家站在科学的立场上,提出并自觉运用的预见未来社会的科学方法是(　　)。

A.在揭示人类社会发展一般规律的基础上指明社会发展的方向

B.在剖析资本主义社会旧世界中阐发未来新世界的特点

C.在剖析资本主义社会旧世界中阐发未来新世界的具体情况

D.立足于揭示未来社会的一般特点,而不作详尽的细节描写

2.建设中国特色社会主义是(　　)。

A.现阶段我党的高级纲领

B.现阶段我党的低级纲领

C.世界社会主义运动的重要组成部分

D.通向共产主义的康庄大道

3.下列选项中属于共产主义含义的有(　　)。

A.共产主义是一种科学理论　　　　B.共产主义是一种现实运动

C.共产主义是一种社会制度　　　　D.共产主义是一种社会理想

4.关于共产主义理想,下列提法正确的有(　　)。

A.共产主义渺茫论

B.共产主义是能够实现的理想

C.在社会主义历史阶段不应树立共产主义理想

D.共产主义理想的实现是一个漫长的历史过程

5.下列现象中属于共产主义社会特征的有(　　)。

A.社会财富极大丰富,消费品按需分配

B.社会财富极大丰富,消费品按劳分配

C.社会关系高度和谐,人们的精神境界极大提高

D.每个人自由而全面的发展

6.马克思、恩格斯认为,在共产主义社会中,将要消失的"三大差别"是(　　)。

A.资产阶级和无产阶级的差别

B.城市与乡村的差别

C.工业与农业的差别

D.脑力劳动与体力劳动的差别

7.共产主义是能够实现的社会理想,是(　　)。

A.以人类社会发展规律为依据的

B. 以资本主义社会基本矛盾的发展为依据的

C. 可以用社会主义运动的实践来证明的

D. 要靠社会主义的不断完善和发展来实现的

8. 社会主义代替资本主义和最后实现共产主义的历史进程（　　　）。

A. 离不开工人阶级及其政党的能动性

B. 离不开社会主义国家建设事业的发展

C. 离不开世界社会主义运动的发展

D. 离不开马克思主义理论的指导

9. 人的全面发展是指（　　　）。

A. 体力、智力等各方面的才能和工作能力得到发展

B. 人的需要的全面丰富和充分满足

C. 个人潜力和智能得到最大限度的发挥

D. 人的各种要求都能得到满足

10. 作为社会历史范畴，自由王国是指（　　　）。

A. 人们不受任何制约的自由状态

B. 人们完全认识了自然和社会历史的必然性

C. 人们摆脱了盲目必然性的奴役而成为自己和社会关系的主人

D. 共产主义的社会状态

三、判断题

1. 共产主义一定能够实现，这是由人类社会的发展规律所决定的。（　　　）
2. 在共产主义社会，劳动是一种娱乐。（　　　）
3. 在共产主义社会，阶级将会消亡。（　　　）

四、简答题

1. 简述预见未来社会的方法论原则。
2. 简述共产主义社会的基本特征。
3. 简述共产主义理想实现的必然性。
4. 简述远大理想与共同理想的辩证关系。

五、论述题

1. 试述实现共产主义是一个长期的历史过程。
2. 试述当代青年要坚定理想信念，投身新时代中国特色社会主义事业。

实践课堂

项目 一 摄影竞赛——"我的中国梦"

实践目的

通过本次摄影活动，使学生深刻认识共产主义社会是历史发展的必然趋势，明确中国特色社会主义是中国走向共产主义的必由之路，树立共产主义远大理想，为实现中华民族伟大复兴的中国梦而努力学习。

实践方案

1. 任课教师宣布实践内容，明确本次实践活动的实践要求以及所要达到的预期效果。

2. 将学生分为若干小组并指定组长。小组组长负责组织和领导本次实践活动。

3. 制订实践方案，细化摄影主题。组长组织小组成员进行讨论，将"我的中国梦"主题细化，比如"新农村·新梦想""幸福一家""青春校园"等，任课教师可给予适当指导。

4. 展开摄影活动。各组成员根据主题，积极搜寻素材并进行拍摄。

5. 挑选照片，制作PPT。以小组为单位，每组挑选出10～15张照片，并对照片进行优化处理，制作成PPT进行展示；每张照片应附有名称、主题及说明，并标明拍摄时间。

6. 展示评选。各组在课堂上展示PPT作品，评选出优秀作品。

7. 任课教师对实践活动和实践成果进行点评，对实践活动中集中存在的问题进行分析和纠正。

8. 任课教师对本次实践活动进行活动总结。

 **参考资料**

马克思主义基本原理实践课
摄影竞赛

院　　部：＿＿＿＿＿＿＿＿＿＿＿＿＿＿

专业班级：＿＿＿＿＿＿＿＿＿＿＿＿＿＿

姓　　名：＿＿＿＿＿＿＿＿＿＿＿＿＿＿

学　　号：＿＿＿＿＿＿＿＿＿＿＿＿＿＿＿＿＿＿＿＿

学　　期：＿＿＿＿＿＿＿＿＿＿＿＿＿＿＿＿＿＿＿＿

摄影竞赛考核	
考核评价（符合标准的在对应的"□"里打"√"） 　　摄影材料丰富、细致　　　　优□　良□　中□　差□ 　　摄影主题新颖、科学　　　　优□　良□　中□　差□ 　　摄影图片符合主题　　　　　优□　良□　中□　差□ 　　组员分工明确、配合默契　　优□　良□　中□　差□ 　　其他　　　　　　　　　　　优□　良□　中□　差□	考核成绩（满分100分）：
	教师签名： 　　　　　年　月　日

小组成员			
姓名	学号	组内分工	心得体会

项目 二　课堂辩论——共产主义社会必定会／不会实现

实践目的

通过组织开展本次辩论活动，使学生进一步认识共产主义社会的基本特征，深刻理解共产主义理想实现的必然性和长期性，理解共产主义远大理想与中国特色社会主义共同理想的关系，坚定实现共产主义远大理想的信心。

实践方案

1.任课教师布置辩论赛辩题，明确实践要求。

2.师生确定辩题、参辩正反方学生、主持人和评委会名单，其中，正方观点为"共产主义社会反映了人类社会发展的客观规律，是必定会实现的"，反方观点为"共产主义社会只是人们美好的愿望和理想，是必定不会实现的"。除此之外，再在正反方两组内分若干小组（每组3～4人），小组内就所在组的辩论观点进行讨论交流。

3.各组学生针对辩题及本方观点做充分的准备工作。

4.正反方各组推选辩手4人组成辩论团并各自确定辩手顺序（一辩、二辩……）。

5.辩论赛开始，主持人做开场白并介绍双方辩手及其立场，同时介绍比赛流程和比赛规则。

6.双方辩论团进行陈词、开篇立论、攻辩、自由辩论、结辩等环节（需对辩手发言时限作出合理设置）。

7.辩论赛结束，评判团提交评分表并评析赛事，宣布比赛结果（包括最佳辩手）。

8.任课教师做最后总结，并对学生进行正确、积极的引导。

9.任课教师安排学生写辩论陈词，学生可根据辩论过程自行决定写一辩陈词、二辩陈词、结辩陈词或其他阶段的辩论陈词。

 参考资料

马克思主义基本原理实践课
课堂辩论

院　　部：_____

专业班级：_____

姓　　名：_____

学　　号：_____

学　　期：_____

课堂辩论考核	
考核评价（符合标准的在对应的"□"里打"√"）	考核成绩（满分100分）：
团体配合默契、衔接流畅　　优□　良□　中□　差□ 　论据充足、论证有说服力　　优□　良□　中□　差□ 　辩驳有理有据　　　　　　　优□　良□　中□　差□ 　辩风落落大方　　　　　　　优□　良□　中□　差□ 　其他　　　　　　　　　　　优□　良□　中□　差□	
	教师签名： 　　　　　年　月　日

小组成员			
姓名	学号	组内分工	心得体会

小组辩论陈词汇总
我方观点：
辩论陈词：
教师点评

 项目 三 视频赏析——《习近平在庆祝中国共产党成立100周年大会上的重要讲话》

实践目的

通过观看视频，使学生了解共产主义远大理想与中国特色社会主义共同理想的关系，坚定为中华民族伟大复兴努力奋斗的信念，努力提高自身能力，与祖国一起成长。

实践方案

1. 任课教师宣布实践活动主题，明确实践要求。

2. 任课教师组织学生在多媒体教室观看《习近平在庆祝中国共产党成立100周年大会上的重要讲话》。

3. 任课教师采用学生自主或指定的方式让学生发言，谈谈观后感。

4. 任课教师对学生发言进行评价和总结，进一步引导学生正确认识马克思主义的科学性及其当代价值。

5. 课后学生自选角度撰写观后感。

相关链接：

《习近平在庆祝中国共产党成立100周年大会上的重要讲话》

马克思主义基本原理实践课
观后感

院　　部：＿＿＿＿＿＿＿＿＿＿＿＿＿＿＿＿

专业班级：＿＿＿＿＿＿＿＿＿＿＿＿＿＿＿＿

姓　　名：＿＿＿＿＿＿＿＿＿＿＿＿＿＿＿＿

学　　号：＿＿＿＿＿＿＿＿＿＿＿＿＿＿＿＿

学　　期：＿＿＿＿＿＿＿＿＿＿＿＿＿＿＿＿

观后感考核	
考核评价（符合标准的在对应的"□"里打"√"） 　感情真切、体悟深刻　　　　优□　良□　中□　差□ 　层次明确、清晰　　　　　　优□　良□　中□　差□ 　文字凝练、叙述简洁　　　　优□　良□　中□　差□ 　其他　　　　　　　　　　　优□　良□　中□　差□	考核成绩（满分100分）：
	教师签名： 　　　　　　　年　月　日

题目：

正文：

续表

教师点评	

关于共产主义

"共产主义"一词来自古代拉丁语"Communis",意为"公共的"。19世纪30—40年代,法国的 L.A.布朗基(1805—1881年)、T.德扎米(1803—1850年)等开始使用"共产主义(Communism)"一词来表达他们对未来社会的设想。他们把傅立叶、欧文等人的主张称作"空想社会主义(Utopian socialism)",把他们自己的主张称作"共产主义"。

在马克思和恩格斯的著作中,"共产主义"和"社会主义"这两个词一般是作为同义词使用的,他们讲的科学社会主义就是科学共产主义。当他们共同起草的第一个科学共产主义纲领《共产党宣言》在1848年年初问世的时候,称自己的主张为共产主义,而不用社会主义,是因为当时在欧洲,社会主义是资产阶级的运动,而共产主义则是工人阶级的运动。

现在,共产主义这一概念,通常是指共产主义思想体系、共产主义运动和共产主义制度。共产主义思想体系是由马克思、恩格斯共同创立的无产阶级解放运动的理论,其指明了共产主义是人类社会发展的必然结果,是当代最革命的、最科学的学说体系。共产主义运动是以共产主义思想为指导的无产阶级和广大劳动群众的实践活动,包括从马克思主义诞生、社会主义革命的进行、无产阶级政权的建立、社会主义建设的发展直到全世界最后实现共产主义等历史的过程。共产主义制度是社会发展史上最先进最美好的社会形态。由于经济发展程度不同,这一社会又分为社会主义社会和共产主义社会。

共产主义首先是一种思想,然后是在共产主义思想指导下开展共产主义运动,最终是通过共产主义运动建立共产主义社会制度。

(资料来源:康菊花《马克思主义基本原理概论学习指导》,中国农业大学出版社2013年版,略改动)

参考文献

[1] 本书编写组：《马克思主义基本原理（2021 年版）》，高等教育出版社 2021 年版。

[2] 本书编写组：《〈马克思主义基本原理概论〉辅导用书》，高等教育出版社 2020 年版。

[3] 吴晓明：《国外马克思主义研究报告 2018》，人民出版社 2019 年版。

[4] 张会蔚：《成长课堂——马克思主义基本原理概论案例导学》，燕山大学出版社 2020 年版。

[5] 魏园：《马克思主义基本原理概论学习指导与训练》，苏州大学出版社 2020 年版。

[6] 戴钢书：《高校思想政治理论课实践教学论》，中国人民大学出版社 2015 年版。

[7] 邢勇：《马克思主义基本原理概论实践教程》，北京师范大学出版社 2017 年版。

[8] 白亚锋：《马克思主义基本原理概论课堂实践指南》，中国农业出版社 2019 年版。

[9] 韩丹、姚德超：《高等学校政治理论实践教程》，科学出版社 2018 年版。

[10] 江俊文、刘松涛、龚秀勇：《思想政治理论课实践教学教程》，高等教育出版社 2018 年版。

[11] 李永、张建民：《马克思主义基本原理概论实践教程》，河海大学出版社 2020 年版。

[12] 康菊花：《马克思主义基本原理概论学习指导》，中国农业大学出版社 2013 年版。

习题答案

导论

第一章

第二章

第三章

第四章

第五章

第六章

第七章

沿此线裁剪